古典文獻研究輯刊

三二編

潘美月・杜潔祥 主編

第 28 冊

《曾胡治兵語錄》研讀（上）

梁 世 和 著

國家圖書館出版品預行編目資料

《曾胡治兵語錄》研讀（上）／梁世和 著 -- 初版 -- 新北市：
花木蘭文化事業有限公司，2021〔民110〕
目 2+218 面：19×26 公分
（古典文獻研究輯刊 三二編；第 28 冊）
ISBN 978-986-518-409-4（精裝）
1. 兵法 2. 中國
011.08   110000607

ISBN-978-986-518-409-4

9 789865 184094

古典文獻研究輯刊
三二編　第二八冊　　　　　　　　ISBN：978-986-518-409-4

《曾胡治兵語錄》研讀（上）

作　　者　梁世和
主　　編　潘美月、杜潔祥
總 編 輯　杜潔祥
副總編輯　楊嘉樂
編　　輯　許郁翎、張雅淋　美術編輯　陳逸婷
出　　版　花木蘭文化事業有限公司
發 行 人　高小娟
聯絡地址　235 新北市中和區中安街七二號十三樓
　　　　　電話：02-2923-1455／傳真：02-2923-1452
網　　址　http://www.huamulan.tw 信箱 service@huamulans.com
印　　刷　普羅文化出版廣告事業
初　　版　2021 年 3 月
全書字數　314450 字
定　　價　三二編 47 冊（精裝）台幣 120,000 元　　版權所有‧請勿翻印

《曾胡治兵語錄》研讀(上)

梁世和 著

作者簡介

梁世和，1966 年出生於天津市寶坻縣，現為河北省社會科學院北學研究院執行院長、哲學研究所副所長、研究員。主要從事中國思想文化、地域學術、宗教學研究。在《中國文化》《中國宗教》《世界宗教研究》《河北學刊》《光明日報》《中國社會科學報》等報刊及學術會議發表論文百十餘篇，出版著作及編著、主編多部。

提　　要

　　《曾胡治兵語錄》是中國近代最負盛名的軍事著作，甚至被推舉為中國十大兵書之一。「曾胡」指曾國藩（1811～1872）和胡林翼（1812～1861），兩人均是科舉翰林出身，以儒生帶兵起家，一手打造了湘軍，分別被稱為「湘軍之父」和「湘軍之母」。二人合作親密無間，率領湘軍打敗了太平天國，挽救了清王朝覆滅的命運，被譽為「中興名臣」。《曾胡治兵語錄》主要是輯錄曾國藩和胡林翼有關軍事言論的一本語錄體兵書，由民國著名將領蔡鍔編撰，並對每一章加以按語而成。後來蔣介石又對此書加以增補，稱為《增補曾胡治兵語錄》，也常簡稱為《曾胡治兵語錄》。

　　本書正文一共十三章，每一章前都有「題解」一欄，對本章內容主旨進行簡介。正文每一節以及三篇序文，都設置「原文」「注釋」「譯文」「解讀」四個部分。本書有兩大特色，一是對包括序文在內的每一節原文都進行了詳細解讀。解讀原則是儘量以曾國藩、胡林翼、蔡鍔、蔣介石等人的其他著述去詮釋、用中國傳統兵書及經典中的兵學思想來闡發。由於《曾胡治兵語錄》貫穿著儒家的思想和靈魂，因此又注重以儒家經典及理念來解讀。本書還有一個重要特色，是作者對《曾胡治兵語錄》中曾國藩、胡林翼、左宗棠的所有條目，花費極大工夫，找全了在他們各自文集的原始出處，加以標識，並校訂了以前版本中的眾多訛誤之處，方便學者對《曾胡治兵語錄》的進一步研究，也有利於讀者擴展瞭解曾胡左諸人在《語錄》中的言論背景，全面理解其思想。

曾國藩像

胡林翼像

蔡鍔像

蔣介石像

梁啟超像

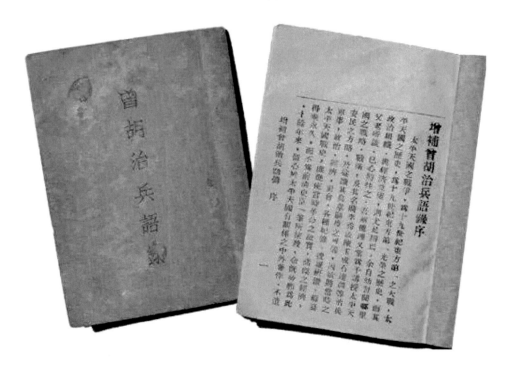

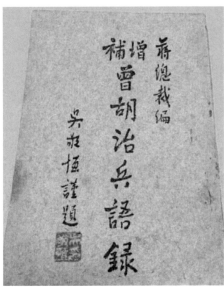

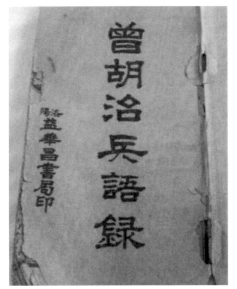

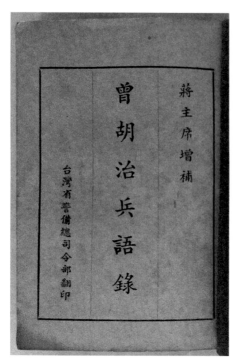

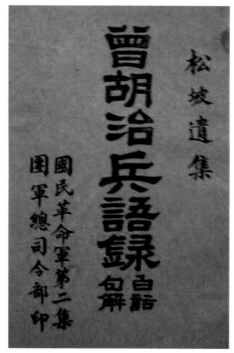

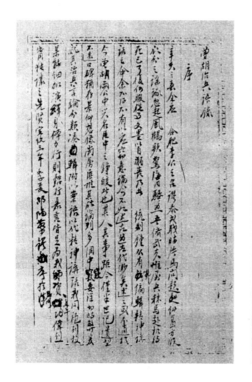

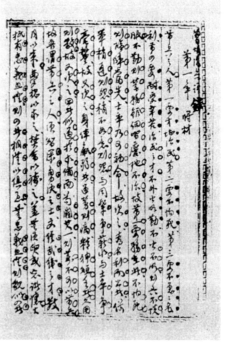

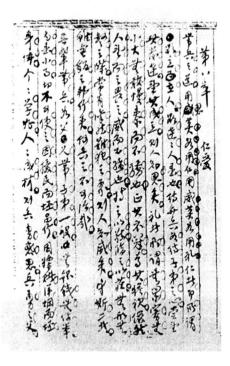

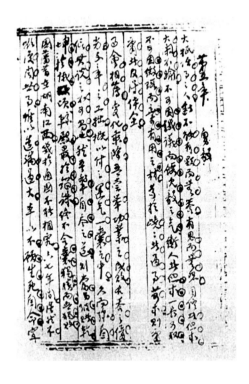

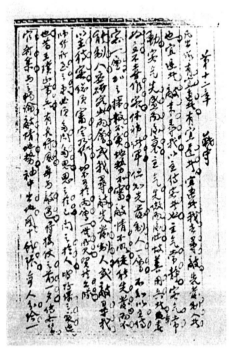

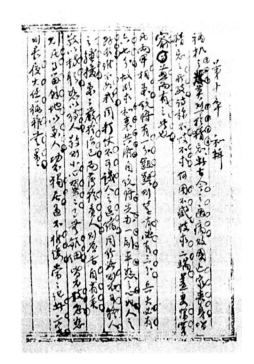

目次

凡　例

一、版本選擇

　　《曾胡治兵語錄》有兩大版本系統：一是蔡鍔輯錄的原始版本，二是蔣介石的增補版本。兩類版本至今都有很多不同版本在流傳。本書採用的是蔣介石的增補本。蔣介石增補本與蔡鍔原版相比多出三項內容：一是對蔡鍔本的幾乎每一章條目都進行了增補；二是增補了第十三章《治心》篇；三是對一些章節加有眉批。增補本在理念上與曾國藩、胡林翼、蔡鍔一脈相承，不僅是內容上有增加，而且是對蔡鍔本的完善，強化了此書以儒釋兵的宗旨，使其達到中國傳統兵儒合一思想的頂峰。

　　民國時期出版的增補本版本眾多，但並沒有一個特別優良的版本，幾乎所有版本都有一些明顯的錯誤，故此次並沒有採用以一個版本為底本，以其他版本參校的方式。而是同時參照民國時期的幾個重要版本：1. 蔣中正編纂，《增補曾胡治兵語錄》，中國國民黨陸軍軍官學校印行，選自《黃埔叢書》，國民革命軍中央政治軍事學校編，國民革命軍總司令部軍需處，一九二七年六月出版；2.《增補曾胡治兵語錄注釋》，費怒春注釋，青年書店印行，民國二十九年二月版；3.《曾胡治兵語錄白話解》，賈赫解讀，軍學編譯社印行，民國二十四年一月版；4.《增補曾胡治兵語錄詳解》，陳瑞林注解，西安大東書局印行，民國三十三年五月版。此外，還參照了蔡鍔原版：1. 謝本書校訂的蔡鍔《曾胡治兵語錄》手稿本。見《蔡鍔墨蹟詩文選集》中的《曾胡治兵語錄》部分。2.《松坡遺集〈曾胡治兵語錄〉》，文海出版社，近代中國史料叢刊第五十五輯。3.《曾胡治兵語錄》民國六年排印本等。

　　對於蔡鍔按語部分以其手稿本（手稿僅有蔡鍔序及第一、五、八、十、十二章）及謝本書據手稿校訂本為主。對於不同版本《曾胡治兵語錄》中曾國藩、胡林翼、左宗棠等人原文的差異與訛誤，以嶽麓書社版的《曾國藩全集》《胡林翼集》《左宗棠全集》來抉擇和訂正。但由於蔡鍔、蔣介石在編撰時，對曾、胡原文有歸納、改動之處，因此本書並不追求以曾胡左的全集原文來替換蔡、蔣的編寫，只對個別訛誤之處進行了改動，並作了注釋說明。

　　本書對《曾胡治兵語錄》中曾國藩、胡林翼、左宗棠的文字，花了極大工夫，找全了在他們各自全集的原始出處，加以標識，方便學者對《曾胡治兵語錄》的進一步研究，也有利於讀者擴展瞭解曾胡左諸人在《語錄》中的言論背景，全面理解其思想。通過這一工作，也發現過去版本中的一些訛誤。如，本書11.36「凡事過於求好，轉多不妥之處」，應為左宗棠語，出自《左文襄公全集·左文襄公書牘卷七·與楊石泉》，但過去版本都將其誤為胡林翼語。本書3.17「凡仁心之發」，其中「仁心」，原《增補曾胡治兵語錄》版本多作「人心」，但聯繫下文閱讀有不通順之處，而《曾國藩全集》原文為「仁心」，且涵義準確、通順，故據此改定。又本書4.2「人必中虛不著一物」，其中「中虛」，《曾胡治兵語錄》原為「虛中」，據《曾國藩全集》改。又本書5.18「戰事之要，不戰則已，戰則須挾全力。不動則已，動則須操勝算。如無把握……」，其中「如無把握」，《曾胡治兵語錄》通行本均為「如有把握」，一字之差，意思完全相反，今據《胡林翼集》以及《曾胡治兵語錄》蔡鍔手稿本改定。另外，本書9.13一節「耐冷耐苦，耐勞耐閒」是蔣介石增補曾國藩的話，但這段文字卻是蔣介石刪繁就簡的結果。文字非常簡約，卻易造成一些理解上的偏差。僅看這八個字，容易誤以為是要士卒不怕冷、不怕苦、不怕累、不怕寂寞，目的是教導士卒要加強身體素質的鍛鍊，但實際上，這是曾國藩著名的為官之道的「耐」字訣，涵義有很大不同。由此可見，通過瞭解其原文背景，能更好地理解作者所要表達的思想。

二、章節結構

　　《曾胡治兵語錄》正文一共十三章，今每一章前都設有「題解」一欄，對本章內容主旨進行簡介。正文每一節以及三篇序文，一般都有「原文」「注釋」「譯文」「解讀」四個部分，對於原文文字沒有生僻難解內容的則不設注

釋一項。在「節」的劃分上基本保持原貌，並對每節以數字標識，如第一章第一節即標識 1.1，第二節為 1.2；第二章第一節則標識 2.1，第二節為 2.2，其他以此類推。但對過去編排中的錯誤，則進行了重新劃分。如 11.34「平日千言萬語，千算萬計，而得失仍只爭臨陣須臾之頃」，與 11.35「凡奇謀至計，總在平實處，如布帛菽粟之類，愈近淺易，愈廣大而精微也」，過去均作為一節編在一起，並統稱為胡林翼語。其實，核實他們的全集，發現這兩條前者為曾國藩語，後者為胡林翼語，因此必須將它們分為兩節。這兩條是蔣介石增補的，通過查閱蔣介石文集，可以發現是他在增補時將兩者誤為胡林翼一人（詳見 11.35 解讀）。

前十二章每一節後都標識了此節文字的作者，其中標識「增補×××」均為蔣介石增補。由於第十三章完全由蔣介石增補，故每一節文字後只注明作者，不再標識「增補」二字。

三、解讀原則

解讀是本書重點，對包括序文在內的每一節原著文字都進行了詳細解讀，其原則如下：

第一，以經典解讀經典，即儘量以曾國藩、胡林翼、蔡鍔、蔣介石等人的其他著述去詮釋他們在《曾胡治兵語錄》中的著述。蔣介石是曾胡的忠實擁躉，熟讀儒家經典和中國傳統兵書，他在對部下的演講中對曾胡思想有很多精彩的解讀和發揮，非常有助於讀者對《曾胡治兵語錄》一書的深入研讀，因此本書引用了大量蔣介石解讀曾胡的文字。

第二，以中國傳統兵書及各種經典中的兵學思想來解讀，以保證解讀的準確性。如《孫子兵法》《吳子》《司馬法》《尉繚子》《六韜》《三略》《唐太宗李靖問對》《孫臏兵法》《武經總要》《何博士備論》《投筆膚談》《紀效新書》《百戰奇略》《草廬經略》《練兵實紀》《武備志》《乾坤大略》《淮南子》等著名兵書和典籍。

第三，以儒家經典及其理念來解讀，因為《曾胡治兵語錄》貫穿著儒家的思想和靈魂，曾國藩、胡林翼、蔡鍔、蔣介石諸人都力圖以儒家思想統領兵家。

第四，有話則長，無話則短。解讀短則一句話，長則數千字，一切以原著內容來考量，以有助於闡發原著思想為目的。

四、附錄

附錄一：蔣中正纂《新編胡林翼軍政語錄》

《新編胡林翼軍政語錄》可以說是蔣介石在增補《曾胡治兵語錄》之後意猶未盡的結果，將其對胡林翼的推崇於此充分表達，可以視為蔣介石《增補曾胡治兵語錄》的延續。此書目前還沒有整理本出版，有一定參考價值，故作為附錄收在書後。所見民國時期的《新編胡林翼軍政語錄》有三個版本：一是蔣中正編撰的《新編胡林翼軍政語錄　增補曾胡治兵語錄　軍人精神教育　碉寨圖說　剿匪戰術》合本中的一部分，由南京力行要覽發行所，於 1932 年出版。二是蔣中正纂，《新編胡林翼軍政語錄》，出自《福建省政府公報》（第 289 期），福建省政府秘書處印行，民國二十二年二月九日。三是蔣中正纂，《新編胡林翼軍政語錄》，豫鄂皖三省剿匪總司令部，1932 年出版。此次以前兩個版本為底本，其中錯謬之處，以嶽麓書社的《胡林翼集》（第一版）訂正。

附錄二：《蔣介石與國學》

《蔣介石與國學》是作者闡發蔣介石與國學關係的一篇論文，有助於讀者瞭解蔣介石的國學修養及其精神世界，從而更好地理解蔣介石增補的《曾胡治兵語錄》，故收錄於此。

導　讀

　　《曾胡治兵語錄》是中國近代最負盛名的軍事著作，甚至被推舉為中國十大兵書之一。據國防大學出版社 1990 年出版的《中國古代兵書總目》統計，中國古代兵書數量多達 4221 種，其中屬於精華的也有二三百種之多，《曾胡治兵語錄》能在如此眾多的兵學著作中脫穎而出，必有其獨到之處。

　　「曾胡」指曾國藩（1811～1872）和胡林翼（1812～1861），兩人均是科舉翰林出身，以儒生帶兵起家，一手打造了湘軍，分別被稱為「湘軍之父」和「湘軍之母」。二人合作親密無間，率領湘軍打敗了太平天國，挽救了清王朝覆滅的命運，被譽為「中興名臣」。《曾胡治兵語錄》主要是輯錄曾國藩和胡林翼有關軍事言論的一本語錄體兵書，由民國著名將領蔡鍔編撰，並對每一章加以按語而成。後來蔣介石又對此書加以增補，稱為《增補曾胡治兵語錄》，也常簡稱為《曾胡治兵語錄》。

一、《曾胡治兵語錄》的成書和版本

　　蔡鍔（1882～1916），原名艮寅，字松坡，湖南邵陽人，是中國近代史上傑出的軍事家、軍事教育家、軍事思想家。1895 年，蔡鍔未滿 13 歲就考中了秀才，被周圍人視為天才。1898 年，以培養維新人才為目標的時務學堂在長沙開辦，蔡鍔在兩千餘人的考生中，以第三名的優異成績進入這個後來對中國歷史產生巨大影響的學校。時務學堂當時集中了一批維新派知識分子，熊希齡為提調（校長），譚嗣同為學堂總監，梁啟超為中文總教習，唐才常等為講席。這些人對蔡鍔產生了重大影響，蔡鍔更是與梁啟超結下了終生的師生情誼。戊戌變法失敗後，梁啟超流亡日本，1899 年，蔡鍔應梁啟超之召東渡

日本，後來又在梁啟超的幫助下投筆從戎，先後就讀畢業於日本陸軍成城學校（軍事預科）和陸軍士官學校第三期，開始了職業軍人生涯。

1904 年，蔡鍔從士官學校畢業回國，短期在江西、湖南軍界任職，1905 年 7 月受廣西巡撫李經義邀請，任廣西新軍總參謀官兼總教練官，創辦廣西陸軍小學堂，直到 1911 年春，蔡鍔又受已升任雲貴總督的李經義邀請，就任雲南新軍第 19 鎮第 37 協協統。

新軍是清政府在 1894 年甲午戰爭中慘敗後，編制和訓練傚仿西方軍隊，武器裝備購置洋槍洋炮，建立起的新式軍隊，稱為「新建陸軍」。新軍以鎮為基本建制單位，每鎮官兵定額 12512 人，設統制率領。鎮下分協、標、營、隊、排、棚，分由協統、標統、管帶、隊官、排長和正、副目率領。鎮相當於後來的師，協相當於旅，標相當於團。統制就是師長，協統就是旅長，標統就是團長。

辛亥革命前夕，陸軍第 19 鎮統制為鍾麟同，下轄第 37 協和第 38 協，協統分別為蔡鍔和曲同豐。1911 年春，蔡鍔來到昆明就任雲南新軍協統，當時雲南地區的片馬問題與英國交涉正處於緊要關頭。片馬問題由來已久，蔡鍔來到雲南時，正值事件最緊張之際，列強瓜分中國的謠言四起，他便時刻準備奔赴衛國前線。但此時，其上司統制鍾麟同，讓蔡鍔編寫一份對軍人的「精神講話」，蔡鍔只得應允。蔡鍔認為論今不如述古，而曾國藩、胡林翼二公，是中興名臣中的出類拔萃者，距今不遠，口碑猶存，而且他們的論述，多能擊中要害，深切時弊。所以蔡鍔將他們的治兵言論，分類編輯，並在每章後面加以按語，以代替精神講話，認為其嘉言懿行，足以讓人效法，遂成《曾胡治兵語錄》一書。

蔡鍔自幼以神童著稱，國學功底極為深厚，在長沙時務學堂就讀時，雖年僅 16 歲，卻深得老師梁啟超的喜愛，對其讚譽有加，在其作業批語中稱蔡鍔「見地瑩澈」。蔡鍔童年時就喜好閱讀《孫子兵法》《吳子兵法》《司馬法》等古代兵書，又加之後來在日本學習軍事，回國後又主持軍校，長期在軍界任職，對中國傳統兵法，可謂是融會貫通，頗有心得。他在《古兵家學說輯要·序》中說：「余童年讀孫、吳、穰苴諸書，……壯歲習武日本，返國後於役兵間者十年。積以耳目之所見聞，與夫一身之所經歷，於兵學源流稍稍識途徑焉。而後知吾國二千年前之先哲論兵講武，其偉大精深，以與近世相衡，實有過之無不及者。」正是有這樣紮實的兵學功底，以及多年帶兵的切身經

驗，使得他編撰的《曾胡治兵語錄》卓爾不凡，至今仍有重要價值。

　　蔡鍔輯錄的《曾胡治兵語錄》一書，共分十二章：一、將材；二、用人；三、尚志；四、誠實；五、勇毅；六、嚴明；七、公正；八、仁愛；九、勤勞；十、和輯；十一、兵機；十二、戰守，加上梁啟超序、蔡鍔序、蔡鍔按語，共計 1.8 萬餘字。《曾胡治兵語錄》成書於 1911 年夏，但開始只是作為內部教材使用，並未出版。1916 年 11 月 8 日，蔡鍔病逝。1917 年《曾胡治兵語錄》首次由上海振武書局公開印行，梁啟超為之作序。1919 年蔡鍔在雲南起義的戰友李根源，於廣州重印此書。

　　1920 年代，蔣介石在任黃埔軍校校長期間，最為重視，向學生、部下推薦最多的書就是《曾胡治兵語錄》，他還對此書進行了重要增補：一是對各章條目進行的增補。第一章增補了 3 條；第二章增補了 4 條；第三章增補了 6 條；第四章增補了 2 條；第五章增補了 13 條；第六章沒有增補；第七章增補了 2 條；第八章增補了 1 條；第九章增補了 11 條；第十章增補了 1 條；第十一章增補了 6 條；第十二章沒有增補。增補的內容除了曾國藩、胡林翼的語錄之外，還選了 3 條左宗棠的語錄。二是增輯了《治心》一章，共 18 條。三是對一些章節加有眉批。這樣增補後的《曾胡治兵語錄》就由原來的 12 章內容變為 13 章，總字數達到 2.2 萬餘字，比原來增加約 4 千餘字。1924 年蔣介石將此書作為黃埔軍校教材，並為此書作序，以《增補曾胡治兵語錄》書名出版。蔣介石在序中說：「余讀曾胡諸集既畢，正欲先摘其言行，可以為後世圭臬者，成為一書，以餉同志，……不意松坡先得吾心，纂集此治兵語錄一書。」蔣介石是曾胡的忠實信徒，在閱讀曾胡文集時萌發了編訂曾胡語錄的想法，卻發現蔡鍔編撰在前，遂打消了念頭，但對蔡鍔輯錄的《曾胡治兵語錄》進行了增補。由此可以說，《曾胡治兵語錄》實由曾國藩、胡林翼、左宗棠、蔡鍔、蔣介石等人共同完成，涵蓋了他們五人的軍事思想。

　　《曾胡治兵語錄》在民國時期風行一時，翻印的各種版本非常多。比較著名的版本有：1. 蔣中正編纂，《增補曾胡治兵語錄》，中國國民黨陸軍軍官學校印行，選自《黃埔叢書》，國民革命軍中央政治軍事學校編，國民革命軍總司令部軍需處，一九二七年六月出版；2.《增補曾胡治兵語錄注釋》，費怒春注釋，青年書店印行，民國二十九年二月版；3.《曾胡治兵語錄白話解》，賈赫解讀，軍學編譯社印行，民國二十四年一月版；4.《增補曾胡治兵語錄詳解》，陳瑞林注解，西安大東書局印行，民國三十三年五月版；5.《曾胡治兵

語錄》，國民革命軍第二集團軍編，河南書局，民國十七年十月版；6.《曾胡治兵語錄》，武學書局，民國十二年二月版；7.《增補曾胡治兵語錄》，訓練總監部政治訓練處，民國十八年七月版。

此外，1943年延安出版的八路軍《軍政雜誌》還刊登過《增補曾胡治兵語錄白話句解》，兩年後八路軍山東軍區又重印了此書。1949年之後，臺灣地區不同版本的《增補曾胡治兵語錄》不斷有再版。大陸地區由於政治關係，直至二十世紀九十年代才開始恢復此書出版。目前陸續出版的各種版本《曾胡治兵語錄》約有幾十種之多。

二、歷史名人與《曾胡治兵語錄》

由於《曾胡治兵語錄》一書出自曾國藩、胡林翼、左宗棠、蔡鍔、蔣介石等人之手，都是一時聖賢豪傑人物，故後世推崇此書的名人比比皆是。在抗戰期間，為激勵全國軍民，振奮民族精神，國共雙方都大量印行此書，使得此書在國共兩黨的軍政高層中都產生了深刻影響。

（一）梁啟超：讀《曾胡治兵語錄》可知蔡鍔事功之由來

梁啟超（1873～1929）是中國近代思想家、政治家、教育家、史學家、文學家，蔡鍔為其親炙弟子，得意門生。1916年11月蔡鍔去世，第二年由其編著的《曾胡治兵語錄》一書出版，梁啟超為其作序說：「世知松坡之事功，讀此書，可以知其事功所由來矣。」對此書給予極高評價，稱蔡鍔之所以取得巨大事功，其秘密就在於《曾胡治兵語錄》。同時梁啟超對曾國藩、胡林翼、左宗棠等也非常推崇，特輯錄有《曾文正公嘉言鈔》一書，並附錄有《胡文忠公嘉言鈔》和《左文襄公嘉言鈔》。此書出版於1916年，或未嘗不是受蔡鍔之前輯錄《曾胡治兵語錄》的影響。梁啟超尤其對曾國藩倍加推崇，他在《曾文正公嘉言鈔序》中稱：

> 曾文正者，豈惟近代，蓋有史以來不一二睹之大人也已。豈惟我國，抑全世界不一二睹之大人也已。然而文正固非有超群絕倫之天才，在並時諸賢傑中稱最鈍拙，其所遭值事會，亦終身在拂逆之中。然乃立德、立功、立言，三並不朽，所成就震古鑠今，而莫與京者，其一生得力在立志，自拔於流俗，而困而知，而勉而行，歷百千艱阻而不挫屈，不求近效，銖積寸累，受之以虛，將之以勤，植之以剛，貞之以恒，帥之以誠，勇猛精進，堅苦卓絕。如斯而已，

如斯而已！〔註1〕

眾所周知，梁啟超與蔡鍔師生聯手發動了反對袁世凱稱帝、再造共和的護國運動。這場轟轟烈烈的運動，葬送了袁世凱的帝制夢，也耗盡了蔡鍔所有的生命能量，成為其生命最後的閃光。在後人的記述中，蔡鍔離世的情形與他所崇敬的胡林翼極為相似。據薛福成《庸庵筆記》記載，咸豐十一年（1861）八月，胡林翼圍攻安慶時，曾視察軍情，策馬登山，瞻盼形勢，既復馳至江濱，忽見兩艘洋船鼓輪西上，迅如奔馬，疾如飄風。胡林翼臉色大變，勒馬回營，中途嘔血，幾至墜馬。胡之前已經病勢沉重，自此更加嚴重，不數月，便死於軍中。對於太平軍必將被滅，胡林翼心中早有勝算，已不足為患。但見洋人之勢方熾，則膏肓之症，著手為難，因而憂憤而死。

陶菊隱則這樣記述了蔡鍔的離世經過：「蔡在病院中憑窗看日本飛機演習，病勢從此更加惡化。從前胡林翼站在安慶城樓上，遙見外國輪船鼓輪上駛，履波濤如平地，不覺駭而暈倒。這時蔡內心的痛苦或者與之類似。」〔註2〕蔡鍔對蔣百里說：「我早晚就要與你們分手了。我們建設國防尚未著手，而現代戰爭已由平面而轉立體，我國又不知道落後了多少年！我不死於對外作戰，死有餘憾。」〔註3〕雖然以上時人所述未必完全準確，卻反映了人們對胡林翼、蔡鍔為國事憂憤，鞠躬盡瘁精神的崇敬。蔡鍔病逝後，與黃興共同成為民國以來享有國葬待遇的第一人。

（二）蔣百里：《曾胡治兵語錄》為民族精神之所繫

蔣百里（1882～1938），名蔣方震，民國時期著名軍事理論家、軍事教育家。在日本期間結識梁啟超和蔡鍔，後來與蔡鍔一起考入日本的成城學校和陸軍士官學校。自此，二人惺惺相惜，成為終生好友。

蔣百里非常重視民族精神之作用，他認為曾國藩把朝野兩種「華胄精神」（即華夏精神）合為一體，成就了湘軍偉業。「湘軍倡立之始，由二三儒生，被服論道，以忠誠為天下倡，生徒子弟，平日觀摩，漸而化之，於是耕氓市井皆知重廉恥，急王事，以畏難苟活為羞，克敵致死為榮。」〔註4〕後來其精神

〔註1〕梁啟超：《曾文正公嘉言鈔·序》，《梁啟超全集》第九集，中國人民大學出版社，2018年，第502頁。

〔註2〕陶菊隱：《蔣百里先生傳》，臺北：文海出版社，1972年，第62頁。

〔註3〕陶菊隱：《蔣百里傳》，中華書局，1985年，第44頁。

〔註4〕蔣百里：《蔡松坡軍事計劃跋》，《蔣百里全集·第二卷兵學上》，北京工業大學出版社，2015年，第175頁。

則傳諸淮軍，代湘軍而興。然而，「湘淮軍勢力遍天下，而成功僅限於地方，中央無與焉，政府無與焉」。雖然還用儒生帶領農人，但早已儒者不儒，農者不農，「其本不植，而規規於槍炮之利鈍，所謂食而不化者也，復何取乎！」作為大本大原的精神不在了，僅是依仗槍炮，蔣百里認為這是李鴻章淮軍在甲午之役一敗塗地的根本原因。後來，代淮軍而興的是袁世凱在小站練的新軍，以及張之洞在湖北練的新軍。再往後從中央到地方編練新軍之勢，如火如荼。蔣百里則懷疑這種情形恐怕會曇花一現，原因仍在於「無本之木必摧，無源之水必涸」，即精神不在了。但蔣百里堅信民族精神之伏流仍在三湘之地。他認為湖湘之士，旋乾轉坤的偉業有三次。曾國藩、左宗棠諸人是一次，從譚嗣同、唐才常至蔡鍔，或為一次，或為二次。蔣百里說：「曾湘鄉治兵於金陵，而刻《船山遺書》；蔡邵陽治兵於滇南，而有此大計劃，及《曾胡治兵語錄》，君子於是識華冑精神繫之所在焉。」〔註5〕這裡，蔣百里認為曾國藩在南京與太平天國緊張作戰之際，刊刻《船山遺書》，蔡鍔在雲南治兵之時醞釀《軍事計劃》，編撰《曾胡治兵語錄》，正是對民族精神的傳承，是民族精神之所繫。雖然會有挫折，但蔣百里相信「華冑精神者不發於朝，則殖於野，不發於現在，則發於將來，孰能亡之！孰能亡之！」〔註6〕蔡鍔也堅信：「余衡嶽之氣未衰也。」〔註7〕蔣蔡二人都相信只要有民族精神在，民族士氣在，其國家和民族總會有彰顯的一日。

（三）馮玉祥：「人人必須爛熟《曾胡治兵語錄》」

馮玉祥（1882～1948）是民國時期著名將領，陸軍一級上將，西北軍閥。他對曾國藩、胡林翼等湘軍將帥非常崇拜，對蔡鍔編撰的《曾胡治兵語錄》極為推崇，發給軍官們人手一冊，要求他們熟讀背誦，身體力行。並且他還不斷督促檢查，學習好的予以獎勵，學習差的給以各種懲罰。在《馮玉祥日記》〔註8〕中的1920年至1930年期間，他要求部下學習及考核《曾胡治兵語錄》的內容比比皆是。

〔註5〕蔣百里：《蔡松坡軍事計劃跋》，《蔣百里全集》第二卷兵學上，北京工業大學出版社，2015年，第178頁。

〔註6〕蔣百里：《蔡松坡軍事計劃跋》，《蔣百里全集》第二卷兵學上，北京工業大學出版社，2015年，第179頁。

〔註7〕轉引自蔣百里《蔡公行狀略》，《蔣百里全集》第四卷文史，北京工業大學出版社，2015年，第10頁。

〔註8〕《馮玉祥日記》（全五冊），江蘇古籍出版社，1992年。

1920 年 12 月 4 日，他在日記中寫道：「午後四點半，集合連長以上軍官，……勉以《曾胡治兵語錄》中之『治兵，久則驕惰自生，驕惰則未有不敗者』與『楚軍水、陸師之好處，全在無官氣而有血性』等語。」

1921 年 10 月 20 日，「下午五點至七點，批閱《五種遺規》〔註 9〕及《曾胡治兵語錄》」。11 月 6 日，馮玉祥集合督署全體官佐講話，說：「曾文正公曰：『用兵久則驕惰自生，驕惰未有不敗者。』一人然，一家然，一國亦然。」「國將不國，吾等食國祿者，不當高臥而支薪俸，是必須有一番覺悟，以圖救國。」又說：「袁了凡云：『以前種種，譬如昨日死；以後種種，譬如今日生。』曾文正公云：『不做新人，與禽獸何異。』大家要洗掉舊染，做一新人！」25 日九點，馮玉祥召集旅長、團長、營長講話，引用曾國藩在《曾胡治兵語錄》中的要求，說：「做事要五到。即心到、眼到、手到、口到、腳到。」並要求圈點《曾胡治兵語錄》。26 日，馮玉祥召集營長以上軍官會議，其中一項內容是朗讀《曾胡治兵語錄》中的《和氣》章（即《和輯》章），並請陝西省長劉鎮華向大家講解。12 月 13 日，馮玉祥召集連長以上軍官講話，宣布說不久前派旅長張之江到各團、營、連參查所發之《曾胡治兵語錄》是否批閱，結果是「有批閱者，有注解者，有僅看過者，亦有置之高閣，並未曾翻閱者。今日再各贈曾文正公所著之《求闕齋日記類抄》一本，良以近代名人，若曾國藩者實不多觀。其治理自己，約束自己之精神，實足令人佩服」。

1922 年 1 月 22 日下午六點，馮玉祥集合營副以上軍官，要求大家「訓練軍隊，以曾文正公為法」。3 月 27 日，馮玉祥為「排長以上人員講《求闕齋日記》與《曾胡治兵語錄》各兩條」。6 月 17 日六點半，集合各營長、連長，先讀《曾胡治兵語錄》的《將材》《勤勞》兩章，然後講話，要求「帶兵要恩威並用」，「『誠』字為帶兵之要道，詭詐是決不可恃的」。19 日，馮玉祥集合各團排長講話，「先令讀《曾胡治兵語錄》，繼言如下：一、官氣少一分則血性增一分，官氣增一分則血性少一分。二、練兵之道，當如雞之伏卵，如爐之煉丹，晝夜從事，未可須臾稍離。三、兵事以誇大、矜張、騖遠為忌，以收斂、

〔註 9〕《五種遺規》編著者為清代陳弘謀（1696～1771）。該書是五種書的合集，即《養正遺規》、《教女遺規》、《訓俗遺規》、《從政遺規》和《在官法戒錄》。曾國藩非常推崇該書，反覆叮囑家人一定要讀，他在家書中寫道：「家中《五種遺規》，四弟須日日看之，句句學之。我所望於四弟者，惟此而已。……我有三事奉勸四弟：一曰勤，二曰早起，三曰看《五種遺規》。」（曾國藩：《曾國藩全集‧家書之一》，嶽麓書社，2011 年，第 137～138 頁）

固嗇、切近為貴。未經戰陣之際而好言戰者，遇事必不能戰。」馮玉祥的這些
理念都是來自曾國藩、胡林翼的治兵思想。馮玉祥還經常到軍隊基層，查看官
兵對《曾胡治兵語錄》的學習情況，曾有一位排長因《曾胡治兵語錄》背的不
熟，被棍責兩下警告。10 月 4 日，馮玉祥對團長以上軍官講話，稱曾文正公
說過：「平日最好『花未全開月未圓』詩句，蓋必收嗇而生機乃厚，以為惜福
之道，保泰之法，莫精於此七字。」必須「使目兵個個知曉，日中則昃，月滿
則虧之理」。11 月 8 日，馮玉祥對部下說：「曾文正公云：『得人不外四事，
曰：廣收、慎用、勤教、嚴繩。』又云：『多其察，少其發，酷其罰。』左文
襄公云：『非開誠心、布公道，不能得人之心；非獎其長，護其短，不能盡人
之力；非用人之朝氣，不用人之暮氣，不能盡人之才；非令其優劣得所，不能
盡人之用。』此皆先哲經驗閱歷之言，吾等所應借鑒也。」12 日，馮玉祥集合
營副以上官員講話，稱：「曾文正公曾書聯語於座右，以自警云：『不為聖賢，
便為禽獸；莫問收穫，但問耕耘。』」13 日，召集會議，要求下級軍官，人人
必須爛熟《曾胡治兵語錄》。14 日，又集合官長講：「曾文正公云：多訓多練，
訓者即注以精神教育之謂，練者即教以操法技術之謂。」12 月 29 日，「集合
旅、團、營長，每連連、排長各一員，考試《曾胡治兵語錄》」。

1923 年 2 月 1 日，馮玉祥又考察官佐《曾胡治兵語錄》。2 日，「到南苑
司令部，查有營長董硯璞、梁冠英、田守謙不在營，罰他們寫《曾胡治兵語
錄》第二章第四、五兩節，連寫二十五遍。」3 月 17 日，馮玉祥對部下說：
「兵凶戰危，決非不學無術者所能勝任，故學問為治軍之要。蓋連長不學，
遇戰則斷送百人之性命；營長不學，遇戰則送五百人之性命，所關何等重大，
是安可忽？汝務要常讀《軍人讀本》及《曾胡治兵語錄》。」4 月 20 日，集合
營副以上官員，考《曾胡治兵語錄》。6 月 4 日，馮玉祥「到青年會監視營副
以上軍官及上尉以上參謀、副官，考試《曾胡治兵語錄》」。5 日，「到青年會，
監視連長考試《曾胡治兵語錄》」。

1924 年 4 月 10 日，馮玉祥「集合營副以上官長開讀書會，讀《求闕齋日
記》及《曾胡治兵語錄》」。8 月 21 日，集合營長以上官員講話，指出「《軍人
讀本》《曾胡治兵語錄》是增長吾等知識之寶鑒，要用心去讀」。

1925 年 2 月 4 日，與人說：「《曾胡治兵語錄》一書，無論如何，其營長
以上官長非讀不可。蓋人必讀書，方知進退也。」3 月 20 日，「我軍欲救將危
將亡之國家，非讀《曾胡治兵語錄》不可」。27 日，又集合張之江、孫連仲、

石敬亭、韓復榘、佟麟閣等重要將領，令輪流讀講《曾胡治兵語錄》等書。5月5日，「帶領連長讀《曾胡治兵語錄》，勉以讀書救國，效法曾、胡。」11月6日，與旅、團長講話，勸其「多讀《曾胡治兵語錄》」。

1926年12月2日，對營長以上官長及地方官長講話，說《曾胡治兵語錄》強調，「將才必須智勇兼備，耐苦耐勞，誠實，有良心血性，尤為重要」。

1927年3月6日，「七點朝會，並講話，略謂：《曾胡治兵語錄》有云：『帶兵之人，第一要才堪治民，第二要不怕死，第三要不汲汲於名利，第四要耐受辛苦。』斯言雖極平淡，然實有真理在焉，蓋普通之人，每遇困難，輒多怨言，殊不知苦盡甘來。顛連艱苦之際，正是英雄脫穎自見之日，望各位以英雄自期，慎勿諸事自餒也。」11月2日，朝會後，「讀《曾胡治兵語錄》數十段」。晚上監視講堂，又「讀《曾胡治兵語錄‧勤勞》章」。12月3日，馮玉祥對陝西省長劉鎮華說，《曾胡治兵語錄》實為帶兵者必讀之書，帶兵之道，公正廉明，有功者賞，有罪者罰，始能使士卒知所激勸，效命疆場也」。

1928年7月29日，「集合軍官學校及第二十八師官長讀《曾胡治兵語錄》及《精神書》」。

1930年8月11日，正值中原大戰萬分危急之際，「讀《曾國藩語錄‧治家篇》」，晚十點，大雨驟降，馮玉祥「與隨員輪流讀《曾胡治兵語錄》」。

通過馮玉祥1920年至1930年間日記所載，可見其督導部下學習《曾胡治兵語錄》之勤，並且他將其過程的一點一滴，事無鉅細都記在日記上，可謂宣傳和推介《曾胡治兵語錄》最熱心之人。

（四）朱德：蔡鍔是為我指明方向的「北極星」

朱德（1886～1976）是中華人民共和國十大元帥之首，其軍事生涯是從雲南陸軍講武堂開始的。1909年初朱德考入昆明的雲南陸軍講武堂。1911年3月，蔡鍔來到昆明任雲南新軍第19鎮第37協協統，以及講武堂總監。蔡鍔那時27歲，僅比朱德大4歲，但卻已經做出了朱德還只能夢想的大事。朱德對蔡鍔的最初印象是典型的體弱面白的知識分子形象，但他非常崇拜蔡鍔的敏銳思想和工作能力，認為蔡鍔的頭腦充滿了天才的智慧，雖然兩人之間的差距極大，「卻培養出了一種毫不顯露的共鳴和友誼」〔註10〕。朱德是如此的服膺與欣賞蔡鍔，甚至將他視為為自己指明方向的「北極星」。

〔註10〕史沫特萊：《偉大的道路——朱德的生平和時代》，三聯書店，1979年，第101頁。

　　朱德結識蔡鍔之後，蔡鍔邀請朱德有空到自己那裡看看。這樣朱德就經常到蔡鍔辦公室閱覽各種報紙和借閱書籍，使得鄉下來的朱德大開眼界。朱德經常看見蔡鍔伏案寫作，便問他在寫什麼。「蔡鍔告訴朱德，他受鎮統鍾麟同的委託，編寫一篇訓練部隊的精神講話，他將曾國藩、胡林翼的著述中有關治兵的言論輯錄下來，再加上一些按語。蔡鍔還告訴朱德，曾、胡雖然不是武將，但是他們所講的兵家之事見地頗深，他們在治兵方面的闡述，是值得借鑒的。朱德仔細翻閱了蔡鍔所寫的按語，他對蔡鍔精闢的分析由衷地佩服。」〔註11〕後來蔡鍔由北京潛回雲南領導護國運動，朱德再次見到蔡鍔時，「深情地告訴蔡鍔，他始終沒有忘記先生的教誨，常常把《曾胡治兵語錄》等兵書帶在身邊，注重在實戰中加以應用。」〔註12〕朱德極為推崇《曾胡治兵語錄》，以至他後來擔任八路軍總指揮時，仍然認為蔡鍔輯錄的《曾胡治兵語錄》對他帶兵打仗有著重要的作用。

　　1911 年 7 月，朱德從雲南講武堂畢業，獲得少尉軍銜。1911 年 10 月蔡鍔發動雲南起義時，曾在火線上任命朱德為隊官。1916 年蔡鍔率部入川，在與袁世凱北洋軍激戰的護國戰爭戰場上，朱德成為蔡鍔的主力。朱德從排長到連長，從連長到營長，從營長再到團長，都是蔡鍔一手提拔的，因此兩人交情非常深厚。對朱德而言，蔡鍔有知遇之恩，後來蔡鍔的逝世，令朱德受到沉重打擊，感覺失去了指路明燈，迷失了方向。朱德寫了一副輓聯，以寄託對蔡鍔的懷念：勳業震寰區，痛者番向滄海招魂，滿地魑魅跡蹤，收拾河山誰與問？精靈隨日月，倘此去查幽冥宋案，全民心情盼釋，分清功罪太難言。〔註13〕

（五）蔣介石：「治心為治兵之本」

　　蔣介石（1887～1975）對《曾胡治兵語錄》的增補、眉批，尤其是《治心》一章的增補，可謂是點睛之筆，在繼承曾國藩、胡林翼、蔡鍔理念的基礎上，使《曾胡治兵語錄》一書達到了中國傳統兵學以儒釋兵、兵儒合一思想的頂峰。

　　蔣介石一生廣泛涉獵中國傳統兵法典籍，對《孫子兵法》《吳子兵法》《司馬法》《唐太宗李衛公問對》《尉繚子》《三略》《六韜》武經七書，以及

〔註11〕《朱德人生紀實》（上），鳳凰出版社，2011 年，第 162～163 頁。
〔註12〕《朱德人生紀實》（上），鳳凰出版社，2011 年，第 88 頁。
〔註13〕《朱德人生紀實》（上），鳳凰出版社，2011 年，第 90 頁。

《孫臏兵法》《諸葛亮兵法》《揭宣兵經》等，都進行過認真研究。1924 年 10
月 30 日，蔣介石編撰《增補曾胡治兵語錄》完成，並作序，印行全校，要求
軍校師生每人一冊，作為必讀之書。在任黃埔軍校校長期間，他最為重視，
屢屢向部下提及的就是《曾胡治兵語錄》。他說：

　　無論那一個官長，《曾胡治兵語錄》一定要看，應該常帶在衣袋
裏，隨時可以取出來看。〔註14〕

　　看《曾胡治兵語錄》，並以教各軍長，曰：「此書兵機與戰守兩
章，在江南地區作戰，益切實用也。」〔註15〕

　　《曾胡治兵語錄》，我在其最後特別列入《治心》一章，就是告
訴大家練心為練兵之本，治心為治兵之本，希望大家能夠從根本上
努力。〔註16〕

　　無論何時何地，如果你沒有智謀，徒然能勇敢肯犧牲，那麼勇
敢不足成功，犧牲沒有價值，不僅是沒有功，並且要有罪了。所以
我們現在所要注重的，在謀而不在勇，至於注重謀的時候，第一要
懂得運用之妙，存乎一心，特別修養我們自己的心身，我《增補曾
胡治兵語錄》最後一章《治心》的道理，實在就是智謀之所由生，
希望大家格外注意。〔註17〕

　　至於曾胡治兵語錄，全部當然都要注重，而最後《治心》一篇，
對於鍛鍊精神修養人格之重要，又在其他各篇之上，這本書內容很
簡單，大家必須一字一句過細體玩才有益處。〔註18〕

　　要時常閱讀《增補曾胡治兵語錄》，效法古代名將，慎獨治心，
修養鎮靜，並應自強不息。〔註19〕

〔註14〕《總統蔣公思想言論總集‧卷十演講》，臺北：中國國民黨中央委員會黨史委
　　　　員會，1984 年，第 346 頁。
〔註15〕《蔣中正總統五記‧學記》，臺北：國史館，2011 年，第 29 頁。
〔註16〕《總統蔣公思想言論總集‧卷十一演講》，臺北：中國國民黨中央委員會黨史
　　　　委員會，1984 年，第 88 頁。
〔註17〕《總統蔣公思想言論總集‧卷十一演講》，臺北：中國國民黨中央委員會黨史
　　　　委員會，1984 年，第 154 頁。
〔註18〕《總統蔣公思想言論總集‧卷十一演講》，臺北：中國國民黨中央委員會黨史
　　　　委員會，1984 年，第 114 頁。
〔註19〕《總統蔣公思想言論總集‧卷十演講》，臺北：中國國民黨中央委員會黨史委
　　　　員會，1984 年，第 626 頁。

蔣介石對曾國藩、胡林翼、左宗棠極為推崇，在其為《增補曾胡治兵語錄》一書所作序中說：「胡潤之之才略識見，與左季高之志氣節操，高出一世，實不愧為當時之名將。……曾氏標榜道德，力體躬行，以為一世倡，其結果竟能變易風俗，挽回頹靡。……其苦心毅力、自立立人、自達達人之道，蓋已足為吾人之師資矣。……噫！曾胡左氏之言，皆經世閱歷之言，且皆余所欲言而未能言者也，其意切，其言簡，不惟治兵者之至寶，實為治國者之良規。願本校同志，人各一編，則將來治軍治國，均有所本矣。」民國十八年（1929）一月十二日，他在日記中寫到：「往軍校講，曰：『吾人應研究之書，除總理遺著外；第一、戚繼光練兵實記；第二、曾國藩、胡林翼治兵語錄；又有孫子十三篇，尤為中國治兵最要緊要則，應仔細閱讀，悉心研究！』」又說：「咸、同之間，湘鄉曾氏、益陽胡氏，尤取法乎是，而竟湘軍之名者也。余從事軍旅，荏苒數載，於此寢饋與俱，心得之益，獨深且多，爰付剞劂，俾我全軍將士，人人皆習而施之，其有裨於我國軍前途，豈淺鮮哉？」〔註20〕

1943 年蔣介石在為《蔡松坡（鍔）先生遺集》所作序中稱《曾胡治兵語錄》二十年來已成為軍中習誦之書。其序全文內容如下：

> 國父教育革命軍人，揭櫫智仁勇為必具之精神。若松坡先生者，蓋兼備焉。當袁氏叛國僭竊稱帝，先生脫身虎穴，間關赴滇，與吾黨同志共舉義旗，振振入川。艱苦力戰，逆焰終摧，元兇奪魄。迨膚功既奏，國本重奠，先生乃復飄然遠引，以冀針砭當日擁兵割據之雄，蔚成共和法治之盛。綜其生平，處事至精，許國至忠，赴難至勇，在在均足為我軍人之模楷。所纂《曾胡治兵語錄》取擷之間，納義理於簡易，悉與其行誼相發揚。予嘗稍加增訂以授黃埔同門，共相切磋。二十年來已為軍中習誦之書，其有裨於勵志立心者為效彌溥。今湘人士裒錄先生遺文，都為一集，永之剞劂，而請序於余。夫太上立德，其次立功、立言。先生功言之昭昭，實基於積德之深厚。讀茲集者宜知所以，三復而求之矣。
>
> 中華民國三十二年五月蔣中正序〔註21〕

值得一提的是，蔣介石對胡林翼尤為推崇，有時甚至超過了曾國藩。他

〔註20〕《蔣中正總統五記‧學記》，臺北：國使館，2011 年，第 20 頁。
〔註21〕《蔡松坡（鍔）先生遺集》（1943），臺北：文海出版社，第 1 頁。

在日記中慨歎：「胡公之言、德、功三者，皆有可傳……崇拜胡公之心，過於曾公矣。」〔註22〕在演講中，他又對部下們講：

> 清咸同年間，曾國藩、左宗棠、李鴻章都是政治家而兼為軍事家。這是大家所知道的。但當時政治的才幹最高，所做的事業最艱，最足效法的就是胡林翼。他是從州縣出身，深悉民生疾苦，社會實情，對於育才、察吏、理財、剿匪等等辦理都有最好的成績。他的學識宏通，才能精實，經驗又豐富，可算近百年以來干政治的第一好手。他的著作有《胡文忠公全集》。因為當時他所處的環境和我們現在所處的很少差別，所以他的一切辦法，到現在可以適用的特別多。希望各位對於他的著作用心研究，仿傚去辦，一定可以得到最多成功的要訣。〔註23〕

又說：

> 胡文忠就是胡林翼，他與曾國藩同一個時代，但是他的本領比曾國藩還要高強。我以為曾國藩能夠打平太平天國，得成大功，差不多是得益於胡林翼的計劃，尤其是他慘淡經營在湖北所奠定的那個軍事政治的基礎，更為可佩。不過因為他死得太早，未得及身完成大功，所以現在一般人只曉得曾國藩，而不曉得胡林翼；實在打太平天國的功勞最大的要算胡林翼。〔註24〕

在增補完《曾胡治兵語錄》之後多年，蔣介石還是忍不住對胡林翼辦事能力的推崇，於 1932 年 8 月又編輯了一本《新編胡林翼軍政語錄》（見書後附錄一），也是採用語錄的形式，並寫了一篇序，頒發給河南、湖北、安徽三省的官員。

（六）錢基博：《曾胡治兵語錄》提前二十年指出抗日戰爭的戰略方針

錢基博（1887～1957）是民國時期著名的古文學家、教育家，當代著名學者錢鍾書之父。錢基博在其名作《近百年湖南學風》中，認為蔡鍔在《曾胡

〔註22〕《蔣介石日記》，1922 年 4 月 11 日。轉引自《蔣介石——一個力行者的思想資源》，山西人民出版社，2012 年，第 30 頁。

〔註23〕《總統蔣公思想言論總集·卷十四演講》，臺北：中國國民黨中央委員會黨史委員會，1984 年，第 153 頁。

〔註24〕《總統蔣公思想言論總集·卷十一》，中國國民黨中央委員會黨史委員會，1984 年，第 424～425 頁。

治兵語錄》所言，對抗日戰爭的戰略有先見之明。謹摘錄如下：

> 時為辛亥二月，而英人窺我片馬以有違言，於是輯《曾胡治兵語錄》以申儆諸將。意別有會，則為加按。至曾國藩論「用兵之道，審量而後應之者多勝」一語，則加按曰：「兵略之取攻勢，固也。必兵力雄厚，士馬精練，軍資完善，交通便利，四者具而後以操勝算。普法之役，法人國境之師，動員頗速，而以兵力未能集中，軍資亦虞缺乏，遂致著著落後，陷於守勢以坐困。日俄之役，俄軍以西伯利亞鐵路之交通，僅單軌，遂為優勢之日軍所制而以挫敗。吾國兵力，決難如歐洲列國之雄厚；而『精練』二字，此稍知軍事者能辨之。至於軍資交通，兩者更瞠乎人後，如此而曰『吾將取攻勢之戰略戰術』，何可得耶。若與他邦以兵戎相見，與其孤注一擲以墮軍，不如據險以守，節節為防，以全軍而老敵師為主。俟其深入無繼，乃一舉而殲之。昔俄人之蹶拿皇，用此道也。」觀於今日，我國人之堅持抗日，所見略同。而鍔燭照幾先，論之於二十年前。然抗日軍興，吾與語士大夫，罕有會其意者。吾自來湘，嘗告人：中國之對外戰爭，有兩番偉論，皆出湘人，而可以俟諸百世不惑。左宗棠之經略新疆也，俄人責言以陳兵，朝議蓄縮，而宗棠則主先進兵攻俄，引多隆阿之言，以謂「俄越境入中國，所壞者中國地方；我越境入俄邊，所壞者俄國地方。俄人須防後路，自不敢一意向前。」語詳本傳。蔡鍔主以守為戰，而宗棠則欲以攻為守，乃與自來德國兵家所倡防禦須在敵國境內之說，如出一吻。當年左公之雄圖大略，與鍔此日之操心慮危，相反相映。然而鍔知彼知己，其論為不乖於情者也。〔註25〕

錢基博撰寫《近百年湖南學風》時正值抗戰期間，他將蔡鍔在《曾胡治兵語錄》按語中所講攻守之道的要略，對比抗戰時期我國所堅持的誘敵深入，以空間換時間的持久戰戰略，認為兩者所見略同。可貴的是，蔡鍔早在二十多年前就預見了這樣一種戰略。錢基博又指出，中國對外戰爭，有兩種高論都出自湖南人，一是主張以守為戰的蔡鍔，一是主張以攻為守的左宗棠。錢基博讚賞蔡鍔的戰略思想是知彼知己，不乖於情。

〔註25〕錢基博：《近百年湖南學風》，《錢基博集》，河北教育出版社，1996年，第651頁。

（七）李宗仁、白崇禧、黃紹竑：對蔡鍔「敬若神明」

　　李宗仁（1891～1969）、白崇禧（1893～1966）、黃紹竑（1895～1966），人稱桂系三雄、桂系三巨頭。三人都曾在廣西陸軍小學堂〔註26〕就讀，而當時蔡鍔是學校總辦，正是廣西陸軍小學堂最輝煌的時期。李宗仁說，他們當時對蔡鍔都是「敬若神明」。

　　1907年，14歲的白崇禧聽說新辦的陸軍小學堂正在招生，便毫不猶豫地去報了名。本來，學校規定考生需年滿15周歲。白崇禧按虛歲，實際上瞞報了一歲。最後以第六名的成績榜上有名。1908年，年僅13歲的黃紹竑，就想報考陸軍小學堂，但恰逢光緒皇帝及慈禧太后相繼死亡，父親擔心有事變發生，把他中途接回。宣統元年（1909）春，黃紹竑兄弟二人又到桂林參加入學考試，卻錯過了招生時間。1910年春，陸軍小學堂第四期招生，黃紹竑立即報名參加考試，如願進入陸小，開始了他的軍旅生涯。

　　桂系的三雄的老大哥李宗仁在晚年的回憶錄中，對自己在廣西陸軍小學堂的這段求學經歷有著栩栩如生的極為生動的回憶。謹摘錄如下：

> 　　廣西陸軍小學堂成立於光緒三十二年（1906），堂址在桂林南門外大較場的舊營房。是年招收第一期新生。蔡鍔任陸小總辦，雷飆任監督（也就是後來的教育長）。其後蔡離職，蔣尊簋（伯器）繼任總辦。宣統元年（1909）蔣調任參謀處總辦，陸小總辦改由鈕永建繼任。

> 　　我參加陸軍小學的第二屆招生考試時，桂林文昌門外的陸小新校舍正在建築中，第一期學生在南門外大較場的兵營內上課，第二期的招考地點則在城內的舊考棚。陸小因為是新創辦的官費學堂，待遇甚優。學生除供膳食、服裝、靴鞋、書籍、文具外，每月尚有津貼以供零用。加以將來升學就業都有保障，所以投考的青年極為踴躍。報名的不下千餘人，而錄取的名額只有一百三四十人，競爭性是極大的。

> 　　考試完畢，已近歲暮，我就回家了。託了鄰村經常去桂林販賣

〔註26〕陸軍小學堂是清政府於光緒年間在各省設立的新式陸軍學堂，光緒三十一年（1905），開始在全國各省設立陸軍小學堂。所謂「小學」並不是今天意義上的小學，而是相當於今天的高中生階段，年齡為15歲至18歲之間，學制三年，每所學堂定額為90名至300名不等。

貨物的商人代為看榜。一天我正自山上砍完柴挑了回家，路上遇見一位「趕圩」回來的鄰村人，他告訴我說陸小第二期招生已發榜了，正取共一百三十名，備取十名，我是第一名備取，準可入學無疑。這也可算是「金榜題名」吧，我立刻敏感到當時壓在肩膀上的扁擔，今後可以甩掉了，實有說不出的高興。

在學堂規定報到的日期，我辭別父母，挑了簡單的行李，便到桂林去上學了。那時鄉下人是不常進城的，有時逢年過節，偶而應城內親友之約，去看舞龍跳獅，才進城住三數天。所以進城對我們原是件不尋常的事。我們平時為著工作方便，都是短衣赤足的，要進城，首先就要預備一套乾淨的長衫和鞋襪，打了個包袱，背在背上。走到離城約數里的地方，才在河邊洗了腳，把鞋襪穿好，換上長衫，然後搖搖擺擺學了假斯文，走進城去。穿鞋襪和長衫，對我們原都不大習慣，一旦換上新服裝，走起路來，覺得周身受著拘束，異常的不舒服。加上我們那副面目黧黑，粗手粗腳的樣子，和白嫩斯文的城里人比起來，自然如驢入羊群，顯而易見。臨時雇了一名挑夫，替我挑了行李，然後進城。先在西門內大街上找個夥鋪，將行李安頓好，才到陸小去報到。誰知事出意外，校方拒絕我報到，理由是我遲到了十來分鐘，報到時限已過。那時陸小重要負責人都是剛自日本回國的留學生，辦事認真，執法如山。而鄉間出來的青年，既無鐘錶，對時間的觀念自甚模糊。於是我就以十分鐘之差，失去了入學的資格。垂頭喪氣的情形，不言可喻。不過校方負責人勉勵我下期再來投考，並說我錄取的希望很大，因為我這次體格檢查被列入甲等，這在應考的青年中是不多的。

我悵然歸來之後，父親命我繼續隨他到黃姓姑丈家去讀書，準備來年再試。於是我又在姑丈家用功地讀了一年。至翌年（光緒三十四年，1908）冬季，陸小招考第三期學生時，我再度前往投考。這一次投考生增至三千餘人，而錄取名額仍只百餘人。榜發，我竟被錄入正取。按時報到，因而我進了廣西陸軍小學堂的第三期。

這時陸小在文昌門外的新校舍已全部竣工。全校有新式樓房十餘幢，另有禮堂一所。學生的宿舍和課堂分建在大操場的兩側，學

堂辦公廳和禮堂則建於操場的兩端，十分莊嚴寬敞。當時校方的教官和各部門主持人，多半是新自日本士官學校畢業回國的留學生。他們都穿著非常整潔鮮明、繡有金色花紋的藍呢制服。足上穿著長統皮靴，光可鑒人，腰間更掛著一柄明亮的指揮刀，在校內走動時，這柄刀總是拖在地上。因而他們走起路來，刀聲靴聲，鏗鏘悅耳，威風凜凜，使我們剛自鄉下出來的農家子弟看到了真是羨慕萬分。我們的總辦蔡鍔將軍有時來校視察，我們對他更是敬若神明。蔡氏那時不過三十歲左右，可稱文武雙全，一表堂堂。他騎馬時，不一定自馬的側面攀鞍而上。他常喜歡用皮鞭向馬身一揚，當馬跑出十數步時，蔡氏始從馬後飛步追上，兩腳在地上一蹬，兩手向前按著馬臀，一縱而上。這匹昂首大馬，看來已夠威風，而蔡氏縱身而上的輕鬆矯捷，尤足驚人。我們當時仰看馬上的蔡將軍，真有「人中呂布，馬中赤兔」之感。所以我能夠當陸小學生，已經十分滿意。只希望將來畢業後，能當一名中上尉階級的隊附和隊長，平生之願已足。至於像蔡鍔那樣飛將軍式的人物和地位，我是作夢也沒有想過的。

　　……滿清末年，廣西在一些新人物的勵精圖治之下，頗有朝氣勃勃的現象。在這種風氣薰陶下的陸小學生，尤其表現得年輕有為。陸小的校風是極為嚴肅篤實的，全校上下可說絕無狎娼、賭博情事發生。學生日常言談行動，都表現得極有紀律。即使星期假日在街上行走，也都是挺胸闊步，絕少顧盼嬉笑、行動失儀的事。甚至學生在校外提取行李等物，校方亦規定不許負荷太多，以免有失青年軍人的儀表。當然也難免有犯規或行為失檢的學生，然究屬例外。學生在這種風氣籠罩之下，學術訓練和德性薰陶的進步，可說是一日千里，非一般文科學堂所能及。〔註27〕

後來「桂系三雄」李宗仁、白崇禧、黃紹竑在廣西崛起，僅以一個營的兵力起家就迅速統一了廣西。有學者指出，「李宗仁、白崇禧、黃紹竑的崛起正是蔡鍔播下的種子，他們作為陸軍小學的學生一開始就接受了蔡鍔的現代軍事訓練，而他們對蔡鍔的崇敬自然更是從蔡鍔身上吸收到了豐富營養。他

〔註27〕《李宗仁回憶錄》，香港：南粵出版社，1986年，第28～32頁。

們以一個營兵力而敢於挑戰老資格的軍閥勢力，就在於採用了嚴格的軍事制度，推行了刻苦、勤儉的作風。如果仔細研究他們的帶兵、練兵方式和治理廣西的方式，可以看到大量的蔡鍔元素。蔡鍔元素通過『桂系三雄』而使桂軍從土匪一樣的龐雜爛軍隊，成長為了中國的勁旅和精兵」〔註28〕。

（八）毛澤東：吸收《曾胡治兵語錄》的治軍精華

作為曾國藩、胡林翼和蔡鍔同鄉的毛澤東（1893～1976），從少年時就開始受到他們的影響。毛澤東在湘鄉東山學堂讀書時，就批讀過《曾文正公全集》。在湖南第一師範求學期間，他在寫給友人的信中說：「愚於近人，獨服曾文正，觀其收拾洪楊一役，完滿無缺。使以今人易其位，其能如彼之完滿乎？」〔註29〕毛澤東的秘書李銳曾說《曾胡治兵語錄》是一本毛澤東認真讀過的書。他說：

> 曾國藩的軍事活動經驗，對後來毛澤東的戰爭生涯也不是毫無關係的。大家都知道的，另一位有名的湖南人蔡鍔，於1911年編有《曾胡治兵語錄》，就是一本毛認真讀過的書。毛澤東在江西建立革命根據地取得反圍剿戰爭勝利時，左傾教條主義者曾經嘲諷過他，是「農民意識的地方觀念與保守觀念」；不過是把《三國演義》、《孫子兵法》當作現代戰略；並且說，《曾胡治兵語錄》乃敵人蔣介石所專有的東西。因為蔣介石也是一個極其崇拜曾國藩的人。〔註30〕

《曾胡治兵語錄》中曾國藩所強調的「禁騷擾以安民為第一義」，「愛民為治兵第一要義」，以及曾國藩所作《愛民歌》等愛民、愛兵、重視精神教育等治軍精華，都被毛澤東積極吸收，其後來的「三大紀律八項注意」就是對曾國藩《愛民歌》的借鑒與傚仿。毛澤東同樣很崇拜胡林翼，胡林翼號「潤之」，毛澤東特意將自己的字也改為「潤之」，以示對胡的敬仰。

（九）林彪：對《增補曾胡治兵語錄》愛不釋手

林彪（1907～1971）是中華人民共和國十大元帥之一。由於歷史的原因，有關林彪的文獻資料非常少，但從一些回憶文字中，還是能窺見林彪對中國傳統兵學及對《曾胡治兵語錄》一書的喜好。

〔註28〕顧則徐：《共和的守護者——蔡鍔傳》，中國友誼出版公司，2012年，第139頁。

〔註29〕《毛澤東早期文稿》，湖南出版社，1990年，第85頁。

〔註30〕李銳：《毛澤東早年讀書生活》，三聯書店，1986年，第133頁。

　　1960 年 1 月，林彪在廣州主持召開全軍高級幹部會議。據林彪的秘書李德回憶，林彪對人說：「你再給我找一些書，主要是古代的兵書。這些書裏有許多帶兵之道、養兵之道、用兵之道，很有用處。能借就借，不能借就買。」秘書從廣東省圖書館古籍書刊部查到一部清末刻本《〈武經七書〉直解》給林彪看。《武經七書》是北宋作為官書頒行的兵法叢書，基本包括了北宋以前的我國古代軍事著作的代表作，是中國古代兵書的精華。它由《孫子兵法》、《吳子兵法》、《六韜》、《司馬法》、《三略》、《尉繚子》、《唐太宗李衛公問對》七部著名兵書彙編而成。這套《〈武經七書〉直解》一共十冊，還從未借出過，秘書立刻請廣州軍區政治部辦理借書手續。林彪拿到這部書後十分高興，李德有一段生動的記述：

　　　　林彪看到這部書十分高興，像得到什麼寶物似的，馬上喊叫「葉群，葉群！」沒等葉群問話就說：「葉群，我告訴你，今天借到一部好書，我們兩個人一起來看。」就這樣整個 2 月份，林彪從早到晚除了吃飯、睡覺，一直埋頭讀這部書。葉群也跟著讀。辦公室也忙起來，兩個秘書，一個尉官，還有兩個只有初中文化的內勤，一齊動手，都來參加抄兵書語錄。按照林彪紅筆勾畫的記號，一句或一段話抄一張。然後分別按堅定正確的政治方向，艱苦樸素的工作作風，靈活機動的戰略戰術，團結、緊張、嚴肅、活潑這七個專題分類彙集。〔註31〕

　　林彪於 1925 年秋考入黃埔軍校第四期，在不到一年的時間裏，他學習了戰術學、軍制學、兵器學、築城學、交通學、地形學、經理學、衛生學、馬學 9 項教授科目，還有陣中勤務、典範令、服務提要、技術、馬術 5 項訓練科目，以及測圖演習及詳細計劃案、戰術實施及詳細計劃案、野營演習及詳細計劃案 3 項演習科目。

　　1924 年底，蔣介石對由蔡鍔輯錄的《曾胡治兵語錄》進行了增補，並作序出版，作為黃埔軍校的教材，發給每位學員。在幾十本軍政教材中，林彪對這本《增補曾胡治兵語錄》愛不釋手，朝夕誦讀。這本書對林彪產生了很大影響。據蕭克上將回憶，在井岡山和中央蘇區時，常見林彪見縫插針學習這本書，還向他推薦過。讀私塾時熟讀的《論語》，軍校時熟讀的《曾胡治兵語錄》，使林彪對這種「語錄體」著作情有獨鍾，後來他提倡編寫《毛主席語

〔註31〕李德口述：《林彪的讀書生活》，《領導文萃》，2012.7 下，第 53 頁。

錄》，便是受此影響。〔註32〕

三、《曾胡治兵語錄》的主要內容

　　蔡鍔編撰、蔣介石增補的《曾胡治兵語錄》全書共十三章：第一章《將材》，第二章《用人》，第三章《尚志》，第四章《誠實》，第五章《勇毅》，第六章《嚴明》，第七章《公明》，第八章《仁愛》，第九章《勤勞》，第十章《和輯》，第十一章《兵機》，第十二章《戰守》，第十三章《治心》。

　　《曾胡治兵語錄》在當代不斷被再版翻印，一個重要原因就是它不是一本中國傳統的典型兵書。傳統兵書大都以談戰略戰術為主，而《曾胡治兵語錄》十三篇，談戰略戰術的只有《兵機》和《戰守》二章，其他十一章表面是談治軍問題，而其背後的觀念則是一整套內聖外王、體用兼備的儒家之學。因此，它不侷限於兵學的範圍，既是人生哲學，也是經世之學，有著非常廣泛的意義。《增補曾胡治兵語錄》十三章的主要內容概括如下：

　　《將材》：曾國藩提出作為將領必須具備的四個條件：「才堪治民」「不怕死」「不急急名利」「耐受辛苦」，四者是一個不可分割的統一整體，匯聚為一個衡量標準，即忠義血性。胡林翼則提出將帥要有良心，有血性，有勇氣，有智略，其中「良心」「血性」是核心。蔡鍔稱讚曾、胡所倡導的將領「以良心血性為前提，尤為扼要探本之論」。蔣介石對曾、胡的看法非常認同，其眉批有「良心血性」四個字。

　　《用人》：將材強調的是對將帥的要求，本章則主要是對中下級將領和士卒的要求，以及人才的轉移之道、培養之方、考察之法。曾國藩提出要戒官氣，而姑用鄉氣之人，注重人的內在品質，要用奪利不搶先，赴義怕落後的忠義之士。胡林翼強調要先擇將而後選兵，不能反其道行之。兵在精不在多，濫竽充數，有兵如無兵。提出性情懦弱圓熟者不可用，阿諛奉承者不可用，胸無實際、大言欺人者不可用。

　　《尚志》：尚志，就是崇尚志節。曾國藩將志趣視為人才高下的標誌，強調人才要有高世獨立之志。有志則不甘為下流，立志就是金丹。胡林翼指出，人才以志氣為根本，氣可偶挫而志不可挫。志趣、志節需要培養，需要打破喜譽惡毀之心，患得患失之心，因此人要不斷自我修身，不斷自我提升，方能做好人，做好官，做名將。這正是儒家修身、齊家、治國、平天下的道路。

〔註32〕參見張聿溫：《林彪與黃埔軍校》，《同舟共進》，2016年，第3期。

　　《誠實》：曾國藩、胡林翼、蔡鍔、蔣介石以傳統儒家思想出發，以「誠」相號召。曾國藩強調「以誠為之本」，「君子之道，莫大乎以忠誠為天下倡」，「馭將之道，最貴推誠，不貴權術」。胡林翼強調「無眾大小，推誠相與」。蔡鍔指出：「軍隊之為用，全恃萬眾一心，同袍無間，不容有絲毫芥蒂，此猶在有一誠字為之貫串，為之維繫。」蔣介石則提出「以正克邪，以誠制偽，以實制虛，以拙制巧」。

　　《勇毅》：勇毅，即勇敢堅毅。歷來兵法中，無論是將帥，還是士卒，勇敢都是其基本品質，因此胡林翼說「能勇敢不算本領」。這一點，蔡鍔講的非常明白。蔡鍔借用孟子的說法，指出「勇」有「小勇」和「大勇」之分，他所提倡的是「鞠躬盡瘁，死而後已」的大勇，是勇敢和堅毅的合一。蔡鍔認為曾國藩、胡林翼本章所說，均指大勇而言。蔡鍔要求高級將領，除了勇敢之外，必須在「毅」字上下工夫，抱定一往無前之志向，百折不回之勇氣，完全把毀譽、榮辱、生死置之度外，只求對得起自己的良知，以我之大勇，做無數小勇之表率。

　　《嚴明》：嚴明，指紀律嚴明，賞罰分明。曾國藩提出為將之道，要以明確法規、令行禁止、整齊嚴肅為首要原則，不能過分看重仁慈愛撫。胡林翼提出，「行軍之際，務須紀律嚴明，隊伍整齊，方為節制之師」，「非用霹靂手段，不能顯菩薩心腸」。本章曾、胡列舉了很多古代軍事史中著名的實例來說明軍紀嚴明。蔡鍔指出，治軍之要，尤在賞罰嚴明。

　　《公明》：公明即公正明達。前一章「嚴明」重在「嚴」，著重軍紀之嚴；「公明」重在「公」，著重公正公平。一味求嚴，嚴刑峻法，只會刻薄寡恩，還必須公正無私，明達事理。曾國藩提出，位居高位的人，應當以知人、曉事為職責。「名」「利」是世人都追求的東西，往往都想自己獨佔，而排斥他人，「曉事」，就是在此要有與人分享的精神。他還指出，天下沒有一成不變的君子，也沒有一成不變的小人。今天能知人，能曉事，就是君子，明天不知人，不曉事，就是小人，此即所謂「知人」。胡林翼強調，國家的爵位、官職，不可隨便給予，慎重賞賜，才能使軍心振奮。他提出：「是非不明，節義不講，此天下所以亂也。」蔡鍔要求軍中將領，在用人方面，要堅持任人唯賢，循名核實。

　　《仁愛》：仁愛是儒家思想的核心，曾國藩、胡林翼、蔡鍔、蔣介石都是儒家思想的擁護者，以儒釋兵、兵儒合一是其追求的目標，因此他們都積極

主張將儒家仁愛思想融入帶兵之道。曾國藩說，「帶兵之道，用恩莫如用仁」，「吾輩帶兵，如父兄之帶子弟一般」，「愛民為治兵第一要義」等。胡林翼提出，「他人不肯救我，而我必當救人」，「愛惜百姓，……不擾不驚」，「軍行之處，必須秋毫無犯」，「以濟人濟物為本」等。蔡鍔則提出，「軍人以軍營為第二家庭」等。

《勤勞》：蔣介石說：「曾國藩治軍之道，以勤為先，胡林翼也說軍旅之事，非以身先勞之，事必無補。」曾國藩反覆強調，「治軍之道，以勤字為先」，指出「習勞為辦事之本」，「百種弊端，皆由懶生」，「精神愈用而愈出，不可因身體素弱，過於保惜」，強調去「驕」，去「惰」。胡林翼則強調，「軍旅之事，非以身先之勞，事必無補」。

《和輯》：和輯即和睦團結。曾國藩強調，「敬以持躬，恕以待人」，指出「湘軍之所以無敵者，全賴彼此相顧，彼此相救」。胡林翼指出，「為大將之道，以肯救人、固大局為主」，反之，由於將帥不和，指揮權不統一，擁有優勢兵力而失敗的戰例比比皆是。不服從將領的命令，兵多必敗。

《兵機》：兵機是用兵的機謀。《兵機》和《戰守》兩章是《曾胡治兵語錄》一書十三章中，具體講到戰術方法的部分，是最切實用內容，因此蔣介石要求部下一定要用心研究。曾國藩強調用兵要「選百鍊之卒，備精堅之械」，「最忌勢窮力竭」，「蓄不竭之氣，留有餘之力」，「孤軍無援，糧餉不繼，奔走疲憊」，乃敗亡之道。胡林翼強調，「兵事決於臨機，而地勢審於平日」；「兵分則力單，窮追則氣散，大勝則變成大挫」；「蓋敵求戰，而我以靜制動，以逸待勞，以整御散，必勝之道也」；「敬則勝，整則勝，和則勝」；「屯兵堅城之下，則情見勢絀」。

《戰守》：戰守即攻守之道，此章以論述進攻和防守之道為主。曾國藩、胡林翼講了攻戰、守戰、遭遇戰、局地戰，以及防邊之策、攻城之術等戰術的訣竅和方法。曾國藩強調了「先發制人」與「以主待客」兩種主要戰術，提出了行軍打仗有三個要點：一、紮營宜深溝高壘；二、哨探嚴明；三、痛除客氣。胡林翼則概況了四個用兵要點：一、交戰宜持重；二、進兵宜迅速；三、穩紮猛打；四、合力分枝

《治心》：本章為蔣介石所增補，他說此篇「雖非治兵之語，治心即為治兵之本」。又說：「《治心》一篇，對於鍛鍊精神修養人格之重要，又在其他各篇之上。」足見其對自己增補的《治心》篇的重視。蔣介石熟讀宋明理學

經典，《治心》篇在《曾胡治兵語錄》中之地位，正如《道體》篇在《近思錄》中地位。呂祖謙《近思錄》序中稱《道體》篇為「義理之本原」，是其他各卷立論的基礎。同樣，《曾胡治兵語錄》中，《治心》篇亦是「體」，其他十二篇則是「用」。《治心》篇在最後，正好是以「用」觀「體」，以「顯」入「微」，達至「體用一源，顯微無間」之妙。職是之故，蔣介石曰「治心即為治兵之本」。

　　綜上所述，《尚志》《誠實》《勇毅》《仁愛》《勤勞》《和輯》六章內容都是對人的品質的要求，從人生哲學角度來說，便是人生境界真、善、美、聖的種種體現。這是儒家思想中內聖的目標，是修身的主要內容。《嚴明》和《公明》二章則是通過嚴明的紀律和公正公平的制度，促使人養成這些美德。《治心》章則是指通過自我修養來達到人生境界的提升。《嚴明》和《公明》是外在的約束和強制手段，《治心》是內在的自我要求，是修身的工夫。《將材》和《用人》篇，強調的是對將領和士卒的品德要求，以及人才的轉移之道、培養之方、考察之法等。曾、胡提出作為將領的核心標準是忠義血性，或良心血性，實際上就是正義感。對士卒提出要戒官氣，而姑用鄉氣之人，注重人的內在品質。這樣一種人才標準，不只是對軍隊的將領和士卒適用，實際上是對人才選拔的一種普遍性要求。《嚴明》《公明》《將材》《用人》都是針對人的品質的考察、選擇、培養、養成等內容，作為方法是屬於治世的範疇，同時其內涵標準又兼具內聖修身的內容。《兵機》和《戰守》是作戰的具體戰術，完全屬於傳統兵學的範疇，也是儒家經世之學的重要內容。

四、《曾胡治兵語錄》是以儒釋兵思想的頂峰

　　兵家作為一個學術派別早在先秦時期就已相當成熟，是當時的諸子百家之一。兵家主要代表人物有孫武、吳起、孫臏、尉繚等。他們的著作留傳下來的有《孫子》《吳子》《司馬法》《孫臏兵法》《六韜》《尉繚子》等。因主流兵學與儒學在理念上的差異，兩者之間一直存在一種緊張關係，隨著儒學在政治地位上的穩固，兵家開始主動吸收儒家思想，以儒釋兵。儒家也意識到兵學的必要性，力圖將兵家思想納入儒家思想體系，到《增補曾胡治兵語錄》出現，便完成了儒學對兵學的改造，達到了以儒學統領兵學的頂峰。

（一）古軍禮與儒學的一致性

　　《司馬法》一書保留了大量春秋中期之前軍禮或軍法的內容，班固認為

《司馬法》是對商周兩代以禮治軍的總結，因而將其歸入禮類。後世很多學者也都把它當作禮書來研究。從《司馬法》一書所揭示的春秋中期之前的兵家思想來看，早期兵家與儒家的理念確實是很接近的。《司馬法·仁本》開宗明義指出：「古者，以仁為本，以義治之之謂正。正不獲意則權。權出於戰，不出於中人。是故殺人安人，殺之可也；攻其國，愛其民，攻之可也；以戰止戰，雖戰可也。故仁見親，義見說，智見恃，勇見方，信見信。內得愛焉，所以守也；外得威焉，所以戰也。」意思是說，古時人們以仁愛為根本，以正義的方法處理國家大事，這是正常的途徑。用正常的辦法達不到目的，則要用權變的特殊手段。特殊的手段總是出於戰爭，而不是出於中和與仁愛。因此，殺掉壞人而使好人得到安寧，那麼殺人是可以的；如果進攻別的國家是出於愛護它的民眾，那麼攻打它是可以的；用戰爭的手段來制止戰爭，那麼進行戰爭也是可以的。因此，要以仁愛獲得人們的親附；以正義取得人們的悅服；以智慧贏得人們的欽敬；以勇敢獲得人們的效法；以誠實博取人們的信任。這樣，對內就能得到人們的擁戴，可以守土衛國；對外具有威懾力量，可以戰勝敵人。

儒家思想是以仁愛為本的價值體系，「仁」是孔子思想的核心理念。因此，《司馬法》「以仁為本」「以戰止戰」的兵學思想與儒家思想確有相似之處。如何具體落實「以仁為本」呢？《司馬法·仁本》又曰：「古者，逐奔不過百步，縱綏不過三舍，是以明其禮也。不窮不能而哀憐傷病，是以明其仁也。成列而鼓是以明其信也。爭義不爭利，是以明其義也。又能舍服，是以明其勇也。知終知始，是以明其智也。六德以時合教，以為民紀之道也，自古之政也。」意思是說，古時候，追擊遺逃的敵人不超過一百步，追蹤主動退即的敵人不超過九十里，以此表示禮讓。不殘殺喪失戰鬥力的敵人，同時哀憐敵方的傷病人員，以此表示仁愛。等敵人布陣完畢再發起進攻，以此表示誠信。恪守大義而不爭小利，以此表示戰爭的正義性。赦免降服的敵人，以此表示真正的勇敢。能夠洞察戰爭開始和結局，以此表示統帥的智慧，根據以上「禮、仁、信、義、勇、智」六德適時對民眾進行教育，作為管理民眾的準則，這是從古以來的為政之道。《司馬法》強調治國、用兵要有為政之道和用兵之則，要「明其禮」「明其仁」「明其信」「明其義」「明其勇」「明其智」。按照儒家的理念，「仁」是人的最高精神境界，是其他德性的總綱。因此，《司馬法》所闡釋的「明其禮」「明其仁」「明其信」「明其義」「明其勇」「明

其智」，正是對仁本理念的落實。

　　《司馬法》的兵學理念在春秋時期一次重要的軍事事件中，導致極大的分歧，也使得《司馬法》一書所貫穿的「以禮為固，以仁為勝」的理念，發生重大轉折。這個事件發生在公元前 638 年，宋襄公討伐鄭國，與救鄭的楚兵展開泓水之戰。楚兵強大，宋襄公講究「仁義」，要待楚兵渡河列陣後再戰，結果大敗受傷，次年傷重而死。此事出自《春秋》經的僖公二十二年：「春，公伐邾，取須句。夏，宋公、衛侯、許男、滕子伐鄭。秋八月丁未，及邾人戰於升陘。冬十有一月己巳朔，宋公及楚人戰於泓，宋師敗績。」經文記述非常簡略，僅一句「宋公及楚人戰於泓，宋師敗績」，如果《春秋》經為孔子所作，從中還看不出孔子對宋襄公此事的態度，但解釋《春秋》的三傳則都表明了態度。

　　《公羊傳》贊曰：「君子大其不鼓不成列，臨大事而不忘大禮，有君而無臣，以為雖文王之戰，亦不過此也。」這是說君子尊崇宋襄公不出擊還沒有列隊好的敵軍，面臨大事而不忘大的禮節，可惜他有國君而沒有輔佐的得力臣子，即使是周文王在世，恐怕也不過如此吧！《穀梁傳》則對宋襄公進行了一連串批評，指出其發動戰爭是為了報復他以前咎由自取所遭受的恥辱，批評其既不講信義，也不不符合正道。《左傳》對事件的記述最詳細，並借一段「子魚論戰」的對話，譏諷宋襄公。其中說，打了敗仗之後，宋國人都歸咎於宋襄公。宋襄公辯解說：「君子不重傷，不禽二毛。古之為軍也，不以阻隘也。寡人雖亡國之餘，不鼓不成列。」意思是說，君子不殺傷已經受傷的人，不擒拿頭髮花白的人，古代的用兵之道，不憑藉險要的地勢攻擊敵人。寡人雖然是亡國者的後代，但不攻擊還沒有排好戰鬥序列的人。宋襄公一切行事都要講究「仁義禮信」，可見他對貴族精神的崇尚和執著。其所謂「古之為軍」，實際上就是《司馬法》所言的上古軍禮。但子魚回答說：君王不懂得作戰的道理。強敵由於地勢阻礙而沒有排成戰鬥隊列，是上天幫助我們。趁他們被阻礙而攻擊，有什麼不可以嗎？即使這樣還擔心不能取勝呢。而且今天的強者都是我們的敵人，即使是老人，俘獲也要抓回來，對頭髮花白的人憐惜什麼？要使士兵知道失敗就是恥辱，打仗就是要殺敵。敵人受傷還沒死，為什麼不再次殺他？如果可憐敵人不再次殺他，那還不如當初就不下手。如果可憐頭髮花白的敵人，那還不如向他們屈服。三軍本來就是要憑藉有利條件來作戰的，鳴金擊鼓是為了鼓舞鬥志。抓住有利的機會就要用，利用險要

地勢當然是可以的。金鼓之聲是為了激發鬥志，敵人沒有列隊完畢，當然可以進攻。

子魚的一連串詰問不是沒有道理，宋襄公一事引起了儒家內部的分歧。《春秋》三傳之《公羊傳》對宋襄公持強烈讚賞態度，《穀梁傳》和《左傳》則都持批評態度。同樣，這也造成後世評價的兩極化。讚美者認為宋襄公仁義有信，具有貴族精神；批評者則認為他是虛偽的假道學典型，毛澤東在《論持久戰》對宋襄公給予無情嘲諷和貶斥，說：「我們不是宋襄公，不要那種蠢豬式的仁義道德。」〔註33〕

（二）兵學與儒學的對立

宋襄公在泓水之戰中的做法，並非一個孤立的事件，在上古時期是一種普遍的現象，是當時軍禮傳統下戰爭的主要模式。古軍禮是西周初年，周公制禮作樂時制定的一些戰爭基本規則。宋襄公的泓水之戰在中國古代軍事史上具有劃時代的意義。它標誌著商周以來的「成列而鼓」為基本特色的「禮義之兵」被全面否定，從而退出歷史舞臺，以「詭詐奇譎」為主導的作戰法則正在全面崛起。班固稱之為：「自春秋至於戰國，出奇設伏，變詐之兵並作。」（《漢書·藝文志·兵書略》）《淮南子·氾論》揭示了古今價值觀之巨變：「古之伐國，不殺黃口，不獲二毛，於古為義，於今為笑。古之所以為榮者，今之所以為辱也！」古人以為正義的事情，如今成為笑話；古人以為光榮的事情，如今成為恥辱的標誌，時代確實變了。

軍事思想由重視軍禮轉而追求功利的實用戰略，以《孫子兵法》的出現為重要標誌。「兵以詐立，以利動」是《孫子兵法》最重要的一條原則。這是說，戰爭靠詭詐來取得成功，以利益大小決定行動。孫子「詭道十二法」開始盛行，所謂「能而示之不能，用而示之不用，近而示之遠，遠而示之近。利而誘之，亂而取之，實而備之，強而避之，怒而撓之，卑而驕之，佚而勞之，親而離之，攻其無備，出其不意」。總之，「兵者，詭道也」（《孫子兵法·計》）。由於《孫子兵法》的巨大影響，其思想成為後來中國兵家的主流傳統。

南宋鄭友賢認為《司馬法》和《孫子兵法》代表了兩種完全不同的戰爭形態：「司馬法以仁為本，孫武以詐立；司馬法以義治之，孫武以利動；司馬

〔註33〕毛澤東：《論持久戰》，《毛澤東選集》（合訂一卷本），國防工業出版社，1969年，第460頁。

法以正不獲意則權；孫武以分合為變」。〔註34〕到了春秋戰國之際，戰爭由尊
崇軍禮轉變為崇尚詭詐，至此，儒家與兵家徹底分道揚鑣。

　　先秦儒家除荀子外很少有人直接論及兵學理論。《論語・衛靈公》載，衛
靈公向孔子詢問作戰布陣之法。孔子回答說：「軍旅之事，未之學也。」其實
孔子何嘗不懂得軍事之事呢？《論語・子路》篇，孔子曰：「善人教民七年，
亦可以即戎矣。」又曰：「以不教民戰，是謂棄之。」這都是在談軍旅之事。
朱熹《論語集注》引尹氏，曰：「衛靈公，無道之君也，復有志於戰伐之事，
故答以未學而去之。」孔子因為衛靈公是個無道之君，要興戰伐之事，不願
意教他，故曰「軍旅之事，未之學也」。與此相似的是，齊宣王問孟子，可否
講講齊桓公、晉文公成就霸業的事，孟子反對霸道，主張王道，因此不願意
講，便回答說孔子的學生沒有講過齊桓公、晉文公霸業的事，我也沒聽說
過。其實，孔子和孟子只是不屑於談兵，或恥於言兵而已，因此後世有儒者
不言兵之說。先秦儒家中只有荀子言兵，而且明確表達了儒家對兵的態度。
《荀子・議兵》曰：

　　　　臨武君與孫卿子議兵於趙孝成王前。王曰：「請問兵要？」臨武
　　君對曰：「上得天時，下得地利，觀敵之變動，後之發，先之至，此
　　用兵之要術也。」孫卿子曰：「不然。臣所聞古之道，凡用兵攻戰之
　　術，在乎壹民。弓矢不調，則羿不能以中微；六馬不和，則造父不
　　能以致遠；士民不親附，則湯、武不能以必勝也。故善附民者，是
　　乃善用兵者也。故兵要在乎善附民而已。」臨武君曰：「不然。兵之
　　所貴者，勢利也；所行者，變詐也。善用兵者，感忽悠暗，莫知其
　　所從出，孫、吳用之，無敵於天下，豈必待附民哉！」孫卿子曰：
　　「不然。臣之所道，仁人之兵，王者之志也。君之所貴，權謀勢利
　　也；所行，攻奪變詐也，諸侯之事也。」

　　荀子用兵之道的核心思想是以仁義壹民、附民，以禮法治軍，主張行仁
義之師，反對用詐。荀子弟子陳囂評價荀子曰：「先生議兵，常以仁義為本。」
繼承的是古軍禮「不鼓不成列」、「不重傷」、「不以阻隘」、「不推人於險」的思
想，與《孫子兵法》為主流的「兵以詐立」、「兵者詭道」的兵家思想，完全是
背道而馳的。荀子的用兵之道，代表了先秦儒家的主流戰爭觀念，這必然使
得儒家與兵家判然兩立。

―――――――――

〔註34〕《十一家注孫子》，中華書局，2012 年，第 289 頁。

　　孔子本人「大聖兼該，文武並用」，後世儒者反而將文武判然兩途，各自發展。致使「縉紳之士不敢言兵，或恥言之；苟有言者，世以為粗暴異人，人不比數」（杜牧：《孫子十家注・注孫子序》）。文人士大夫恥於談兵，若有人談兵，則被視為粗暴的野蠻人，遭人鄙視。兵家思想常遭儒者貶斥，兵學著作也屢遭焚禁。在這種風氣下，兵儒分離與對立已是大勢所趨。

（三）兵儒逐漸合流

　　由於儒者不屑於兵家的詭詐之道，遂有「儒者不言兵」之說，但「儒者不言兵。儒者不可以不知兵也。聖世不用兵。未有聖世而不為兵備也」（陳子龍等選輯，《皇明經世文編・卷一百二十六》）。儒者不屑於談兵，但又不能不懂得用兵。太平盛世不用兵，但不能不做好用兵的準備。蘇洵質問：「人有言曰：儒者不言兵，仁義之兵無術而自勝。使仁義之兵無術自勝也，則武王何用乎太公？」（《蘇洵集・嘉祐集卷二・權書上》）蘇洵認為，所謂「仁義之兵無術而自勝」是不可信的，若如此，武王伐紂何須用姜太公？《智囊・兵智・兵智部總序》曰：「儒者不言兵，然儒者政不可與言兵。儒者之言兵惡詐；智者之言兵政恐不能詐。夫唯能詐者能戰；能戰者，斯能為不戰者乎？」馮夢龍這裡譏諷說，儒者不言兵，是由於儒者沒能力談論兵法。儒者總說用兵不可以用欺詐的手段取勝，但是真正有用兵智慧的人，最怕不能想出各種詭詐的作戰方法來。只有能運用奸詐手段之人才能作戰，能戰的人，才能消弭天下的兵災戰禍，成為不戰者。

　　《春秋左傳・成公十三年》稱：「國之大事，在祀與戎。」可見儒家對戰爭是極為重視的。清代學者孫星衍指出，「世泥孔子之言，以為兵書不足觀。……又見兵書有權謀、有反間，以為非聖人之法。皆不知吾儒之學者！……宋襄、徐偃仁而敗，兵者危機，當用權謀」（孫星衍：《孫子十家注・孫子兵法序》）。有人以孔子說「軍旅之事，未之學也」，誤以為儒者不談兵，孫星衍稱這是不懂得儒者的人。他又以《韓非子》的《外儲說左上》與《五蠹》記載的宋襄公、徐偃王「惟仁」而敗的故事，強調危機之時當用權謀。明代兵學大家趙本學在《孫子書校解引類・孫子書序》中，表達了同樣看法，他說：「用兵而不以權謀，則兵敗國危而亂不止。君子不得已而用權謀，正猶不得已而用兵也。……儒者生於其時，遇國家有難而主兵何不可之？有其曰『猥云德化，不當用兵』，此迂儒保身之謀，賣國之罪也。」趙本學痛斥那些輕視兵學，反對用權謀，不懂得用兵之道的儒生是迂腐之儒。一些務實

的儒家逐漸開始承認兵學的重要性並接受兵學為儒學的組成部分。

兵家也認識到宋襄公和孫武思想各有優長之處，以及各有不足之處，開始提倡兵儒合流，一方面強調仁義道德對軍事活動的重要性，另一方面又肯定兵者詭道、出奇制勝對戰爭成敗的決定性影響。北宋時的《十一家注孫子》，彙集了魏武帝曹操，南朝梁孟氏，唐李筌、杜佑、杜牧、陳白皋、賈林，五代何延錫，北宋王晳、梅堯臣、張預等十一家對於《孫子》的注解。這些注家，在注釋《孫子》的基礎上，充分吸收了儒家思想，「援儒釋兵」「以儒代兵」，力圖融通儒家與兵家的治國思想，體現了兵儒整合的思想傾向。

明代是我國歷史上繼先秦之後又一個兵學興盛的時期。這一時期，兵家更加致力於儒學與兵學的結合，無論是治兵的戰略原則，還是發揮前代的兵學理論，無不體現出兵儒統一的思想特徵。明代學者劉寅在其《武經七書直解》一書中，對兵家之「道」以儒家思想進行解讀。如《孫子‧計篇》曰：「道者，令民與上同意也，故可以與之死，可以與之生，而不畏危。」劉寅《武經七書直解‧卷中》解讀為：「道者，仁義、禮樂、孝悌、忠信之謂。為君者，漸民以仁，摩民以義，維持之以禮樂，教之以孝悌、忠信，使民親其上，死其長，故與君同心同德，上下一意，可與之同死同生，雖有危難而不畏懼也。」劉寅選取諸多儒家典籍來闡發兵家理論，告誡初學武經的人，一定要有儒學根基。

明代著名思想家李贄認為儒家思想與兵家思想應該完美結合，主張《武經七書》與儒家《六經》合而為一，兵儒一體。明代著名將領戚繼光曰：「孫武子兵法，文義兼美，雖聖賢用兵，無過於此。非不善也，而終不列之儒。設聖賢其人，用孫武之法，武經即聖賢之作用矣。苟讀六經，誦服聖賢，而行則狙詐，六經即孫武矣。顧在用之者，其人如何耳。故因變用智，在君子則謂之行權，在小人則謂之行術，均一智也。而君子、小人所以分者何也？蓋有立心不正，則發之自異耳。」〔註35〕他認為儒學與兵學並沒有本質區別，關鍵看誰來用，如何用，立心是否正。聖賢用什麼都是聖賢之用，小人用什麼都成小人之用。戚繼光是將兵家思想融入儒家思想之中的重要人物。《明史‧戚繼光傳》稱他「私淑陽明，大闡良知，胸中澄澈如冰壺秋月，坐鎮雅俗有儒者氣象」。他將儒家修身養性的方法融入到軍事訓練中，彌補了兵家訓練理論性的不足。此外，明代軍事家多致力於儒學，都有兵儒統一的思想傾向，著名

〔註35〕戚繼光：《止止堂集》，中州出版社，1987年，第64頁。

兵書《投筆膚談》《草廬經略》等都明顯體現了儒家思想內涵。

（四）「兵事為儒學之至精」

如果說王陽明以儒生帶兵還是個孤立事件，到曾國藩、胡林翼時代湘軍崛起，儒生帶兵則成為一個普遍現象。經蔡鍔、蔣介石之手輯錄而成的《增補曾胡治兵語錄》，更是將兵、儒結合達到頂峰。胡林翼清醒地認識到：「天下之大患，總是書生不知兵之過，總以兵事為小人之事，非學者之事。」〔註36〕對此，他明確提出：「兵事為儒學之至精，非尋常士流所能幾及也。」〔註37〕他不僅反對將儒學與兵學對立起來，而且還將兵學提升到「儒學之至精」的地位，徹底將兵家納入儒家門下，使「儒將」這一稱號成為將領的至高讚譽。民國出版的《增補曾胡治兵語錄注釋》一書作者費怒春在其自序中盛讚曾國藩「其治兵也，不孜孜於攻城略地，而以道德相標榜，砥礪名節，躬體力行」，非常讚賞曾國藩兵儒合一的理念和做法。

「仁義」思想是儒家思想的核心，如何解決儒家仁愛與兵家殺伐之間的衝突，是曾國藩、胡林翼這些理學家們要面對的問題。胡林翼有一句名言，叫做「用霹靂手段，顯菩薩心腸」。他認為，針對世道日益變壞，人心日益偽詐的狀況，必須採用果決的手段，雷霆萬鈞的力量，來抑制邪惡的蔓延。所謂「霹靂手段」就是「亂世用重典」「快刀斬亂麻」。胡林翼說：「害馬務在必去，世亂方生，我輩無安良法，惟有除暴。」〔註38〕又說：「治亂民如治亂絲，亂者必斬，不可姑息。」〔註39〕他認為，只有以殺止殺，以暴制暴，才能制止暴亂，救百姓於水火。這一點，曾國藩完全贊同胡林翼的意見。他告誡弟弟曾國荃：「克城以多殺為妥，不可假仁慈而誤大事。」〔註40〕「既已帶兵，自以殺賊為志，何必以多殺人為悔？……既謀誅滅，斷無以多殺為悔之理。」〔註41〕又告誡部下彭玉麟：「鄙意克城打仗，總以能多殺賊為貴，遠如九江、安慶之役，近如金柱關之捷，誅戮最多，賊中至今膽寒，去歲春夏間，所克地方未慎殺戮，當時頗切隱憂。來書深恨未能痛剿，實與鄙見相符。」〔註42〕

〔註36〕《胡林翼集》（二），嶽麓書社，1999年，第264頁。

〔註37〕《胡林翼集》（二），嶽麓書社，1999年，第653頁。

〔註38〕《胡林翼集》（二），嶽麓書社，1999年，第674～675頁。

〔註39〕《胡林翼集》（二），嶽麓書社，1999年，第948頁。

〔註40〕《曾國藩全集・家書一》，嶽麓書社，1985年，第726頁。

〔註41〕《曾國藩全集・家書一》，嶽麓書社，1985年，第737頁。

〔註42〕《曾國藩全集・書信五》，嶽麓書社，1992年，第3745頁。

在曾國藩、胡林翼看來，用霹靂手段懲治敵人，就是對良善百姓顯菩薩心腸。蔣介石也非常認同胡林翼所謂「非用霹靂手段，不能顯菩薩心腸」的說法，認為治亂用重，事非得已。他說：「大家要曉得，要治亂世只是這一個嚴字。沒有寬的。我們這一次交給你們一個軍法官的權，也就是要你們能嚴厲辦事。」〔註43〕

蔣介石還進一步從戰爭道德觀念上探討了如何正確瞭解「仁」與「忍」的問題。他說：

> 　　所謂戰爭道德，就是我們智信仁勇嚴的武德，而武德乃是以仁為中心的。我們歷年來都強調「仁本第一」，也就是堅持正義的戰爭。所以說：「匹夫匹婦，有不被堯舜之澤者，若己推而納之溝中」。不過戰爭的本質，雖然是仁愛，但達到仁愛目的的戰爭手段，卻是殘忍的。由「為仁由己」的觀點，而發為救國救民的責任感，故必求其樹德務滋；由「忍以濟仁」的觀點，而發為「殺以止殺」的敵愾心，故必求其除惡務盡。這就是武王革命戰爭的「血流漂杵，一戎衣而天下大定」；曾國藩所說：「耿耿精忠之寸衷，與斯民相對於骨嶽血淵之中」；以及兵法所說：「陷之死地而後生，置之亡地而後存」等等的動心忍性，乃至忍之又忍的戰爭哲學原理之所在。克勞塞維茨說：「指揮官在戰場上的整個感覺，都是會使他個人的精神，和肉體的能力，趨於解體的。所以他必須忍睹傷心慘目的鮮血犧牲，而不為所動」我們在反攻復國戰爭中所要強調的殲滅戰的觀念，亦就是由這種精神所產生，大家切不可再像從前那樣，看到奸匪人海戰術的殘忍慘酷，就心理動搖，手足失措了。因為誰都明白，對敵人的寬容，即是對自己的殘忍，亦即是對忍死待救的同胞的殘忍。〔註44〕

《增補曾胡治兵語錄》之《兵機》章第22節曰「得勝之時，尤宜整飭隊伍，多求痛殺」，但民國二十四年，由軍學編譯社印行的《曾胡治兵語錄白話解》一書，與民國三十三年，由西安大東書局印行的《增補曾胡治兵語錄詳解》一書，兩書都將「多求痛殺」寫成「勿求痛殺」。一字之差，意思完全相

〔註43〕《總統蔣公思想言論總集・卷十一演講》，臺北：中國國民黨中央委員會黨史委員會，1984年，第247頁。

〔註44〕《總統蔣公思想言論總集・卷二十八演講》，中國國民黨中央委員會黨史委員會，1984年，第6～7頁。

反。前者解讀為「均是人類，不可殺害俘虜」；後者解讀為「均是人類，不可趕盡殺絕」。兩者意思差不多，但其實都誤解了胡林翼的原意，而且顯然是泥於儒家仁愛思想，不懂得儒家與兵家如何融通。據嶽麓書社出版的《胡林翼集》，以及謝本書先生校訂的蔡鍔手稿本，「勿」應為「多」字。胡林翼所謂「多求痛殺」，並非濫殺無辜，而是要在乘勝追擊中最大限度地擴大戰果，殲滅敵人的有生力量。所以殺敵並非不仁，而正是對百姓之仁。

另外，儒家的「道」與兵家的「道」在本質上是不一樣的。孫子所謂「道者，令民與上同意也」，對此，日本著名學者岡田武彥指出：「一般來說，在上的君主對在下的兵民施以仁愛，在下的兵民也就會與在上的君主同心同德，從而挺身為君主效力。這種情況，在儒家中被視為人之本性的自然流露，抑或人情之發露；而在兵法中則被認為是基於冷靜睿智的行事結果。」〔註45〕他舉了一個著名兵家吳起的例子來說明。吳起曾經為了一個背上長膿包的士兵吸出膿水，從而救了這個士兵一命。岡田武彥解釋說，這並非出於吳起的仁愛之心，而是藉此讓這個士兵為其誓死效命的手段。簡單地說，同樣是君主與兵民同心同德的目標，儒家之道與兵家之道的區別在於，儒家強調是出自仁愛之心，兵家則是出於功利的考量。岡田武彥認為將這兩種「道」混為一談就大錯特錯了。實際上，正是基於儒家與兵家的不同，主張以儒釋兵、兵儒合一才有意義。有儒家價值觀的統領，使兵家不至於完全走入詭詐一路，而兵家的現實精神也使儒家不至於陷入迂闊而不切實際，兩者恰好構成了很好的互補關係。

曾國藩、胡林翼兩位理學家以儒釋兵，蔡鍔通過對曾胡二人的治兵思想進行編選，以及通過自己所加按語對曾胡治兵思想進行了發揮，促進了兵儒合一的傾向。理學氣質更為濃厚的蔣介石通過增補曾、胡、左的語錄，尤其是他增補輯錄了《治心》一章，更強化了《曾胡治兵語錄》一書儒學對兵學的統領，以及兩者的會通。因此，在中國傳統兵書中，《曾胡治兵語錄》一書以儒學改造兵學最為徹底，達到了以儒學闡釋兵學思想的最高峰。

（五）《曾胡治兵語錄》的現代意義

儒家經典《大學》所提出的修身、齊家、治國、平天下的思想，是一整套的倫理學說和政治哲學，以修身為基礎，不斷向上提升，由管理好家庭，治理

〔註45〕岡田武彥：《孫子兵法新解》，重慶出版社，2017年，第6頁。

好國家，直至安撫天下蒼生。《曾胡治兵語錄》就是這樣一部融內聖與外王於一體，體用兼備，修身與治世兼顧的儒家經典，並非是一部簡單的兵書。

有人認為，古代戰爭與現代戰爭完全不同，因而傳統兵書在今天已經沒有任何學習價值。這種說法，有一定道理，但並不完全正確。傳統兵書一般都包括戰爭觀、治軍思想、戰略論、戰術論等內容，從戰術論角度而言，古代戰爭的攻擊和防守之術，顯然已經完全不適用於現代戰爭，失去了現實指導意義。但其戰爭觀、治軍思想、戰略論等內容仍然有重要意義，而且其戰略思想在別的領域也有參考借鑒價值。需要注意的是，傳統兵學所主張的「兵以詐立」「兵者詭道」之說，以及「詭道十二法」之類，用以應對戰爭中的敵人尚可，但若將其移植到經營管理和商戰之中，甚至人際日常交往中，這種欺詐的手段顯然就不適合了。這些領域講究誠信為本，因此決不能將兵法這一套應用到社會生活中。

曾國藩和胡林翼是儒生帶兵，但都沒有留下專門的軍事著作，是通過蔡鍔和蔣介石的編選，才使得他們的兵學思想得以發揚光大。如前所述，蔡鍔編撰《曾胡治兵語錄》的緣由是受託編寫一份對軍人的「精神講話」，於是他藉曾、胡二公的治兵之言，加之自己的按語評論，以代替「精神講話」。因此，這部兵書的編撰立意和出發點重在「精神」，而這也恰恰是曾胡治兵的優長之處和精華之處。增補者蔣介石也準確把握了這一特質，他對本書的增補使得這部經典更趨完善。有研究者指出，「從蔣介石增補第十三章『治心』的內容來說，可以看出他並沒有真正從軍事學的角度讀通蔡鍔」〔註46〕，此說並非知言之論，恰恰是沒有把握曾、胡、蔡、蔣諸賢治兵思想要領。蔣增補的「治心」章實際上正是全書點睛之作。曾、胡彼此是知音，蔡是曾胡的知音，蔣又是這三人的知音。正是因為他們彼此在心靈上的高度契合，才成就了這部經典。臺灣學者蘇同炳指出：「曾國藩之所以能夠在國家大亂時挽狂瀾於既倒，第一個原因是他有儒家的倫理思想為精神上的中心憑藉，第二個原因是他能以道德與精神之力感召他人與之群策群力。……這是儒家思想的偉大之處，也是曾國藩所賴以成功的主要原因。」〔註47〕這實際就是貫穿《曾胡治兵語錄》這部書的「精神」。

梁啟超在《曾胡治兵語錄》序中說，世人都知道蔡鍔所成就的事功偉業，

〔註46〕顧則徐：《共和的守護者——蔡鍔傳》，中國友誼出版公司，2012年，第159頁。
〔註47〕《中國近代史上的關鍵人物》上冊，百花文藝出版社，2000年，第34頁。

讀了這本書就可以知道他的事功是由什麼成就的。自古以來聖賢豪傑，在初始時並未追求要在當世建立不朽事功，唯其追求凝聚精神在心中，經歷過很多世事以後，他們的事功或許已經磨滅，但其精神價值永存，一遇風雲際會，這些精神便會再次成就新的事功。梁啟超指出曾國藩、胡林翼、蔡鍔之所以取得巨大事功，就在於他們被良心血性所驅使，堅持以「誠」來拯救天下之「偽」。「良心血性」「存誠去偽」之「耿耿精神」，是他們成就巨大事功由來之「本」。梁啟超說，《曾胡治兵語錄》的價值就在於「揭吾國民之偉大精神」，以此來不斷昭示和激勵後人。梁啟超不愧為蔡鍔的精神導師，是曾、胡、蔡又一靈魂知音。

曾國藩、胡林翼以儒學的立場對中國傳統兵學從概念到體系都重新進行了詮釋，使得儒學成為貫穿《曾胡治兵語錄》一書的靈魂。曾國藩說：「帶兵之道，用恩莫如用仁，用威莫如用禮。仁者，即所謂欲立立人，欲達達人是也。待弁兵如待子弟之心，常望其發達，望其成立，則人知恩矣。禮者，所謂無眾寡，無小大，無敢慢，泰而不驕也。正其衣冠，尊其瞻視，儼然人望而畏之，威而不猛也。持之以敬，臨之以莊，無形無聲之際，常有凜然難犯之象，則人知威矣。守斯二者，雖蠻貊之邦行矣，何兵之不可治哉！」（本書 8.1）這段話是曾國藩以儒治兵最具代表性的論述。恩威並施，寬嚴相濟，是古代治兵理論的重要法則。曾國藩把「恩」與「仁」溝通，把「威」與「禮」溝通，提出「用恩莫如用仁，用威莫如用禮」。「仁」和「禮」是孔子思想中最核心的兩個概念。用「仁」和「禮」治兵是將儒家的理念貫徹到軍隊中，將孔子的理念轉化為治軍的思想，力圖打造出古人所謂的「仁義之師」。而且曾國藩堅信，守住仁、禮這兩條原則，在任何野蠻落後地區都能行得通。

曾國藩、胡林翼、蔡鍔等的建軍原則，治軍理念，以及訓練手段，無不具有儒學特點，這與傳統兵書以軍論軍，以戰術方法為主的模式有很大不同。因此，今人完全可以將其當作人生哲學，當作儒家的修齊治平之道來研讀，也完全可以應用到經營管理、社會生活之中，而且沒有其他傳統兵法的流弊，這是《曾胡治兵語錄》至今廣受歡迎的重要原因。所以，《曾胡治兵語錄》又是一部濃縮的儒家經世之學著作，正如蔣介石在《增補曾胡治兵語錄》序中所言：「曾胡左氏之言，皆經世閱歷之言，且皆余所欲言而未能言者也，其意切，其言簡，不惟治兵者之至寶，實為治國者之良規。願本校同志，人各一編，則將來治軍治國，均有所本矣。」

蔡鍔序〔註1〕

辛亥（1）之春，余應合肥李公（2）之召，謬忝（3）戎職。時片馬（4）問題糾葛方殷，瓜分之謠諑（5）忽起，風鶴頻驚，海內騷然。吾儕（6）武夫，惟厲兵秣馬，赴機待死已耳，復何暇從事文墨以自溺喪？乃者統制（7）鍾公（8）有囑編精神講話之命，余不得不有以應。竊意論今不如述古。然古代渺矣，述之或不適於今。曾、胡兩公，中興名臣中錚皎（9）者也。其人其事，距今僅半世紀，遺型不遠，口碑猶存。景仰想像，尚屬匪難。其所論列，多洞中竅（窽）要（10），深切時弊。爰就其治兵言論，分類湊輯，附以案語，以代精神講話。我同袍（11）列校，果能細加演繹，身體力行，則懿行嘉言，皆足為我師資，豐功偉烈，寧獨讓之先賢？

宣統三年季夏，邵陽蔡鍔識於昆明。

【注釋】

（1）辛亥：這裡指 1911 年。

（2）李公：指李經義（1860～1925），李鶴章之子，李鴻章之侄。1909 年 2 月，任雲貴總督，辛亥革命時，被蔡鍔禮送出境。

（3）謬忝：謙辭。意為錯誤的、有辱於、有愧於。

（4）片馬：指今片馬鎮。位於雲南省怒江傈僳族自治州瀘水市。1910 年 12 月英軍佔領片馬地區，當地邊民進行了堅決抵抗。當時因片馬問

〔註 1〕據蔡鍔手稿本。見謝本書《蔡鍔墨蹟詩文選集》，中國社會科學出版社，2013 年。

題與英國發生交涉。事件前後延續多年，史稱「片馬事件」。

（5）謠詠：造謠詆謗。

（6）吾儕（chái）：我輩；我們這類人。儕：等輩，同類的人們。

（7）統制：清末新軍以鎮為基本建制單位，軍事長官稱為統制。鎮以下
分別為協統、標統、管帶、隊官、排長等。

（8）鍾公：指鍾麟同（？～1911），當時任雲南新軍第十九鎮統制，是駐
防雲南的最高軍事長官，下轄三十七協協統蔡鍔、三十八協協統曲
同豐。辛亥革命時，被部下所殺。

（9）錚皎（zhēng jiǎo）：比喻出類拔萃。

（10）竅（窾）要：要害。蔡鍔手稿（見謝本書《蔡鍔墨蹟詩文選集》，
中國社會科學出版社，2013 年）正文部分是「竅」字，旁邊又寫
一「窾」（kuǎn，同「竅」）。兩字有些相像，或許是當時蔡鍔拿捏
不准是哪一個字，故在旁多寫一字備用。這使得後來不同版本的
《曾胡治兵語錄》中，「竅」與「窾」互見。從詞義來看，「竅要」
與「窾要」都是要害之意，都能說得通。民國人似乎用「竅要」一
詞多些，如蔡元培《敬告全國同胞》：「時局之竅要何在？」

（11）同袍（páo）：指戰友。

【譯文】

1911 年的春天，我應雲貴總督、合肥李經羲公的召喚，很慚愧到其軍中
任職。當時，片馬問題與英國交涉正處於緊要關頭，列強瓜分中國的謠言
四起，風聲鶴唳，海內騷動。我輩軍人，唯有秣馬厲兵，戰死沙場而已。
哪有閑暇來舞文弄墨，自我溺喪呢？乃是因為統制鍾麟同公，讓我編寫一
份對軍人的「精神講話」，我不能不應允。我私下認為論今不如述古，但古
代又太渺遠了，即使講述了也未必適合當今。曾國藩、胡林翼二公，是中
興名臣中的出類拔萃者，其人其事，距離今天才半個世紀，樹立的楷模還
不太遙遠，至今口碑猶存。以他們為榜樣，景仰學習，不算很難。他們的
論述，多能擊中要害，深切時弊。我將他們的治兵言論，分類編輯，後面加
以按語，以代替精神講話。我等軍人同志，如果真能認知思索推演，身體力
行，則其中的嘉言懿行，足以讓我等效法。我們未來取得的豐功偉績，將不
遜於先賢！

宣統三年農曆六月，邵陽蔡鍔記於昆明。

【解讀】

蔡鍔《曾胡治兵語錄》手稿〔註2〕，原封面題字為「曾胡兵事語錄」，在「胡」「兵」二字之間旁邊，寫有一「治」字，但內文部分則為「曾胡治兵語錄」。看來蔡鍔最初是打算以「曾胡兵事語錄」來命名，後來才確定為《曾胡治兵語錄》。

手稿內容與公開發表的著作差別不大，只有個別字的不同。但蔡鍔手稿序中還有一段文字，出版時卻被刪去了。被刪內容抄錄如下：

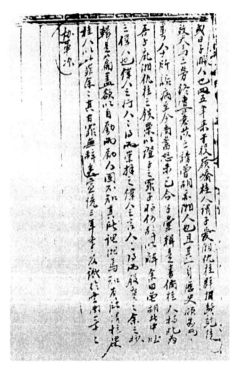

> 或曰：子湘人也，四五年來，于役嶺嶠。桂人謂子愛湘仇桂，群相齮齕。徒效犬馬之勞，終遭薏苡之謗。曾、胡亦湘人也，且其一身歷史，頗為兩粵人士所詬病，至今尚蓄怒未已。今子匯輯是書，倘桂人持此，為吾子庇湘仇桂之鐵案，以證子之罪，子將何辭以解？余曰：曾胡者，中國之偉人也。偉人之行，人人得而崇拜之；偉人之言，人人得而服膺之。余之抄輯是篇，蓋欲以自勵而勵人，固不知其所謂湘，焉知有所謂桂，果桂人以此罪余，余其甘罪無辭矣。宣統三年季夏，識於雲南三十七協軍次。〔註3〕

蔡鍔1911年3月由廣西到達昆明，被任命為第十九鎮第三十七協協統。他受上司雲南新軍第十九鎮統制鍾麟同委託，編寫一份對軍人的「精神講話」，於是，他便夜以繼日地編撰《曾胡治兵語錄》，以代「精神講話」。蔡鍔在廣西後期遭受指控，說他排擠廣西地方籍人士，為此受到「驅蔡運動」衝

〔註2〕謝本書：《〈曾胡治兵語錄〉選》，《蔡鍔墨蹟詩文選集》，中國社會科學出版社，2013年，第27～102頁。

〔註3〕謝本書：《〈曾胡治兵語錄〉選》，《蔡鍔墨蹟詩文選集》，中國社會科學出版社，2013年，第35頁。

擊，心情非常鬱結，後來證明這些指責都是不白之冤。從刪掉的這段話可以看出他對此事的耿耿於懷，及其憤懣情緒。雖然這時他已經離開廣西，但雲南對他來說仍是異鄉，所以也是藉此進一步說明自己並非是重同鄉，輕異鄉。這段話的大意是說：「我一個湖南人，四五年來，在嶺南兩廣一帶勞役，但廣西人卻說我偏愛湖南人，仇視廣西人，遭到眾人毀傷、傾軋。雖在此地效犬馬之勞，卻被人誣諂，蒙受冤屈。曾國藩和胡林翼都是湖南人，而且打敗了兩粵一帶太平軍，兩粵人士本來就非常不滿，至今餘怒未消。有人說，你編輯這部書，不正成為庇護湖南人，仇視廣西人的鐵證嗎。我說，曾、胡二人是整個中國的偉人，人人都應該崇拜、服膺。我編撰此書的目的，既是勉勵自己，也是勉勵國人，根本沒考慮他們是不是湖南人，更沒有想到廣西人。若廣西人以此來怪罪我，那我甘願承受其罪過，不推脫。」1917 年，《曾胡治兵語錄》正式出版時，這段話早已經失去了時效性，將其刪去也就可以理解了。

梁啟超序 〔註1〕

松坡既死於國事，越一年，國人刊其遺著《曾胡治兵語錄》行於世。世知松坡之事功，讀此書，可以知其事功所由來矣。自古聖賢豪傑，初未嘗求見事功於當世也。惟其精神積於中，著於外，世人見之，以為事功耳。閱世以後，事功或已磨滅，而精神不敝。傳之後世，遭際時會，此精神復現為事功焉。松坡論曾、胡二公之事功，謂其為良心血性二者所驅使，則松坡之事功，亦為此良心血性所驅使而已。曾、胡二公，一生兢兢於存誠去偽，松坡於此，尤闡發不遺餘力。精神所至，金石為開。二公屢言之，松坡亦屢述之。二公之言，不啻（1）詔示松坡，使其出死生，冒危難，掬（2）一誠以救天下之偽，則雖謂松坡之事功，皆二公之事功可也。松坡自謂身膺軍職，非大發志願，以救國為目的，以死為歸屬，不足渡同胞於苦海，置國家於坦途。今松坡得所歸矣，而救國志願，曾未達其萬一。護國軍之起，僅使民國生死肉骨（3），如大病方蘇，元氣已傷，將養（4）扶持，所需於事功者，正復無限。來者不可見，惟恃此耿耿精神，常留存於吾國民隱微之間，可以使曾、胡復生，使松坡不死，以解除日後之千災百難，超苦海而入坦途。而此語錄十餘章，實揭吾國民之偉大精神以昭茲來許（5）者也。

民國六年四月，新會梁啟超序。

〔註1〕序文據上海商務印書館 1917 年 4 月版《曾胡治兵語錄》，又參見《梁啟超全集》第九集，中國人民大學出版社，2018 年，第 545 頁。

【注釋】

（1）不啻（bù chì）：無異於，如同。

（2）掬：用雙手捧起。

（3）生死肉骨：使死人復生，白骨長肉。

（4）將養：休養身體。

（5）來許：後進，後輩。

【譯文】

松坡為國捐軀後一年，國人將他的遺著《曾胡治兵語錄》刊行出版。世人都知道松坡所成就的事功偉業，讀了這本書就可以知道他的事功是由什麼成就的。自古以來聖賢豪傑，在初始時並未追求要在當世建立不朽事功。唯其凝聚精神在心中，精神彰顯於外，被世人看見，當作事功。經歷過很多世事以後，他們的事功或許已經磨滅，但其精神價值永存。這些精神傳之後世，一遇風雲際會，便會再次成就新的事功。

松坡論曾國藩、胡林翼二公所取得的事功，稱他們是被良心血性二者所驅使，實際上松坡的事功，也是被良心血性所驅使，所造就。曾、胡二公，一生致力於保存誠信，去除虛偽，松坡對此，尤為闡發不遺餘力。二公屢次言及「精神所至，金石為開」的重要，松坡也多次闡發其意義。二公所言，無異於詔示松坡，使他能夠出生入死，不懼危難，堅持以「誠」來拯救天下之「偽」，所以，可以說松坡之事功，就是二公的之事功。松坡自稱身負軍職，就要有遠大志向，以救國為目的，視死如歸，不如此便不能拯救同胞脫離苦海，使國家置於坦途。現在松坡已經得所歸矣，但救國的志願，還未達成其萬分之一。松坡領導的護國軍反袁稱帝，再造共和，使民國死而復生，但還只是大病初愈，元氣已傷，仍需修養扶持，所需建功立業之處，非常之多。未來不可預見，唯有依靠這忠心耿耿的精神，在我國民眾中間長存不衰，便可以使曾、胡復生，使松坡不死，以解除日後我國的千災百難，超越苦海，進入坦途。這本語錄有十餘章，確實是揭示我們民族偉大精神的至理名言，可以以此來不斷昭示和激勵後人。

民國六年四月，新會梁啟超序。

【解讀】

蔡鍔是梁啟超的得意門生，二人的淵源始於 1897 年長沙時務學堂。當時，人稱輿論界嬌子的梁啟超 24 歲，被聘為時務學堂中文總教習，意氣風發；

蔡鍔年僅 15 歲，以優異成績考入時務學堂，在第一期四十個學員中，年紀最小，卻深得梁啟超器重。戊戌政變失敗後，梁啟超亡命日本，蔡鍔亦輾轉東渡追隨，師生再度聚首，並約有一年之久，住在梁啟超家裏，師生一起讀書、討論。後來，蔡鍔又在梁啟超的多方聯繫下，得以入讀日本的士官學校，開啟了軍事生涯。

1904 年 10 月，蔡鍔以優異成績在士官學校畢業，與蔣百里等被譽為「中國士官三傑」。1911 年辛亥革命爆發後，蔡鍔在雲南響應，成為雲南都督。兩年後，蔡鍔到北京任職，與梁啟超再次相聚。這時師生已是同僚和政友。二人經常聚會，討論國內政治、經濟、軍事問題。梁啟超說：「當時很有點癡心妄想，想帶著袁世凱上政治軌道，替國家做些建設事業。」〔註 2〕經過對袁世凱苦口婆心的規勸之後，梁啟超發現袁世凱是死心塌地地要復辟帝制，這才上演了一出師生聯手推翻帝制，再造共和的驚天動地的護國運動大戲。這對師生所創造的偉業成為千古美談，但這偉業卻是何等的艱辛。學者張朋園先生感歎說：「梁、蔡從事倒袁，論憑藉，除了任公的一枝『富有魔力的筆』，及蔡在雲南的一些部舊關係之外，可說一無所有，但是他們之所以敢於起而與袁氏相抗，全靠他們的『亡秦必楚』的決心。有此堅忍不拔的決心，才發生了無比巨大的力量，蔡相信其師的文字宣傳定可掀起全國反抗的狂潮，任公則相信其弟在西南必能建立一個堅強的基地。」〔註 3〕他們明知自己力量有限，未必抗得過袁世凱，但蔡鍔說：「眼看著不久便是盈千累萬的人頌王莽功德，上勸進表，袁世凱便安然登其大寶，叫世界看著中國人是什麼東西呢？國內懷著義憤的人，雖然很多，但沒有憑藉，或者地位不宜，也難發手。我們明知力量有限，未必抗他得過，但為四萬萬人爭人格起見，非拼著命去幹這一回不可。」〔註 4〕

袁世凱的十幾萬北洋軍，器械精良，糧餉充足，由曹錕率領開赴前線。梁啟超感歎說：「可憐我們最敬愛的蔡公帶著不滿五千人的饑疲之眾，和他們相持幾個月。……蔡公四個月裏頭，平均每日睡覺不到三點鐘，吃的飯是一

〔註 2〕梁啟超：《護國之役回顧談》，《梁啟超全集》第十五集，中國人民大學出版社，2018 年，第 493 頁。

〔註 3〕張朋園：《梁啟超與民國政治》，吉林出版集團有限責任公司，2007 年，第 72 頁。

〔註 4〕梁啟超：《護國之役回顧談》，《梁啟超全集》第十五集，中國人民大學出版社，2018 年，第 494 頁。

半米一半沙硬吞。他在萬分艱難、萬分危險中，能夠令全軍將官兵卒個個都願意和他同生共死，他經過幾回以少擊眾之後，敵人便不敢和他交鋒。只打算靠著人多困死他餓死他。到後來，他的軍隊幾乎連半飽都得不著了，然而沒有一個人想著退卻，都說我們跟著蔡將軍為國家而戰，為人格而戰，蔡將軍死在那裡，我們也都歡欣鼓舞地死在那裡。哎！我真不知蔡公的精神生活高尚到什麼程度，能夠令他手下人人都感動到如此！」〔註5〕梁啟超感歎蔡鍔的宵旰憂勞、艱苦卓絕，而他自己又何嘗不如此呢。他冒著被袁世凱圍堵暗殺的風險，歷經艱難，潛入廣西，鼓動廣西、廣東反袁獨立。期間病臥越南山中，「燈火盡熄，茶水俱絕，此時殆惟求死」〔註6〕。師生二人完全將生死置之度外，靠著這樣一種為國人爭人格的精神，掀起了反袁巨浪，埋葬了袁世凱的皇帝夢。但可惜的是，此時的蔡鍔已經病體沉重，不久就過世了，年僅三十四歲。梁啟超獲悉蔡鍔去世消息，悲痛欲絕，連呼「天禍中國，松坡病竟不救」。在《祭蔡松坡文》中，他泣血哀鳴：「嗟乎！嗟乎！天不欲使余復有所建樹，曷為降罰不於吾躬而於吾徒！況乃蓼莪罔極，脊令畢逋，血隨淚盡，魂共歲徂。」〔註7〕足見師徒情誼之深。

　　蔡鍔一直是梁啟超政治主張的實踐者，他的去世對梁啟超的政治生涯是巨大打擊，若不然，不知這師生二人又將如何影響中國歷史的進程。

〔註5〕 梁啟超：《護國之役回顧談》，《梁啟超全集》第十五集，中國人民大學出版社，2018年，第496頁。

〔註6〕 丁文江、趙豐田編：《梁啟超年譜長編》，上海人民出版社，2009年，第495頁。

〔註7〕 丁文江、趙豐田編：《梁啟超年譜長編》，上海人民出版社，2009年，第515頁。

蔣中正序〔註1〕

太平天國之戰爭，為十九世紀東方第一之大戰。太平天國之歷史，為十九世紀東方第一光榮之戰史。而其政治組織，與經濟設施，則尤足稱焉。余自幼習聞鄉里父老所談，已心嚮往之。吾黨總理(1)又常為予講授太平天國之戰略、戰術，及其名將李秀成、陳玉成、石達開等治兵安民之方略，乃益識其典章制度之可儀。因欲將當時之軍事、政治、經濟、社會各種紀錄，搜羅研鑽，編纂太平天國戰史，庶幾使當時革命之故實，諸傑之經濟，得垂永久，而不為前清史臣一筆所抹殺。余既發願為此，十餘年來，留心於太平天國有關係之中外著作，不遺餘力。獨惜材料缺乏，事實不詳，而又不能得一系統之書，以資參考。乃不能不於反太平天國諸書，如當時所謂滿清中興諸臣曾胡左李諸集中，反測其對象。辛亥以前，曾閱《曾文正全集》一書，然其紀載，僅及當時鄂贛蘇皖中一部分之戰事，其他如浙、如閩、如川貴兩廣與夫北方諸省之戰史，皆非所及；且其所述者，皆偏重清軍一方之勝利，而於太平天國之史料，則十不得一二。因是戰史之編纂，無從著手。洎(2)乎民國二年失敗以後，再將曾氏之書與胡左諸集，悉心討究，不禁而歎胡潤之之才略識見，與左季高之志氣節操，高出一世，實不愧為當時之名將，由是益知其事業成敗，必有所本也。夫滿清之所以中興，太平天國之所以失敗者，蓋非人才消長之故，而實德業隆替之征也。彼洪楊石李陳韋之才

〔註1〕 序文據《黃埔叢書》軍校版，並參照《〈增補曾胡治兵語錄〉序》，《總統蔣公思想言論總集‧卷三十五文錄》，中國國民黨中央委員會黨史委員會，1984年，第100～101頁。

略，豈不能比擬於曾胡左李之清臣？然而曾氏標榜道德，力體躬行，以為一世倡，其結果竟能變易風俗，挽回頹靡。吾姑不問其當時應變之手段、思想之新舊、成敗之過程如何，而其苦心毅力、自立立人、自達達人（3）之道，蓋已足為吾人之師資矣。余讀曾胡諸集既畢，正欲先摘其言行，可以為後世圭臬者，成為一書，以餉同志，而留纂太平天國戰史於將來。不意松坡先得吾心，纂集此治兵語錄一書；顧其間尚有數條，為余心之所欲補集者，雖無治兵之語，治心即為治兵之本，吾故擇曾胡治心之語之切要者，另列一目，兼採左季高之言，可為後世法者，附錄於其後，非敢擅改昔賢之遺集，聊以增補格言之不足耳。嘻！曾胡左氏之言，皆經世閱歷之言，且皆余所欲言而未能言者也，其意切，其言簡，不惟治兵者之至寶，實為治國者之良規。願本校同志，人各一編，則將來治軍治國，均有所本矣。他日者，太平天國戰史告成，吾黨同志更能繼承其革命之業，以竟吾黨之全功，乃無愧為吾後起之秀矣。吾同志其勉旃（4）！

蔣中正序於廣東黃埔陸軍軍官學校，中華民國十三年十月

【注釋】

（1）吾黨總理：指孫中山。孫中山於 1919～1925 年任中國國民黨總理，去世後，國民黨將總理一職永遠留給了孫中山，以示尊敬。

（2）洎（jì）：等到。

（3）自立立人、自達達人：自己想要建功立業，也要幫助別人建功立業；自己想要成功發達，也要幫助別人成功發達。語出《論語·雍也》：「夫仁者，己欲立而立人，己欲達而達人。」

（4）勉旃（zhān）：努力。旃，語助詞，之焉的合音字。

【譯文】

太平天國戰爭，是十九世紀東方規模最大的戰爭，太平天國的歷史，是十九世紀東方第一光榮的歷史。其政治組織與經濟設施，尤其值得稱道。我從小就聽鄉里父老談論太平天國的故事，早就十分嚮往。我黨總理孫中山先生又常常為我講述太平天國的戰略戰術，以及太平天國名將李秀成、陳玉成、石達開等治兵安民的方略，就更加認識到太平天國典章制度值得效法。因此，我想搜羅當時軍事、政治、經濟、社會的種種資料記錄，加以鑽研，編

纂一部太平天國戰史，以使當時的革命史實、諸位豪傑的經世大略，得以永垂後世，而不被前清史臣一筆抹殺。

我既已發願做此事，十幾年來，非常留意與太平天國有關的中外著述，不遺餘力地搜集。可惜還是資料缺乏，事實不詳，找不到一本系統的書作為參考。乃不得不從反對太平天國的書中，如當時所謂滿清中興名臣曾國藩、胡林翼、左宗棠、李鴻章的文集中，去尋找資料，以反觀太平天國的形象。辛亥革命之前，我曾讀過《曾文正公全集》一書，但其中的記載，還僅僅是當時湖北、江西、江蘇、安徽各省中的一部分戰事。其他如浙江、福建、四川、貴州、廣西、廣東，以及北方各省的戰事，都沒有涉及到。而且其中所講述的，都偏重於清軍一方的勝利，而關於太平天國的史料，則十不得一二。因此，太平天國戰史的編纂，便無從著手。自從民國二年（1913）二次革命失敗以後，我再次將曾國藩的書，以及胡林翼、左宗棠的文集悉心研究，不禁感歎胡林翼的才略識見，與左宗棠的志氣節操，高出世人，實不愧為當時之名將，由此更加明白其事業成敗，一定有所本。

滿清政府之所以出現中興局面，而太平天國之所以失敗，並不是人才消長的緣故，實際上是德行與功業興衰的反映。洪秀全、楊秀清、石達開、李秀成、陳玉成、韋昌輝之才略，豈能比不上曾國藩、胡林翼、左宗棠、李鴻章這些清臣呢？然而，曾國藩標榜道德，身體力行，以致倡導世上風氣，結果竟真的改變了社會風俗，挽回了頹靡的風氣。我們姑且不論其當時的應變手段、思想新舊、成敗過程如何，僅其苦心毅力，自立立人，自達達人的忠恕之道，就足以成為我們學習的榜樣了。

我讀完曾國藩、胡林翼的文集之後，正想著先摘錄一些代表他們言行的語句，可以最為後世的準則，與同志分享，太平天國戰史則留待將來編纂。沒想到蔡松坡有了這種想法，編纂了這部《治兵語錄》。但我看到還有數條語錄，是我想補充的，雖然不是治兵的內容，但治心就是治兵的根本。所以，我選擇曾國藩、胡林翼治心之語中的最緊要的句子，另外列了《治心》一章，又兼採了左宗棠一些可以為後世效法的句子，附錄在後面。並非擅自改動先賢的遺集，僅是增補一些格言的不足罷了。

噫！曾、胡、左氏之言，都是他們經世閱歷之言，而且都是我想說而沒能說出的話，情真意切，言簡意賅，不僅是治兵的至寶，更是治心、治國的良規。希望本校同志人手一冊，則將來治國治軍是時候，都會有所遵循了。以

後太平天國戰史告成之時，我黨同志，更能繼承其革命事業，以完成我黨之大業，就無愧為我黨的後起之秀了。與同志們共勉！

蔣中正序於廣東黃埔陸軍軍官學校，中華民國十三年十月

【解讀】

蔣介石對太平天國的認識與評價有一個轉變過程，在這篇序中他對太平天國還是多所肯定，認為太平天國的政治組織與經濟設施，以及典章制度很值得效法。正如他在文中所說，他太平天國的好感，主要源於孫中山的影響。孫中山從小就喜歡聽村里人講太平天國的故事，他從事革命活動，深受太平天國運動影響，視洪秀全為反清第一英雄，曾以「洪秀全第二」自居。孫中山對洪秀全的推崇，主要是借太平天國史事宣傳排滿反清，爭取海內外洪門組織及華人華僑支持的需要。站在這樣一種角度，他對太平天國的敵人，曾國藩、胡林翼、左宗棠、李鴻章等人，自然是持否定的態度。實際上，孫中山對太平天國的肯定是有限的，後期他對太平天國的批評則越來越多，如他批評說：「只知有民族，不知有民權；只知有君主，不知有民主。即使成功了，也不過是歷史上的又一個封建王朝而已。」〔註2〕

蔣介石對太平天國的肯定也是基於革命、排滿的理念，是有條件的，不徹底的，而他對曾國藩、胡林翼、左宗棠等人的喜愛，則在一直是骨子裏的，即使是在他非常肯定太平天國的時期，曾國藩、胡林翼、左宗棠的文集也一直是他的案頭書。從他這篇序中就可以看出，雖然他稱讚「太平天國之歷史，為十九世紀東方第一光榮之戰史」，並且說要編纂太平天國戰史，結果戰史沒編出來，反而增補了太平天國敵人的著作，並作為黃埔軍校教材。蔣在序中提到，「民國二年失敗以後，再將曾氏之書與胡左諸集，悉心討究」，據《蔣中正先生年譜長編》民國二年十二月記載，「在中華革命黨時期，先生（指蔣介石）博覽群書，特別是熟讀曾文正公（國藩）全集，受益較多。先生在此時期所學習到的曾國藩精神和幼年身受的母教，以及日本留學時代潛心探究的王陽明學說，都是後來人生中的重要精神食糧。」〔註3〕年譜顯示他在這一年將《曾文正公全集》再度閱完一遍。

到了 1930 年左右，蔣介石開始轉向徹底否定太平天國。那麼他又是如何評價太平天國運動的性質，實現思想大轉彎呢？蔣介石在 1947 年的演講中

〔註2〕《孫中山選集》（上卷），人民出版社，1956 年，第 84 頁。

〔註3〕《蔣中正先生年譜長編》第一冊，臺北：國史館，2015 年，第 52 頁。

說：「你們大家都看過《曾文正公全集》，當然知道太平天國的歷史，太平天國的興起，實際上是一個民族革命運動，洪秀全和楊秀清從廣西出發，打著民族主義的旗幟，何等堂堂正正？太平天國的一般高級幹部如李秀成、陳玉成輩亦確有駕馭人的本領，而且在當時可以說是很優秀的將材。但他們有這樣傑出的人才，這樣正大的名義，而終於失敗在曾國藩、胡林翼一般書生手裏，這是什麼緣故呢？唯一原因，就是因為洪秀全雖以民族主義為號召，而其行動則完全違反了我們民族傳統的精神和道德；曾國藩胡林翼的立場雖違反了民族主義，而其行動的表現則是維護民族傳統的道德，尊重民族傳統的精神，因此他們得到勝利。」〔註4〕可以看出，蔣介石對民族革命運動是肯定的，但他認為太平天國的做法是有名無實，口頭上鼓吹民族主義，實際上反而破壞了「民族傳統的精神和道德」。所以，蔣介石從維護民族文化、民族精神的角度，徹底否定了太平天國。

對於曾國藩、胡林翼、左宗棠三大中興名臣，學者蘇同炳評價說：「曾國藩無疑是最成功的領袖人物，他的德行、器識和學問，在三人中應居第一。」〔註5〕就總體而言，這樣的評價應當是準確的，但三人又都各有優長，有人總結說「曾以學勝，左以識勝，胡以才勝」〔註6〕。可惜的是，胡林翼因去世太早，其傑出的才能還沒能更多地發揮出來，或者說還沒來得及建立更多事功。不過在時人的評價中，胡林翼的治事之才與卓識之見，確實要高出曾國藩一籌。曾國藩在對皇帝的上奏中也稱「胡林翼之才，勝臣十倍」，雖然曾國藩為了舉薦胡林翼，有誇張的成分，但也確實說明了一定的事實。因此，就治事能力而言，蔣介石對胡林翼的推崇時常會超過曾國藩。他說：「清咸同年間，曾國藩、左宗棠、李鴻章都是政治家而兼為軍事家。這是大家所知道的。但當時政治的才幹最高，所做的事業最艱，最足效法的就是胡林翼。他是從州縣出身，深悉民生疾苦，社會實情，對於育才、察吏、理財、剿匪等等辦理都有最好的成績。他的學識宏通，才能精實，經驗又豐富，可算近百年以來干政治的第一好手。」〔註7〕對於左宗棠，蘇同炳評價說：「在清朝末年內憂外

〔註4〕 《總統蔣公思想言論總集·卷二十二演講》，中國國民黨中央委員會黨史委員會，1984年，第290頁。

〔註5〕 蘇同炳：《中國近代史上的關鍵人物》上，百花文藝出版社，2000年，第76頁。

〔註6〕 《增補曾胡治兵語錄注釋·徐源泉序》，青年書店，民國二十九年。

〔註7〕 《總統蔣公思想言論總集·卷十四演講》，中國國民黨中央委員會黨史委員會，1984年，第153頁。

患相互煎迫的情形之下，力排一切困難，舉西北數百萬方里已失之疆土還之滿清，博得了『自唐太宗以來，對國家主權領土功勞最大的第一人』之美譽。從這些地方，我們可以看出，左宗棠的軍事學識與政治眼光，亦應當在三人之中居於第一。」〔註8〕在蔣介石的心目中，對曾、胡、左三人，雖然他有更推崇胡、左的時候，但總體上還是曾國藩佔據著更重要位置，這是因為曾國藩的學問明顯要高於胡、左，屬於傳統意義上的理學家，而蔣介石浸潤宋明理學極深，與曾國藩的氣味非常契合。學問是蔣介石極為看重的東西，他常常強調是曾胡的學問打敗了洪秀全的太平天國，因此他對曾國藩的推崇從沒有改變過。

〔註8〕蘇同炳：《中國近代史上的關鍵人物》上，百花文藝出版社，2000年，第76~77頁。

第一章　將　材

【題解】

　　將材，指具有成為將領的才能，現在多寫作將才。《將苑‧假權》曰：「夫將者，人命之所懸也，成敗之所繫也，禍福之所倚也。」《武經總要‧前集‧將職》曰：「將者，民之司命，國家安危之主」。由於將帥在戰爭中的重要作用，歷代兵法對將材都提出很高要求。如《孫子兵法》提出「智、信、仁、勇、嚴」五德說；《吳子》提出「理、備、果、戒、約」五慎說和「威、德、仁、勇」四德說；《司馬法》認為將帥應具備「仁、義、智、勇、信」五德；《六韜》提出將帥要具備「勇、智、仁、信、忠」五材和避免「十過」；《三略》對將帥的必備條件提出更加詳細的「十二能」「八患」「四戒」；還有諸葛亮的「十五律」論；戚繼光的「八德」「七害」論等等。在對將材的要求上，曾國藩、胡林翼與古兵法一脈相承，並在此基礎上的對將材的要求提出來新的標準。曾國藩提出作為將領必須具備的四個條件：「才堪治民」「不怕死」「不急急名利」「耐受辛苦」，強調四者是一個不可分割的統一整體，匯聚為一個衡量標準，就是忠義血性。胡林翼則提出將帥要有良心，有血性，有勇氣，有智略，其中「良心」「血性」是核心。蔡鍔稱讚曾、胡所倡導的將領「以良心血性為前提，尤為扼要探本之論」。蔣介石對此亦非常認同，眉批「良心血性」四個字。

1.1〔註1〕帶兵之人，第一要才堪(1)治民；第二要不怕死；第三要不急急名利；第四要耐受辛苦。治民之才，不外公、明、勤。不公不明，則

〔註1〕本節出自《曾國藩全集‧書信一》，嶽麓書社，1994 年，第 224～225 頁。

兵不悅服；不勤，則營務鉅細皆廢弛不治。故第一要務在此。不怕死，則臨陣當先，士卒乃可效命，故次之。為名利而出者，保舉稍遲則怨，稍不如意則怨，與同輩爭薪水，與士卒爭毫釐，故又次之。身體羸弱(2)者，過勞則病；精神短乏者，久用則散，故又次之。四者似過於求備，而苟闕(3)其一，則萬不可帶兵。故吾謂帶兵之人，須智深勇沉之士、文經武緯(4)之才。數月以來，夢想以求之，焚香以禱之，蓋無須臾或忘諸懷。大抵有忠義血性，則四者相從以俱至；無忠義血性，則貌似四者，終不可恃(5)。（曾國藩）

【注釋】

（1）堪：能夠、勝任。

（2）羸（léi）弱：瘦弱，軟弱無力。

（3）闕：同缺，缺少。

（4）文經武緯：意指能文能武。

（5）恃：依賴。

【譯文】

帶兵的人要具備四個條件：第一要有治理民眾的才能；第二要不怕死；第三要不汲汲於追求名利；第四要忍受得了辛苦。治理民眾的才能，不外乎要公正、嚴明、勤勉。如果做事不能公正、明察，士兵就難以心悅誠服；如果不勤勉有加，軍營中事無鉅細、大事小情就會荒廢，無法治理。所以帶兵的人要有治民的才能是第一要務。帶兵的人只有不怕死，在戰場上才會沖在前面，士兵才會拼死效命。這是第二個條件。為了名利而帶兵之人，一旦提拔升遷稍慢就會有怨恨，稍不如意就會有怨言，與同級官員爭薪水待遇，與士卒爭一點小利。所以不汲汲於追名逐利是第三個條件。身體虛弱無力的人，勞累一點就會生病；精力不旺盛者，時間久一點就精神渙散。所以身體能忍受得了辛苦是第四個條件。要具備這四個條件，看似有些求全責備，但實際上四者缺一，就萬萬不能帶兵。所以，我所說的帶兵之人，必須是智勇雙全、文武兼備之士。近幾個月來，我焚香祈禱，做夢都想得到這樣的人才，無時無刻不在掛懷此事。大體上說來，有忠義血性之人，那四個條件就會相伴而至；反之，缺乏忠義血性，即使表面上看四個條件兼具，終究還是不能信賴。

【解讀】

曾國藩首先開列出作為將領需要具備的四個條件:「才堪治民」、「不怕死」、「不急急名利」、「耐受辛苦」,然後逐一解釋每一個條件的具體要求。

第一,才堪治民。所謂「才堪治民」,就是要有治理民眾的才能,但這裡的治民並不是指治理一般老百姓而言,而是部隊的士兵。那麼,如何才算是具有「治民」的才能呢?他提出了三個標準:「公」、「明」、「勤」。所謂「公」,就是做事要公正,要有公心,不能有私欲。人一旦做事不能出自公心,被私心雜念所掌控,在任何群體中都不可能團結人,不可能有組織力和號召力,這樣的將領率領的軍隊自然是一盤散沙,毫無戰鬥力了。「明」是指對事情要能明察秋毫,能判斷事情的是非曲直,如此才能賞罰公道。曾國藩還指出了「明」的具體要求:「『明』之一字,第一在臨陣之際,看明某弁系衝鋒陷陣,某弁系隨後助威,某弁回合力堵,某弁見危先避。一一著明,而又證之以平日辦事之勤惰虛實,逐細考核。久之,雖一勇一夫之長短賢否,皆有以識其大略,則漸幾於明矣」。〔註2〕將領在戰場上,要明察哪些士兵是衝鋒陷陣的,哪些是隨後助威的,哪些是回合力堵,哪些是見危先避。對於這些要一一記錄下來,並與平日這些士兵的勤惰虛實表現相對照,仔細逐項考核。這樣一來,每個士兵的短處和長處,優秀與否,都能瞭解大概了。「公」和「明」是緊密聯繫在一起的,沒有「公」便難以做到「明」,不「明」更難以做到「公」。為此,蔡鍔在《曾胡治兵語錄》中,專門設有「公明」一章,以示重視。治民之才,還有一個標準就是「勤」。「勤」是曾國藩治兵理念中極為重要的一個詞,他在別處明確提出「治軍之道,以勤字為先」。〔註3〕同時,「勤」也是蔡鍔治軍的重要思想,他在《曾胡治兵語錄》中特別輯錄了第九章「勤勞」,由此可見蔡鍔對「勤」的重視。

第二,不怕死。《宋史‧岳飛傳》載,有人問岳飛,天下何時太平,岳飛答曰:「文臣不愛錢,武臣不惜死,天下太平矣。」「不愛錢」,「不惜死」,岳飛以極通俗,極平常的詞彙,道出了對文臣和武將的基本要求。曾國藩這裡將「不怕死」作為將領的主要素質,同時曾胡也常將「不愛錢」和「廉」作為將領的要求,如胡林翼說「得勝尤忌貪財」(本書 11.21),「惟臨陣切忌散隊,切戒貪財」(本書 11.22),曾國藩則要求「臨財有不沾染之廉」(本書 4.16)

〔註2〕《曾國藩全集‧批牘》,嶽麓書社,1994 年,第 140 頁。
〔註3〕《曾國藩全集‧書信三》,嶽麓書社,1992 年,第 1752 頁。

等等。

第三，不急急名利。對於名利之心的害處，曾國藩認識的很清楚，「保舉稍遲則怨，稍不如意則怨，與同輩爭薪水，與士卒爭毫釐」，用這樣的將領帶領部隊，其結果可想而知。因此曾國藩反覆強調「功名之際，須看得淡」（本書 3.4），要求將領要通過加強修身，淡泊名利，潔身自好。但曾國藩也深知趨利避害是人的本能，不可能完全消除，因此他所反對的是那種唯利是圖、急急追逐名利之人，而並不否定人的正常名利欲望。

第四，耐受辛苦。曾國藩列舉了兩種不能耐受辛苦的情況：一是身體羸弱者，這樣的人勞累一點就會生病；二是精力不旺盛者，這樣的人時間久一點就精神渙散。由此可以看出，這裡曾國藩所強調的耐受辛苦，並不是就人的意志力而言，關注點不是人的毅力問題，而是指人的身體素質狀況，即挑選將領必須要身體素質過關，否則體弱多病之人難以應對堅苦的環境。

曾國藩還指出，這四個條件，看似有些求全責備，但確實是缺一不可。四者是一個不可分割的統一整體，將才必須是智勇雙全、文武兼備之士。他把這四個條件匯聚為一體，成為一個總括性的衡量標準，即忠義血性。曾國藩認為，凡是有忠義血性之人，四個條件就會相伴而至；反之，缺乏忠義血性，即使表面上看四個條件兼具，終究還是不能信賴。因此，在他看來，忠義血性顯然是更為根本的要求，以致後來被視為湘軍的軍魂。他在給朋友書信中又強調：「其帶勇之人，概求吾黨血性男子，有忠義之氣，……與之共謀。」〔註4〕

「忠義」是由「忠」和「義」兩個重要概念組成。「忠」是指盡心盡力以奉公、任事，以及對人的態度，因此是為人處世的重要原則。朱熹《論語集注》稱「盡己之謂忠」，後人常以傚忠君主，捐軀殉國為「忠」，則大大狹隘了其涵義。「義」是指公正合宜的道德、道理或行為，含有公正性、正義性、正當性的要求。由「忠」「義」合為一起的「忠義」一詞，是一種忠貞義烈的道德品質，也指一種現實的忠臣義士。曾國藩自己解釋說：「不忘君，謂之忠，不失信於友，謂之義。」〔註5〕其「忠」仍是忠君之意。所謂「血性」，是指剛強正直的氣質和品性，是生命衝動和活力的象徵。「忠義」是一種道德要求，「血性」則更多是一種與生俱來的氣質和稟賦。

〔註4〕《曾國藩全集·書信一》，嶽麓書社，1990年，第328頁。
〔註5〕《曾國藩全集·家書一》，嶽麓書社，1985年，第581頁。

　　「血性」猶「血氣」，是一種個性特質，是一種生命的本能，是勇氣的來源。古人云：「夫戰，勇氣也。」所以，「血性」是軍人必不可少的素質。有血性的人往往嫉惡如仇，在關鍵時刻會不顧個人安危挺身而出，面對不公會仗義執言，面對民間疾苦會伸出援手。血性不僅僅是戰場上勇猛殺敵，更主要是指的是剛強正直的氣質和品性。孟子所謂「雖千萬人吾往矣」的勇往直前精神是血性，而「自反而不縮，雖褐寬博，吾不惴焉」（《孟子‧公孫丑上》），即反省自己覺得理虧，即使面對普通百姓，也會恐懼顫慄，這樣的反省精神，勇於認錯的精神，也是大勇，也是血性。但世人往往欣賞前者，而看不到後者。或者是將好勇鬥狠、欺負弱小、濫殺無辜視為「血性」，這便是將「血腥」誤作「血性」了。

　　血性、血氣更多是氣質特性，是一種生命衝動，難免會有負面作用。孔子講「血氣方剛，戒之在鬥」（《論語‧季氏》）。所以，有血性、血氣，必然有好鬥的成分，需要引導用在正確的地方，而作為道德品質的「忠義」，恰恰發揮了這一作用。「忠義」是道德要求，有束縛的特性；血性是生命的勃發，是創造性的象徵，需要盡情的生發。約束的力量過於強大，會扼殺生命力和創造力；而缺乏約束力量，又會造成縱慾和破壞性。因此，兩者之間需要達成一種平衡，此不惟軍事上擇將如此，凡事皆然。

1.2 〔註6〕帶兵之道，勤、恕 (1)、廉、明，缺一不可。（曾國藩）

【注釋】

（1）恕：儒家思想重要概念，推己及人之意，「己所不欲，勿施於人」即是恕。《論語‧里仁》：「曾子曰：『夫子之道，忠恕而已矣。』」《論語‧衛靈公》：「子貢問曰：『有一言而可以終身行之者乎？』子曰：『其恕乎！己所不欲，勿施於人。』」朱熹《論語集注》釋「忠恕」云：「盡己之謂忠，推己之謂恕。」

【譯文】

帶兵之道，勤勉、仁恕、廉潔、明察，缺一不可。

【解讀】

曾國藩將「忠義血性」作為選擇將領的根本性要求。在不同場合，他又

〔註6〕本節出自《曾國藩全集‧日記一》，嶽麓書社，1987年，第431～432頁。

提出了一些具體要求，這裡的「勤、恕、廉、明」便是。他在寫給別人的書信中又說：「帶勇之人，誠如來示『不苛求乎全材，宜因量以器使』，然血性為主，廉、明為用。三者缺一，若失輗軏，終不能行一步也。」〔註7〕這裡，他提出「血性為主，廉、明為用」，強調血性、廉、明三者缺一不可。這三者好比是車子上的輗軏，沒有了它，便寸步難行。上一節，他提出了治民之才的三個條件，即「公、明、勤」，其中「勤」「明」是相同的。因此，這裡主要看看「恕」和「廉」。

「恕」是孔子的重要概念，是推己及人之意。子貢問孔子有沒有一個字可以讓人終身奉行時，孔子回答說應該是「恕」，接著又闡釋其意，「己所不欲，勿施於人」，即自己所不想要的，就不要去強加別人。設身處地為別人著想，是處理和維持人際關係的最好辦法。作為將領對待部下，尤其要有推己及人之心，處處為士兵著想，才能讓士兵感動，也才能樂為所用。

「廉」就是廉潔。廉是一種吏德，被稱為是為官之本。曾國藩深知當時綠營軍將領剋扣糧餉，冒領缺額的貪腐行為，引起綠營兵勇的強烈不滿，導致綠營軍毫無戰鬥力。曾國藩指出，兵勇心目之中，專從銀錢上著意，眾目眈眈，如果將領在銀錢上廉潔奉公，則兵勇就會敬畏而信服；反之，若在銀錢上貪污剋扣，則兵勇就會心中不服，口中譏議不滿。因此，他所組建的湘軍一定要解決廉潔的問題。曾國藩提出：「欲服軍心，必須尚廉介。」〔註8〕「惟自處於廉，公私出入款項，使闔營共見共聞，清潔之行，已早有以服弁勇之心。」〔註9〕曾國藩極端重視廉潔對於軍隊戰鬥力的意義，因此，他始終恪守「居官以不要錢為本」的信條，並將其列入家訓「八本」〔註10〕之一。

1.3 〔註11〕**求將之道，在有良心，有血性，有勇氣，有智略。（胡林翼）（蔣介石眉批：良心血性）**

〔註7〕《曾國藩全集‧書信一》，嶽麓書社，1990年，第248頁。

〔註8〕《曾國藩全集‧詩文》，嶽麓書社，1986年，第438頁。

〔註9〕《曾國藩全集‧批牘》，嶽麓書社，1994年，第140頁。

〔註10〕曾國藩「八本」：讀古書以訓詁為本，作詩文以聲調為本，養親以得歡心為本，養生以少惱怒為本，立身以不妄語為本，治家以不晏起為本，居官以不要錢為本，行軍以不擾民為本。（《曾國藩全集‧家書》，嶽麓書社，1985年，第662頁。）

〔註11〕本節出自《胡林翼集》（二），嶽麓書社，1999年，第308頁。

【譯文】

選拔將領的原則有四個方面：有良心，有血性，有勇氣，有智略。

【解讀】

前面提到曾國藩將「忠義血性」作為將領的根本性要求。胡林翼這裡則稱之為「良心」「血性」。「良心」一詞出自《孟子》。孟子認為惻隱之心、羞惡之心、辭讓之心、是非之心四者情感，是仁義禮智的發端，是人性本善，或人性向善的根源，這便是良心。所以，良心就是人的天然的善良心性。

曾、胡有時講「忠義血性」，有時則稱「良心血性」，蔡鍔更傾向於良心血性這個概念，他在按語中稱讚曾胡所說「為將之道，以良心血性為前提，尤為扼要探本之論」。梁啟超在《曾胡治兵語錄》序中也指出，「松坡論曾、胡二公之事功，謂其為良心血性二者所驅使，則松坡之事功，亦為此良心血性所驅使而已」。蔣介石則在此節的眉批部分摘錄了「良心血性」四字。

「良心血性」與「忠義血性」概念是一致的，「良心」與「忠義」都是一種道德約束力量，但「良心」更加本源，涵義更加廣泛。「良心」一詞在民間話語體系中有巨大的影響力，在中國傳統中人們非常相信良心的公正，認為人的言行都應當憑良心。按照弗洛伊德心理學的說法，「良心」「忠義」是「超我」，「血性」是「本我」，「超我」對「本我」的控制，以及與外在條件的協調，最終構成了「自我」。

蔣介石對胡林翼極為推崇，認為他整治湖北達至「治平」境界，靠的就是血性忠誠和犧牲精神。他說：「胡林翼到了湖北之役，他本是一個書生，從前沒有學過軍事，居然由於他的艱苦奮鬥，不僅把湖北克復轉來，而且把克服的區域，在最短的時期中，就整理到治平的現象。……胡林翼治理湖北，全是他自己拿艱苦卓絕的精神血誠犧牲，來同洪楊對抗。他自己如此，而且拿犧牲精神，來督率湖北的軍隊人民，去恢復湖北全省。」〔註12〕

1.4 〔註13〕天下強兵在將。上將之道，嚴明果斷，以浩氣舉事，一片肫誠⑴。其次者，剛而無虛，樸而不欺，好勇而能知大義。要未可誤於矜驕虛浮之輩，使得以巧飾取容。真意不存，則成敗利鈍之間，顧忌太

〔註12〕《總統蔣公思想言論總集·卷十演講》，中國國民黨中央委員會黨史委員會，1984 年，第 640 頁。

〔註13〕本節出自《胡林翼集》（二），嶽麓書社，1999 年，第 468 頁。

多，而趨避愈熟，必至敗乃公事。（胡林翼）（蔣介石眉批：浩氣舉事）

【注釋】

（1）肫（zhūn）誠：誠摯。

【譯文】

軍隊強大的關鍵在於將領。上將之道，在於嚴明果斷，一身浩然之氣，待人一片赤誠。次一等的將領，剛直而不虛假，樸實而不欺詐，勇敢而知曉大義。選拔將領，重要的在於不能被那些自高自大、虛妄浮誇之人所蒙蔽，使其以巧言令色騙取信任。他們缺少真誠之心，每到成敗得失的關鍵時候，顧忌重重，患得患失，趨利避害之法太熟練，最終必至敗壞公事。

【解讀】

上等將領特徵：嚴明果斷，以浩氣舉事，一片肫誠。次一等將領特徵：剛而無虛，樸而不欺，好勇而能知大義。可見，即使是次一等的將領，也是難得的能將之選，所差者僅在「浩氣舉事」特質。所謂「浩氣舉事」，就是行事做事有浩然之氣在其中。孟子稱浩然之氣至大至剛，必須用義和道去培養它。一旦做了有愧於心的事，這種氣就會軟弱無力。有明一代，鐵骨錚錚，不畏權奸的楊繼盛有詩曰：「浩氣還太虛，丹心照千古。生平未報國，留作忠魂補。」對於將帥而言，浩然之氣，有之便超拔於流俗，無之便為世俗之將。蔣介石在此節眉批，特拈出「浩氣舉事」四字。

蔣介石對胡林翼這段話非常欣賞，他說：「胡文忠云：『天下強兵在將，上將之道，嚴明果斷，一片肫誠，以浩氣舉事。』又云『將以氣為主，以志為帥。』孟子云：『威武不能屈，貧賤不能移。』如此，方得謂之捨身救國之革命軍人也。」蔣又以歷史人物為例證，闡發何謂「浩氣舉事」。他說：

> 至於「強兵在將」的道理，前次我也講過：天下沒有不可以打勝戰的士兵，而其強弱勝敗，完全隨我們一般將領為轉移。將領不僅指師長旅長團長，就是營長連長排長，也統統是將領。如果我們軍隊裏一般將領德行很良好，很有氣節，皆能以身作則，來做部下的模範，那麼，部下一般官兵一定沒有不跟著他，服從他的命令，來為他效死的！再講所謂「上將之道，嚴明果斷，一片肫誠，以浩氣舉事。」這是說做將領的人，必須有孟子所講的那種「至大至剛」的「浩然之氣」。簡單的講，也就是要有氣節，我們中國從古以來因

有氣節而成大功立大業的軍人不曉得有幾多！就是他當時自己犧牲了，事業雖未成功，但要因為他能尚氣節，要留正氣在天地之間，到如今幾千百年以後，愈覺光芒萬丈！雖村婦幼童都曉得他是中華民族的模範，是中華民族的靈魂！這種人在歷史上很多，舉個例來說，三國時的關羽，宋朝的岳飛，明朝的史可法等諸先烈，這些人都是講氣節，為維持中華民族的人格而死！一般的部下，都甘心與他們同死，都跟著他們來為國效忠！因而幾千百年以後，個個人能曉得他們，都崇拜他們！所以我們要能流芳百世，要能成功立業，要能維持國家與民族的人格，首要的條件就是要有氣節，因為氣節之重要如此，所以古人頭可斷，骨可碎，而此志不可奪！〔註14〕

1.5〔註15〕將材難得，上駟（1）之選，未易猝求，但得樸勇之士，相與講明大義，不為虛驕之氣、誇大之詞所中傷，而緩急即云可恃。（胡林翼）

【注釋】

（1）上駟：上等馬；良馬。這裡比喻傑出將領。

【譯文】

將才難得。傑出的將領，更是很難在倉促之間尋得。只能求其是一個樸質勇敢之人，可以與他講明大義，使其遠離虛驕之氣、誇誇其談的毛病，這樣，無論軍情緩急，此人都可以依賴了。

【解讀】

明代兵書《草廬經略・卷三・遠略》感歎「天下良將少而愚將多」。所以良將是可遇不可求的，如上節所言超拔於流俗的將帥即是如此，只能退而求其次，希望得到樸勇之士，好好培養，慢慢雕琢，使之不沾染虛驕之氣和浮誇的毛病，以求戰時可以依賴。

1.6〔註16〕兵易募而將難求。求勇敢之將易，而求廉正之將難。蓋勇敢倡先，是將帥之本分；而廉隅正直，則糧餉不欺，賞罰不濫，乃可固結士

〔註14〕《總統蔣公思想言論總集・卷十一演講》，中國國民黨中央委員會黨史委員會，1984年，第408頁。

〔註15〕本節出自《胡林翼集》（二），嶽麓書社，1999年，第472頁。

〔註16〕本節出自《胡林翼集》（一），嶽麓書社，1999年，第140頁。

心，歷久常勝。（胡林翼）

【譯文】

士兵容易招募，但良將難求。勇敢之將易得，廉潔正直之將難尋。因為勇往直前是將帥的本分。而只有品行方正，為人正直，才能不剋扣糧餉，賞罰分明，也才能官兵團結一心，無往不勝。

【解讀】

勇敢是軍人的本分，所以尋求勇敢的將帥不難，難尋的是廉潔正直的將帥。因此，曾、胡常將「廉」和「不愛錢」作為將領的基本要求。宋代呂本中《官箴》曰：「當官之法，唯有三事，曰清、曰慎、曰勤。」強調為官要做到清廉、慎獨和勤勞。西安碑林記載的古代著名的三十六字官箴曰：「吏不畏吾嚴而畏吾廉，民不服吾能而服吾公，公則民不敢慢，廉則吏不敢欺，公生明，廉生威。」兩則官箴的內容，與曾胡講的治民之才「公、明、勤」，或帶兵之道「勤、恕、廉、明」的要求是一致的。可見，為官之道與帶兵之道，在管理方面是相同的。

1.7〔註17〕**將以氣為主，以志為帥。專尚馴謹**（1）**之人，則久而必惰。專求悍鷙**（2）**之士，則久而必驕。兵事畢竟歸於豪傑一流，氣不盛者，遇事而氣先懾，而目先逃，而心先搖。平時一一稟承，奉命惟謹，臨大難而中無主，其識力既鈍，其膽力必減，固可憂之大矣。**（胡林翼）

【注釋】

（1）馴謹：順從和謹慎

（2）悍鷙（hàn zhì）：兇猛暴戾。

【譯文】

將領要以膽氣為主，以意志為統領。如果選拔將領只喜歡順服和謹小慎微的人，時間久了，必生怠惰。如果只任用兇猛暴戾之人為將，時間久了，必會驕傲自大。軍事用兵終究是屬於英雄豪傑一類人物的事業。膽氣不盛的人，遇到事情先自恐懼氣餒，眼睛不敢正視，內心狂跳。這類人平日遇事一一向上秉承，對上司言聽計從，謹小慎微，大事臨頭便六神無主，心中慌亂，識見

〔註17〕本節出自《胡林翼集》（二），嶽麓書社，1999年，第291頁。

頓挫，膽力銳減，無膽無識，這樣的將領，豈不讓人大大擔憂？

【解讀】

「將以氣為主，以志為帥」是這節內容的核心，寓意非常深遠。孟子說：「夫志，氣之帥也；氣，體之充也。夫志至焉，氣次焉。故曰：持其志，無暴其氣。」（《孟子·公孫丑上》）意思是說，「志」是「氣」的統帥，「氣」充滿身體，「志」到了哪裏，「氣」就隨之停留在哪裏。因此說：要把握住「志」，不要妄動「氣」。孟子還指出「志」與「氣」會交互影響，「志」專一時能帶動「氣」，「氣」專一時也能擾動「志」。「氣」指血氣、欲望、情緒等內容，充溢於身體之中，「志」則指心志的活動，具有思考、判斷、選擇的功能。因此，理所當然「志」是「氣」的統帥，以心統身。這是孟子的主要觀點，胡林翼論將，借鑒了孟子的思想。

胡林翼說「將以氣為主，以志為帥」，依然是強調以心志為統帥，但又說以氣為主，似有將兩者看做同等重要之意。他所謂專尚「馴謹之人」，即是專尚「志」，是心動而身不能動，自然事情無法達成；所謂專尚「悍鷙之士」，則是專尚「氣」，是身動而心不動，沒有心志的支持，同樣事情無法達成。因此，「氣」和「志」同樣重要，要持其志，養其氣。但胡林翼這裡特別指出，兵事畢竟不同於一般事，終究還是屬於英雄豪傑一類人物的事業。因此，雖然「氣」和「志」都很重要，但從將領的素質角度而言，「氣」顯得更加重要。

膽氣不盛，沒有血性的人，遇到事情往往恐懼氣餒，眼睛不敢正視，內心狂跳不止。平日謹小慎微，大事臨頭便六神無主，心中慌亂，識見頓挫。這樣的將領，自然無法勝任指揮殘酷的戰鬥。曾、胡所反覆強調的「血性」就是「氣」的具象化說法，顯得更加形象。

右論將材之體〔註18〕

（本章以上各節所述，著眼於將領的根本要求和基本素質，蔡鍔稱之為「將材之體」。）

〔註18〕右：因原書版式是豎排，右即右邊，指以上、以前。「將材」現一般用作「將才」，「材」同「才」。「體」與「用」是中國古代哲學的一對重要範疇，指本體和功用。「體」是根本的、內在的、本質的，「用」是「體」的外在表現和作用。「右論將材之體」，即以上所說是將才的根本。

1.8〔註19〕古來名將，得士卒之心，蓋有在於錢財之外者。後世將弁（1），專恃糧重餉優，為牢籠兵心之具，其本為已淺矣。是以金多則奮勇蟻附，利盡則冷落獸散。（曾國藩）

【注釋】

（1）將弁（biàn）：各級武官總稱。弁：低級武官。

【譯文】

自古以來，名將得到士卒的擁護，並不在於多發賞錢。後世將官則專靠糧多錢多來籠絡人心，這種做法從根本上就已經很膚淺了。賞錢多，人人爭相依附。一旦無利可圖，便紛紛作鳥獸散。

【解讀】

將帥唯有得到士卒的擁護，軍隊上下團結，才能有戰鬥力。為達到這樣的結果，古來名將的做法可謂多種多樣，如公正廉明，賞罰不濫，嚴明果斷，愛兵如子等等，都是使士卒信服的重要手段。不可一味依賴糧重餉優來籠絡兵心，因為建立在金錢利益基礎上的關係是不可靠的，這裡曾國藩說的極為形象，「金多則奮勇蟻附，利盡則冷落獸散」。

曾國藩這麼說，並不是反對給士卒較高的糧餉待遇，恰恰相反，他在湘軍採取的正是厚餉養兵策略。曾國藩認為，當兵上戰場就是玩命，如果不能有高於普通農民三四倍的糧餉，很難吸引人為之賣命。因此，湘軍的軍餉比當時清政府的八旗兵、綠營兵的一倍還多。

那麼，厚餉養兵與他反對依賴糧重餉優來籠絡兵心是否矛盾呢？答曰：不矛盾。厚餉養兵是讓士卒無後顧之憂，是一種激勵機制。但軍餉也不可能無限制的增加，而且即使厚餉也須公正、賞罰分明等，否則還要有紛爭。士卒對將領的擁戴也不可能僅是糧重餉優一項，所以將領必須有更高的素質和道德要求。

1.9〔註20〕軍中須得好統領、營官。統領、營官須得好真心實腸，是第一義。算路程之遠近，算糧仗（1）之缺乏，算彼己之強弱，是第二義。二者微有把握。此外，良法雖多，調度雖善，有效有不效，盡人事以聽天

〔註19〕本節出自《曾國藩全集·書信一》，嶽麓書社，1990年，第275～276頁。
〔註20〕本節出自《曾國藩全集·書信八》，嶽麓書社，1994年，第5746～5747頁。

而已。（曾國藩）

【注釋】

（1）糧仗：軍糧和兵器。

【譯文】

軍隊中需要有好的統領和營官。統領營官需要有真心實意待人的心腸，這是最要緊的事。其次，還要能夠推算路程的遠近，盤算軍糧和兵器的需求，估算敵我雙方的強弱，這是第二要緊的事。這兩者都要有一些把握。除此之外，好辦法雖多，調度也合理，但成敗很難說，只能是盡人事、聽天命而已。

【解讀】

對軍中的統領、營官的素質、技能有很多具體要求，但曾國藩認為最重要的是要有真心實意待人的心腸，其他技能都是第二位的要求。此外，雖然方法很多，但最終的成敗卻很難預料，只能把握一個原則，即盡人事、聽天命。

曾國藩如大多數人一樣，年輕時也是非常相信自我意志的力量，「自負本領甚大」，但經過一番挫折之後，「始知畏天命、畏人言、畏君父之訓誡，始知自己本領平常之至」〔註21〕。孔子總結自己生命歷程說，「吾十有五而志於學，三十而立，四十而不惑，五十而知天命」。孔子的生命境界基本是十年經歷一次大的提升，至五十而知天命。《論語》整部書最後帶有總結性的一句話是「不知命，無以為君子也」。所謂「天命」，有兩方面的意涵，一是上天賦予人的使命，二是人的命運。命運是無法改變的，只能盡力而為。

曾國藩似乎是越往後越認識到命運的力量。咸豐十一年，他說：「凡辦大事，半由人力，半由天事。」〔註22〕同治八年說：「事功則運氣居其七分，人力不過三分，」〔註23〕乃至認為，「兵事之成敗利鈍，皆天也，非人之所能為也」〔註24〕。曾國藩還與友人開玩笑說已經為自己撰寫好了墓誌銘曰：「不信書，信運氣。」〔註25〕可見，曾國藩後來對命運作用的強調已經無以復加了。這基本是人所共知的曾國藩對命運的看法，但既然如此，為何他還要效法孔

子「知其不可而為之」的奮鬥精神呢？這就是天命另一面內涵，即使命的作用。孔子的使命感，一是要使天下回歸正道，二是要使自己走向至善。曾國藩晚年自我期許的使命感用他自己的話來說，就是「拼命報國，側身修行」〔註26〕八字。所以，他雖然知道事已不可為，但為挽回日益衰朽的清王朝，仍然是鞠躬盡瘁，死而後已。因此，對古人的天命觀，要全面的瞭解，不可僅看到其無可奈何的命運的一面，還有看其肩負使命的一面。這才是孔子所謂「知天命」的真正意涵。

1.10 〔註27〕 璞山（1）之志，久不樂為吾用，且觀其過自矜許，亦似宜於剿土匪，而不宜於當大敵。（曾國藩）

【注釋】

（1）璞山：王鑫（1825～1857），字璞山。湘軍早期重要將領。

【譯文】

王璞山志向遠大，很早就不願為我所用。我看他過於自負，剿土匪或許還可以，似乎不適宜對付大敵。

【解讀】

王鑫與曾國藩是同鄉，都是湖南湘鄉人，比曾國藩小十四歲，但辦團練的時間比曾國藩早，曾國藩辦團練最初主要是依賴王鑫，因此他算是湘軍的元老。但王鑫桀驁不馴，為人疏狂，不甘人下，加之兩人在辦團練上理念不同，最終分道揚鑣。

曾國藩對王鑫的才能是非常認可的，曾稱讚說：「昔王璞山帶兵，有名將風。」（本書12.2）但他不喜歡王鑫狂放自負的個性，導致他對王鑫的評價有所保留。曾國藩當時是朝廷二品大員，翰林出身，已經是讀書人科舉仕途的頂峰，王鑫還只是一個一文不名的秀才，曾國藩很欣賞王鑫的才幹，欲收王鑫為自己的弟子，但王鑫卻說我的老師只有羅山（羅澤南）一人。曾國藩在寫給王鑫的信中直接批評他「志氣滿溢，語氣誇大，恐持之不固，發之不慎，將來或至僨事」。〔註28〕

〔註26〕《曾國藩全集‧家書二》，嶽麓書社，1985年，第962頁。
〔註27〕本節出自《曾國藩全集‧書信一》，嶽麓書社，1990年，第411頁。
〔註28〕《曾國藩全集‧書信一》，嶽麓書社，1990年，第275頁。

有才幹的人難免恃才傲物，加之年輕氣盛，所謂人不輕狂枉少年，王鑫就是這樣一個典型。但這終究不是一種為人稱道的品質，最終難免為其所拖累，而不得不付出一定代價。後來因戰事緊張，王鑫積勞成疾，英年早逝。

1.11〔註29〕**揀選將材，必求智略深遠之人，又須號令嚴明，能耐辛苦。三者兼全，乃為上選。（曾國藩）**

【譯文】

挑選將材，必須尋求具有深謀遠慮之人，還必須號令嚴明，能吃苦耐勞。三者兼備，才是將材的上上之選。

【解讀】

對將領素質的要求是多方面的，這裡曾國藩主要強調的是「智略深遠」「號令嚴明」「能耐辛苦」三個方面。前面已經提到一些相關要求，如「智深勇沉」（1.1）、「嚴明果斷」（1.4）、「耐受辛苦」（1.1）等。後面還將多次涉及到曾、胡對此從不同角度的闡發。

1.12〔註30〕**李忠武公續賓（1），統兵鉅萬，號令嚴肅，秋毫無犯。湖南、湖北、安徽、江西、浙江等省官民，無不爭思倚重。其臨陣安閒肅穆，厚重強固。凡遇事之難為，而他人所畏怯者，無不毅然引為己任。其駐營處所，百姓歡忭（2），耕種不輟，萬幕無嘩，一塵不驚。非其法令之足以禁制諸軍，實其明足以察情偽，一本至誠。勇冠三軍，屢救弁兵於危難。處事接人，平和正直，不矜不伐（3）。（胡林翼）（蔣介石眉批：平和正直）**

【注釋】

（1）李續賓（1818～1858）：諡忠武，湘軍著名將領。

（2）歡忭（biàn）：喜悅、歡樂。

（3）不矜不伐：指不自以為是，不自我吹噓。矜、伐：自大、自誇。

【譯文】

忠武公李續賓雖統兵數萬，但他號令嚴肅，對百姓秋毫無犯。湖南、湖

〔註29〕本節出自《曾國藩全集・書信四》，嶽麓書社，1992年，第2683頁。
〔註30〕本節出自《胡林翼集》（一），嶽麓書社，1999年，第531頁。

—63—

北、安徽、江西、浙江等省官民，無不爭相倚重他。他在臨陣之時，舉止安閒肅穆，渾厚莊重，剛強堅毅。凡是遇到別人畏縮膽怯的難事，他都毅然承擔下來，彷彿是自己的責任。他所駐軍紮營之處，百姓無不歡欣鼓舞，照常耕種。所有軍營帳篷，毫無吵鬧喧嘩之聲，也無驚擾之處。做到這些，不是他的法令多麼嚴厲，鎮住了兵將，而是他明察秋毫，一本至誠之心。而且勇冠三軍，多次解救官兵於危難之際。他處事待人，平和正直，從不驕矜自誇。

【解讀】

曾國藩批評王鑫的恃才傲物，雖然有才幹，但卻不得不為其過於自負而付出代價。不是曾國藩不能容人，而是王鑫不甘人下。胡林翼大力表彰李續賓，與曾國藩對王鑫的批評正好對應。曾國藩批評王鑫「過自矜許」，胡林翼則稱讚李續賓「平和正直，不矜不伐」。前者自以為是，後者從不自誇，兩人處世為人可謂完全相反。胡林翼列舉了李續賓七個方面的優異品質：一、軍紀上，號令嚴肅，秋毫無犯；二、臨陣時，安閒肅穆，厚重強固。三、凡遇他人畏怯難為之事，無不毅然引為己任；四、駐營處所，百姓歡忻，耕種不輟，萬幕無嘩，一塵不驚；五、其智略修為，明察秋毫，一本至誠；六、戰場上，勇冠三軍，屢救弁兵於危難；七、處事接人，平和正直，不矜不伐。

李續賓戰死沙場後，曾國藩上書朝廷，歷數其生平戰績曰：「續賓隨羅澤南征剿，循循不自表異。岳州之戰，所將白旗，號為無敵，田家鎮以少勝眾。九江之敗，士卒多逃，獨所部依依不去，眾稱其能得士心。軍中人人以氣節相高，獨默然深藏。然忠果之色，見於眉宇。遠近上下，皆信其大節不苟。臣所立湘勇營制，行之既久，各營時有變更，獨續賓守法，始終不變。歷年節省餉項及廉俸，不寄家自肥，概留備軍中非常之需。量力濟人，不忍他軍饑而己軍獨飽。馭下極寬，而弁勇有罪，往往揮淚手刃之。至於臨陣，專以救敗為務。遇賊則讓人御其弱者，自當其悍者。分兵則以強者予人，而攜弱者自隨。弱者漸強，又易新營。軍中每言肯攜帶弱兵，肯臨陣救人者，前惟塔齊布，後惟續賓。三河之敗，亦由分兵所致。此軍民所由感泣不忘者也。」（《清史稿‧列傳一百九十五》）

這裡曾國藩概述了李續賓的十一種品德和特質：一、從不自我表現，人人以氣節相標榜，李續賓則默然深藏；二、以少勝多，號為無敵；三、能得士卒之心；四、獨守營制，始終不變；五、不私藏節省下的餉項及廉俸，而是留作軍中之用；六、幫助友軍，從不忍心友軍飢寒而己軍獨飽；七、對待部下非

常寬厚，弁勇有罪，常常揮淚手刃；八、臨陣之時，把救助友軍作為自己的任務；九、遇到敵人，讓別人對付弱旅，自己則對付悍敵；十、分兵時把強兵交給別人，自己則率領弱旅，把弱旅訓練強之後，又接手新的弱旅。十一、軍中肯攜帶弱兵，肯臨陣救人的，前邊惟有塔齊布，後邊惟有李續賓。而李續賓戰死的三河之敗，也是由於分兵照顧別人所致。李續賓被稱為湘軍悍將，所率部隊一直是湘軍的精銳之師，而其品德則盡顯仁厚之德、大將之風。此節蔣介石眉批「平和正直」四字，以視對此品質的重視。

1.13 〔註31〕 烏將軍蘭泰 (1) 遇兵甚厚。雨不張蓋，謂眾兵均無蓋也。囊無餘錢，得餉盡以賞兵。（胡林翼）

【注釋】

（1）烏蘭泰（？～1852）：清朝綠營軍將領，滿洲正紅旗人。1851 年，太平軍在廣西興起，烏蘭泰奉命幫辦廣西軍務，後在與太平軍作戰中負傷而死。

【譯文】

烏蘭泰將軍對待士兵非常仁厚，雨中行軍也不張開傘蓋，他說士兵都沒有傘蓋啊。他錢囊中從無多餘的錢財，得到的軍餉盡數賞給士兵。

【解讀】

胡林翼總結了滿族將領的烏蘭泰的主要品質，歸結為一點就是愛兵如子。所謂「雨不張蓋」之說，出自《六韜・龍韜・勵軍》，其中通過姜太公對周武王的回答，說明了將領如何激勵士氣。周武王問姜太公說：「我想使全軍將士在攻城時爭先攀登，在野戰時爭先衝鋒，聽到停止進攻的鑼聲就不滿，聽到進攻的鼓聲就喜悅，如何才能做到呢？」姜太公說：「將冬不服裘，夏不操扇，雨不張蓋，名曰禮將；將不身服禮，無以知士卒之寒暑。出隘塞，犯泥塗，將必先下步，名曰力將。將不身服力，無以知卒之勞苦。軍皆定次，將乃就舍，炊者皆熟，將乃就食，軍不舉火，將亦不舉，名曰止欲將。將不身服止欲，無以知士卒之饑飽。將與士卒共寒暑，勞苦，饑飽，故三軍之眾，聞鼓聲則喜，聞金聲則怒。高城深池，矢石繁下，士爭先登；白刃始合，士爭先赴。士非好死而樂傷也，為其將知寒暑、饑飽之審，而見勞

〔註31〕本節出自《胡林翼集》（二），嶽麓書社，1999 年，第 51 頁。

苦之明也。」

姜太公對如果激勵士氣總結了三個方法：第一，將領冬天不穿裘皮衣服，夏天不扇扇子，雨天不張傘蓋，這叫禮將。第二，部隊行進關隘要塞，經過泥濘的道路，將領必須率先前進，這叫力將。第三，部隊安營紮寨後，將領才休息；全軍都有飯吃了，將領才進食；全軍不舉火照明，將領也不先舉火照明，這叫止欲將。將領做到這三者，與士卒共寒暑，共勞苦，共饑飽，全軍將士就會有高昂的士氣，在戰場上爭先恐後，視死如歸。

此外，古代兵書，如《草廬經略‧拊揗》《尉繚子‧戰威》《黃石公三略‧上略》《兵經百篇‧術篇‧忘》，對如何關心士卒，提振士氣，均有相似的描述，其中《草廬經略‧拊揗》的說法一語中的：「以父母之心，行將帥之事，則三軍欣從，萬眾咸悅。」即以父母的慈愛之心，行將帥之職責，則全軍上下無不喜悅而跟隨。在胡林翼眼裏，烏蘭泰將軍是踐行兵書這一原則的忠實代表，有古名將之風。

1.14〔註32〕**兵事不外奇正二字，而將材不外智勇二字。有正無奇，遇險而覆；有奇無正，勢極即阻。智多勇少，實力難言；勇多智少，大事難成。而其要以得人為主。得人者昌，失人者亡。設五百人之營，無一謀略之士、英達之材，必不成軍。千人之營，無六七英達謀略之士，亦不成軍。（胡林翼）**（蔣介石眉批：得人為主）

【譯文】

用兵之道不外奇正二字，將才不外智勇二字。有正無奇，只知正面戰鬥，不知出奇制勝，遇到險情，正規戰施展不開，弄不好就會全軍覆滅。有奇無正，只想著出其不意，而不懂得憑實力打正規戰，一旦無機可乘，便會陷入困阻。將領智多勇少，謀略有餘而勇氣不足，很難說有多強的實力；反之，勇多智少，有勇無謀，很難成大事。總而言之，用兵的關鍵還是在於得到智勇雙全的將才。得了人才，無往而不勝，失了人才，無往而不敗。假如是五百人的隊伍，而沒有一個謀略之士、英明通達的人才，就算不上一支真正的軍隊。一支千人的隊伍，沒有六七個英明通達的謀略人才，也算不得一支像樣的軍隊。

〔註32〕本節出自《胡林翼集》（二），嶽麓書社，1999年，第198頁。

【解讀】

本節講了兩方面事情，一是用兵戰略戰術上的「奇正」問題，一是將材的「智勇」問題。蔣介石在對軍官團的一次演講中，對胡林翼這段話有很好的解讀，謹抄錄如下：

> 胡文忠云：「兵事不外奇正二字，而將材不外智勇二字。有正無奇，遇險而覆；有奇無正，勢極即阻。智多勇少，實力難言，勇多智少，大事難成」。……當時胡林翼講戰術，說打仗不外奇正二字，就是說戰勝敵人的方法，不外用奇兵和正兵。一切的戰術，都可用這奇正兩個字來包括。同時，我們打仗的時候，不單是有正兵，更要有奇兵，不是專在正面展開前進就算了。如果僅用正兵，而不用奇兵，就不僅不能打勝仗，而且會遭到意外的失敗，即所謂「遇險而覆」。比方遇著險要地方，被土匪包圍、抄襲，或中敵人的伏兵，就有全軍覆沒的可能，這就是有正無奇的毛病。反之，如果僅用奇兵，不用正兵，不能集結兵力和敵人真面目作戰，尤其是局勢緊張，到最後實力決戰的時候，非敗不可！所以一定要有奇兵正兵，相機應變，然後才能夠操勝算。至於怎麼樣用奇，怎麼樣用正，這完全因時因地因戰爭的諸般情況而定，運用之妙，在乎一心，全靠我們將領有智謀，有勇氣，精明果敢，智勇兼全，方能得到最後的勝利！所以胡林翼說：將才不外智勇二字。所謂將領，不一定專指高級長官，無論師團長一直到營連排長，凡屬官長都可以叫將領。做官長的人，一定要兼備智謀和勇氣。如果只有勇敢，而沒有智謀，只有暴虎憑河的血氣之勇，有時雖然可立小功，終久還要失敗，決不能成功大事的。反之，如果僅有智謀而無勇氣，能善謀而不能善斷，能斷而不能行，就無實力可言。打仗而無勇氣，無實力，專想用巧計僥倖成功，那當然不會打勝仗。所以做官長的人，一定要智勇兼全，奇正並用，才是全材，才不愧為一個將領，也才能成大功，立大業。總之「智勇奇正」四字，就可以包括我們一般將領克敵致勝，成功立業的一切要訣！大家一定要懸為鵠的，努力做到！〔註33〕

在這一節的眉批，蔣介石寫有「得人為主」四字，體現了他對將才的重

〔註33〕《總統蔣公思想言論總集·卷十一》，中國國民黨中央委員會黨史委員會，1984 年，第 424～425 頁。

視。那麼,他所謂「得人」,是得什麼樣的人呢?蔣介石在上一段演講中指出:「做官長的人,一定要智勇兼全,奇正並用,才是全材,才不愧為一個將領。」本來「奇正」是戰略戰術的問題,「智勇」是將材的問題,但作為軍事家的蔣介石將兩者都視為將材問題,自有他的道理。因為,能判斷「奇正」本身就是將領「智」的表現。關於如何判斷「奇正」,曾國藩說:

> 凡用兵,主客奇正,夫人而能言之,未必果能知之也。守城者為主,攻者為客;守營壘者為主,攻者為客;中途相遇,先至戰地者為主,後至者為客;兩軍相持,先吶喊放槍者為客,後吶喊放槍者為主;兩人持矛相格鬥,先動手戳第一下者為客,後動手即格開而即戳者為主。中間排隊迎敵為正兵,左右兩旁抄出為奇兵;屯宿重兵,堅紮老營,與賊相持者為正兵,分出遊兵,飄忽無常,伺隙狙擊者為奇兵;意有專向,吾所恃以禦寇者為正兵,多張疑陣,示人以不可測者為奇兵;旌旗鮮明,使敵不敢犯者為正兵,羸馬疲卒,偃旗息鼓,本強而故示以弱者為奇兵;建旗鳴鼓,屹然不輕動者為正兵,佯敗佯退,設伏而誘敵者為奇兵。忽主忽客,忽正忽奇,變動無定時,轉移無定勢,能一一區而別之,則於用兵之道思過半矣。〔註34〕

曾國藩強調「主客」「奇正」變化無定時,將領須一一區別,因此,將領才能的根本仍然是「智勇」問題。《孫臏兵法‧八陣》曰:「智不足,將兵,自恃也。勇不足,將兵,自廣也。」意思是說,智謀不足的人帶兵是自以為是,勇氣不足的人帶兵是妄自尊大。「智多勇少」或「勇多智少」,都猶有所憾,用兵的關鍵在於得到有勇有謀、智勇雙全的將才。

「奇正」是著名的兵家術語,最早出於《老子‧五十七章》「以正治國,以奇用兵」,即以正規方法治國,以出奇謀略用兵。老子的「以奇用兵」思想被歷代兵家、軍事家所推崇和發揮。如《孫子》《文子》《尉繚子》《唐太宗李衛公問對》《何博士備論》《武經總要》《百戰奇略》《陣紀》《登壇必究》《兵經百篇》等,都對「以奇用兵」進行了闡發。「奇正」作為一個兵學概念出現,並對其進行系統闡發的是《孫子兵法‧勢篇》,其中曰:「凡戰者,以正合,以奇勝。故善出奇者,無窮如天地,不竭如江河。……戰勢不過奇正,奇正之變,不可勝窮也。奇正相生,如循環之無端,孰能窮之?」按照曹操《孫子

〔註34〕《曾國藩全集‧詩文》,嶽麓書社,1986年,第385頁。

注》「正者當敵，奇兵從傍擊不備」的解釋，所謂「奇正」，大體上以正面攻擊、對陣交鋒為「正」，以迂迴側擊、設伏掩襲等為「奇」。

《武經七書》之一的《唐太宗李衛公問對》對「奇正」概念進行了全面而系統的闡發。其中，特別強調「奇正」戰術的靈活應用和變化，指出，沒有固定不變的「奇正」，「善用兵者，無不正，無不奇，使敵莫測，故正亦勝，奇亦勝。」另外，還將奇正與虛實等概念結合起來，提出「奇正者，所以致敵之虛實也。敵實，則我必以正；敵虛，則我必以奇」。「以奇為正者，敵意其奇，則吾正擊之；以正為奇者，敵意其正，則吾奇擊之；使敵勢常虛，我勢常實。」奇正變換的目的，就是達到「使敵勢常虛，我勢常實」，牢牢把握主動權。

關於「奇正」變換，明代兵書《投筆膚談・兵機》有精彩的論述，其中說：「故以奇為奇，以正為正者，膠柱調瑟之士也。以奇為正，以正為奇者，臨書模畫之徒也。我奇而示敵以正，我正而示敵以奇者，知勝者也。我奇而敵不知其為奇，我正而敵不知其為正者，知勝之勝者也。凡兵之所交，陣之所向，勝負決於斯須，存亡辨於頃刻者，無非奇正形之也。」如何理解「奇正」關係，作者認為「以奇為奇，以正為正」者，是絲毫不懂變化的膠柱調瑟之士，而「以奇為正，以正為奇」者，雖然強調了變化，但卻執著於此，是屬於臨書模畫之徒。前者執著於不變，後者執著於變，都是不懂得法無定法的道理。好的將領應當是，「我奇而示敵以正，我正而示敵以奇，」這是懂得取勝之道的將領。而更高明的將領是，「我奇而敵不知其為奇，我正而敵不知其為正」，這便是神鬼莫測的將領了。作者認為，決定戰場上勝負存亡的，無非是「奇正」的變化。

宋代兵書《武經總要・前集・奇兵》非常重視「奇兵」的作用，曰：「夫奇兵者，正兵之變也；伏兵者，奇兵之別也。奇非正，則無所恃；正非奇，則無以取勝。故不虞以擊，則謂之奇兵；匿形而發，則謂之伏兵，其實則一也。歷觀前志，連百萬之師，兩敵相向，列陣以戰，而不用奇者，未有不敗亡也。故兵不奇則不勝。凡陣者，所以為兵出入之計而制勝者，常在奇也。」文中講「奇非正，則無所恃；正非奇，則不能取勝」，即奇兵如果沒有正兵的支持，就沒有依靠；正兵如果沒有奇兵的配合，就無法取勝。但這裡主要是強調奇兵的重要，作者認為「兵不奇則不勝」，「而制勝者，常在奇也」。

明清之際的王余祐在《乾坤大略・卷二》中，非常強調奇道的重要。他說：「兵只一道耶？曰：不然。所向既明，則正道在，不必言矣。然不得奇道以

佐之，則不能取勝。項羽戰章邯於鉅鹿，而後高祖得以乘虛入關；鍾會持姜維於劍閣，而後鄧艾得以逾險入蜀。故一陣有一陣之奇道，一國有一國之奇道，天下有天下之奇道。即有時正可為奇，奇亦可為正，而決然斷之曰，必有夫兵進而不識奇道者，愚主也，黯將也。」王余祐指出，正道確定之後，若沒有奇道的輔助，也是不能取勝的。一戰有一戰之奇道，一國有一國之奇道，天下有天下之奇道。他認為，不懂得奇道的作用的人，是愚笨的君主，糊塗的將領。

1.15〔註35〕**統將須坐定（1）能勇敢不算本領外，必須智勇足以知兵，器識足以服眾，乃可勝任。總須智勇二字相兼。有智無勇，能說而不能行；有勇無智，則兵弱而敗，兵強亦敗。不明方略，不知布置，不能審勢，不能審機，即千萬人終必敗也。（胡林翼）**

【注釋】

（1）坐定：認定、肯定。

【譯文】

勇敢是將領本該擁有的特質，算不得本領。將領必須具有足以知兵的智謀和膽識，其器量與識見要足以服眾，如此才能勝任。總之，需要智勇兼備。有智無勇，容易停留在口頭上，而不能實行。有勇無智，情況更糟，無論兵強兵弱都會失敗。不知用兵方略，不懂排兵布陣，不會審時度勢，即使擁有千軍萬馬也必敗無疑。

【解讀】

文中「坐定」一詞，在注解《曾胡治兵語錄》一書的諸多版本中，大多解釋為「安定、鎮定、沉著」。整句解釋為：「鎮定」和「勇敢」這兩樣，都算不

〔註35〕本節出自《胡林翼集》（二），嶽麓書社，1999 年，第 282 頁。原文為：「統將須坐定勇敢不算本領外，必須智勇足以知兵，器識足以服眾，乃可勝任。總須智勇二字相兼。有智無勇，能說而不能行；有勇無智，則兵弱而敗，兵強亦敗。不明方略，不知布置，不能審勢。不能審勢，即千萬人終必敗也。」其中比《語錄》版少一「能」字，文中兩次出現「不能審勢」。民國二十四年版《胡林翼全集‧書牘‧卷十四‧致彭雪琴》原文為「統將須坐定勇敢不算本領外，必須智勇足以知兵，器識足以服眾，乃可勝任。總須智勇二字相兼。有智無勇，能說而不能行；有勇無智，則兵弱而敗，兵強亦敗。不明方略，不知布置，不能審勢，不能審機，即千萬人終必敗也。」其中也沒有「能」字，其他與《語錄》版一樣。此版應當是正確的，蔡鍔手稿中多一「能」字應為蔡鍔所加。

得本領。但這樣解釋顯然使原文語句不通，非常勉強。

「坐定」一詞《漢語大詞典》中有五個義項：1. 猶入座，坐下。2. 不費力而決定。3. 很容易地平定。4. 猶言使穩定；安定。5. 一定；肯定。將「坐定」解釋為「認定、肯定」，則語句和語意都通順了。直譯為：將領需認定勇敢不算是本領，還必須是智勇兼備，有勇有謀。《呂氏春秋·仲秋紀第八·決勝》講到軍人的基本素質時，對「智」「勇」對軍人的意義，描述的非常形象，其中說：「智則知時化，知時化則知虛實盛衰之變，知先後遠近縱捨之數。勇則能決斷，能決斷則能若雷電飄風暴雨，能若崩山破潰、別辨霣墜；若鷙鳥之擊也，搏攫則殪，中木則碎。」「智」，就能懂得時機的變化，懂得時機變化就能懂得虛實、盛衰的演變，懂得先後、遠近、追蹤與捨棄的戰術奧妙。「勇」，就能堅決果斷，能堅決果斷就像雷電、飄風、暴雨，又如山崩潰堤、災異墜落；就像猛禽出擊，抓住就死，擊中樹木就碎。

「智」「勇」是胡林翼反覆強調的對將領素質的基本要求。如僅本章就有，「求將之道，在有良心，有血性，有勇氣，有智略」（1.3），「將材不外智勇二字」（1.14）等。而古代兵書在講到軍人將領的素質時，幾乎無不有「智」「勇」這兩項要求。如《孫子兵法·計篇》曰：「將者，智、信、仁、勇、嚴也。」姜太公在《六韜·龍韜·論將》中，認為，「勇、智、仁、信、忠」五材是將帥必須具備的才能，缺一不可。申包胥在《國語·吳語》說，將帥必須具備「智」「仁」「勇」三個條件，「夫戰，智為始，仁次之，勇次之」。《司馬法》認為將帥應該具備「仁」「義」「智」「勇」「信」等條件。王符《潛夫論·勸將》認為將帥必須具備智、仁、敬、信、勇、嚴六種美德。《武經總要·前集·選將》中，稱將領以五才為體，「所謂五才者，一曰智、二曰信、三曰仁、四曰勇、五曰嚴」。

1.16〔註36〕貪功者，決非大器。（胡林翼）

【譯文】
貪功者必不顧大局，因此絕非大格局之將才。

【解讀】
貪功者貌似立功心切，實際上是不顧大局，成事不足，敗事有餘。民國

〔註36〕本節出自《胡林翼集》（二），嶽麓書社，1999 年，第 311 頁。

費怒春在注釋《增補曾胡治兵語錄》中，特別對「貪功」和「立功」進行了辨析。他說：「貪功與立功不同，貪功者，有意邀功，其立腳點為己，不顧大局，結果一定覆事；立功者，志在國家與人民，就是犧牲自己生命，亦非所惜，所以可貴。」〔註37〕貪功表面看似乎是為了立功，但出發點卻與立功有著本質上的不同。貪功是為己，立功是為人、為國家，二者出發點完全相反。立功被古人視為三不朽〔註38〕之一，而貪功卻多與貪功起釁、貪功冒進、貪功諉過等詞彙聯繫在一起。

1.17〔註39〕為小將須立功以爭勝，為大將戒貪小功而誤大局。（胡林翼）

【譯文】

低級將領必須要爭勝立功，高級將領則不可因貪小功而貽誤大局。

【解讀】

此節是對上一節「立功」與「貪功」問題的進一步辨析。低級將領的目標就在於奮勇殺敵，攻城略地，其目標比較單一，基本不存在貪功問題。而高級將領則不一樣，他必須統籌全局，統一協調調度，切不可因貪小功而貽誤大局。

1.18〔註40〕打仗不慌不忙，先求穩當，次求變化，辦事無聲無臭（1），既要精到，又要簡捷。（增補曾國藩）

【注釋】

（1）無聲無臭（xiù）：臭：氣味。比喻沒有名聲，默默無聞。

【譯文】

打仗要不慌不忙，首先求穩妥，其次再講戰術變化。辦事不張揚，既要精細周到，又要簡單快捷。

〔註37〕費怒春注：《〈增補曾胡治兵語錄〉注釋》，青年書店，民國二十九年，第 22 頁。

〔註38〕《左傳·襄公二十四年》曰：「太上有立德，其次有立功，其次有立言，雖久不廢，此之謂三不朽。」

〔註39〕本節出自《胡林翼集》（二），嶽麓書社，1999 年，第 688 頁。

〔註40〕本節出自《曾國藩全集·家書一》，嶽麓書社，1985 年，第 365 頁。又見《曾國藩全集·詩文》，嶽麓書社，1986 年，第 113 頁。與家書內容略有不同，原文：「打仗不慌不忙，先求穩當，次求變化，辦事無聲無臭，既要老到，又要精明。」

【解讀】

這是曾國藩寫給其弟曾國荃的一幅對聯，文字內容看似平實，但若做到卻極難。沒有充足的智謀和膽識，以及豐富的戰場經驗，臨陣必然慌亂。做事要精細周到，或簡單快捷，都不難做到，但既要精到，又要簡捷，則非常不容易。因為精細周到就意味著費時費工，簡捷則難免粗枝大葉，兩者是相反的。若要兼顧，則要求既要認真負責，又要相當熟練。所謂「辦事無聲無臭」，似乎是極簡單的事，但《中庸》卻說「上天之載，無聲無臭，至矣！」意思是說，上天所行之事，是默默無聞、無聲無息的，但那卻是至高的境界。何以如此呢？《孟子·盡心上》說：「夫君子所過者化，所存者神，上下與天地同流。」君子所過之處，都會感化百姓，存留下神秘莫測的印記，其精神與天地一起運轉。這樣無聲無臭的境界，當然是極不容易達到的至高境界了。由此可見，要達到這樣的境界，意味著對將領需要有多高的要求。

蔣介石是這段語錄的編選者，他對此解讀說：

> 曾文正說：「辦事無聲無息，既要簡捷，又要精到。」所謂無聲無息，並不槁木死灰，乃是十分篤實，十分誠樸，自甘黯淡，絕不誇耀矜張的意思。我們要革命成功，要有自居於無名英雄的志氣，冒險犯難，視作平常，茹苦含辛，行所無事，這樣才能夠接近民眾，救濟人類，我們的革命事業，才是可大可久，我們的工作，才能持之以恆。總之，我們要事業成功，必須不間斷、不中輟，不達目的，決不終止，生活一天，力行一天，循著自然的道理，和人生的本務，埋頭做去。曾文正立志箴所說：「棄天而佚，是及凶災……一息尚存，永矢勿諼」，就是說我們要立志，就是要矢勤矢勇，不好辜負天賦，自甘荒佚。有恆箴更說得透徹，所謂「德業之不常，日為物遷，爾之再食，曾未聞減怨」，就是說你每日三餐普通飲食，倒不會失時，何以做事反要為外物所遷而間斷中輟呢？我們真要達到有志竟成的目的，就不可不以立志有恆自勉，這立志有恆，就是「天行健君子以自強不息」的真意。〔註41〕

蔣介石還以具體戰例進行解讀：

> 過去我們一般軍官，有一個毛病，就是開進到前線以後，他只

〔註41〕《總統蔣公思想言論總集·卷十六演講》，中國國民黨中央委員會黨史委員會，1984 年，第 153 頁。

要聽到前面有槍聲，或是得到一個土匪迫近的報告，他心裏就著急起來，因而一切處置亦多錯誤了。比方講，他帶了一團兵力做前衛，他遇了土匪，便慌忙起來，乃不顧他全團的九連兵力有否集結，亦不管他集結幾多兵力，只看見手下有幾多兵，他就帶著幾多兵去衝。他這種勇氣，固然不錯，但是這種不沉著、無計劃的戰鬥，實在是不智之至，你當一個軍官，若是單有一些血氣之勇，而無出奇致勝的智謀，結果只有徒然犧牲，貽誤全局。過去這種例子很多，就是這一次軍官團在廬山演習的時候，也曾發現這種毛病。以後我們一定要留心改正，各人一定要記得曾國藩所講的：「打仗不慌不忙，先求穩當，次求變化。」這句格言。無論遇著多少土匪，我們總不要慌忙。〔註42〕

而後，蔣介石又對所謂「先求穩當，次求變化」進行了詳細闡發：

我現在要告訴你們戰術上立於主動的要訣，就是曾國藩所講的：「打仗不慌不忙，先求穩當，次求變化。」我們無論帶了一排人在前方搜索，或警戒，無論帶了一團人做前衛或側術，我自己要能知道，無論到什麼地方，在與土匪接戰以前，總要先把手下的軍隊集結掌握起來，陣地鞏固起來，完妥一切布置，站穩自己的腳跟，所謂先立於不敗之地。如此，即使土匪來攻，就不是土匪來攻我們，乃是我們等著土匪來攻，這樣以逸待勞，以主待客，以靜制動，就是立主動地位了！我們站穩了腳之後，如果土匪不來攻的時候，那麼我們就可以再求變化了，或包抄，或迂迴、埋伏，利用一切可乘的機會，想種種方法來攻敵人，即所謂「次求變化」，亦就是「而後為敵之可勝」的道理，這樣也就是我們立於主動地位！不過我們在運用「先求穩當，次求變化」即先取守勢，然後易守為攻的戰術時，有一點非常緊要，就是兵力大小，要和你所擇的陣地的地形合度，一定要配備適當！如果你部隊少，而陣地太大，或配備不當，這樣仍是要失敗的，一定不能立於主動地位。所以你一定要依兵力的多少，察定良好的地形，配置於合度的陣地。〔註43〕

〔註42〕《總統蔣公思想言論總集·卷七專著》，中國國民黨中央委員會黨史委員會，1984年，第51～52頁。
〔註43〕《總統蔣公思想言論總集·卷十一演講》，中國國民黨中央委員會黨史委員

1.19〔註44〕儉以養廉，直而能忍。（增補曾國藩）

【譯文】

以節儉來培養廉潔品格，正直還需容忍和寬容。

【解讀】

廉潔是曾、胡反覆強調的對官員和將領的基本要求。對如何做到廉潔，曾國藩提出官員和將領要以節儉來培養廉潔。他在《勸誡州縣四條》和《勸誡委員四條》中分別提出：

> 崇儉樸以養廉：官廚少一雙之箸，民間寬一分之力。此外衣服飲食，事事儉約，聲色洋煙，一一禁絕；不獻上司，不肥家產。用之於己者有節，則取之於民者有制矣。〔註45〕

> 崇儉約以養廉：欲學廉介，必先知足。觀於各處難民，遍地餓殍，則吾輩之安居衣食，已屬至幸。尚何奢望哉？尚敢暴殄哉？不特當廉於取利，並當廉於取名。毋貪保舉，毋好虛譽，事事知足，人人守約，則氣運可挽回矣。〔註46〕

曾國藩認為，要學習廉潔，必須要知足。如何知足？就要與百姓、難民相比較。所謂「哀民生之多艱」，官廚少一個人吃飯，民間就寬裕一分之力。兩相對比，便知要知足、尚儉、守約。事事知足，人人守約，由此便可以改變社會風氣，挽回氣運。

「正直」無論如何都是將領的重要品質，但曾國藩這裡提出，僅有正直還不夠，還必須「直而能忍」，即要學會容忍和寬容。這一認識是來自曾國藩自己的深刻人生體驗。他在晚年回顧自己一生有三次「為眾人所唾罵」：一是在京為官的最後時期，為京師權貴所唾罵；二是在長沙期間被人所唾罵；三是在江西期間被人所唾罵。之所以遭到很多挫折，事事與他為難，曾國藩反思自己的問題，發現自己太自負，以聖賢自居，做事一味剛直、蠻幹。經過中間的家居兩年的「大悔大悟」，他的處世方式發生很大改變。他對弟弟們說：「兄昔年自負本領甚大，可屈可伸，可行可藏，又每見得人家不是。自從丁巳、戊午大悔大悟之後，乃知自己全無本領，凡事都見得人家有幾分是

　　　會，1984 年，第 542～543 頁。
〔註44〕本節出自《曾國藩全集・家書二》，嶽麓書社，1985 年，第 1058 頁。
〔註45〕《曾國藩全集・詩文》，嶽麓書社，1986 年，第 437 頁。
〔註46〕《曾國藩全集・詩文》，嶽麓書社，1986 年，第 439 頁。

處。」〔註47〕再度出山後，人們發現他待人變得和氣、謙虛了，更多了容忍和寬容。這樣的轉變使他後來的事業變得順利了許多。

1.20〔註48〕**為政之道，得人、治事二者並重。得人不外四事，曰廣收、慎用、勤教、嚴繩。治事不外四端，曰經分、綸合（1）、詳思、約守。（增補曾國藩）**

【注釋】

（1）經分、綸合：指分析和綜合。原意是治絲中的分開（整理絲緒）和撚合（編絲成繩），統稱經綸。

【譯文】

處理好政事關鍵有兩條：一是求得人才，二是管理事務，要兩者並重。求才不外乎四件事：廣泛延攬、謹慎使用、勤於教導、嚴格管束。管理事務和做事有四個要點：理出頭緒、統合各方、縝密思考、把守簡約。

【解讀】

曾胡之所以取得巨大事功，與其重視人才，手下人才濟濟有很大關係。曾國藩將人才視為國家強大的根本，他多次提到，國家之強，以得人為強。胡林翼也說：「亂天下者，不在盜賊而在人才不出，居人上者，不知求才耳。……得人者昌，失人者亡」。〔註49〕

曾國藩把其延攬人才、造就人才的經驗總結為四個方面：一是廣收，就是要廣泛網羅各種人才。有清一代幕府人才之盛，最突出的就是曾國藩幕府，容閎《西學東漸記》記載了這一盛況，他說：「當時各處軍官，聚於曾文正大營中者，不下兩百人，大半皆懷其目的而來。總督幕府中亦有百人左右。幕府外更有候補之官員、懷才之士子。凡法律、算學、天文、機器等專門家，無不畢集，幾於舉全國人才之精華，彙集於此。是皆曾文正一人之聲望道德，及其所成就之功業，足以吸引之羅致之也。文正對於博學多才之士，尤加敬禮，樂與交遊。」〔註50〕因此，曾國藩的幕府實際上就是一個各

〔註47〕《曾國藩全集·家書二》，嶽麓書社，1985年，第1317頁。

〔註48〕本節出自《曾國藩全集·日記二》，嶽麓書社，1988年，第740頁。

〔註49〕《胡林翼集》，嶽麓書社，1999年，第202頁。

〔註50〕容閎：《西學東漸記》，嶽麓書社，1985年，第110頁。

種人才匯聚的大本營。據薛福成記載，曾國藩的幕府人才，其種類可以分為：謀略人才、作戰人才、軍需人才、文書人才、吏治人才、文教人才、製造人才等，各種人才可謂應有盡有。二是慎用。在曾國藩看來，所謂慎用，就是要知人善任，用人所長，使人人能盡其用，用盡其才。他多次指出，收攬人才要儘量的廣泛，凡是有一技之長的都可廣為延攬；用人之時，則要慎之又慎，唯恐所用非人，用非所長。三是勤教，就是要勤於教導和培養人才。曾國藩強調：「人材以陶冶而成，不可眼孔太高，動謂無人可用。」（本書 2.2）又說：「天下無現成之人才，亦無生知之卓識，大抵皆由勉強磨煉而出耳。」〔註51〕所以，人才不是現成的、完美的，都需要一個學習、磨煉、提高的過程。四是嚴繩，即嚴格管理，建立完善的規章制度，並予嚴格執行，使人人遵守。關於求得人才，曾國藩在之前也曾說過「求人之道三端，曰訪察，曰教化，曰督則」〔註52〕，這個說法與後來提出的「廣收、慎用、勤教、嚴繩」四部曲是完全一致的，但後出的「四事」顯然是對「三端」說的完善和精確。

　　所謂治事，就是管理事務和做事，曾國藩也提出四個方面：經分、綸合、詳思、約守。經分和綸合，原是治絲當中的兩個過程，統稱經綸。一是整理絲縷、理出絲緒，即把蠶絲分開；二是編絲成繩，即把分好的蠶絲撚合在一起。由此，可以將治絲的經分和綸合，引申為做事當中的分析和綜合。詳思，就是縝密思考。孔子有「君子有九思」之說，「君子有九思：視思明，聽思聰，色思溫，貌思恭，言思忠，事思敬，疑思問，忿思難，見得思義。」（《論語·季氏》）把人的言行舉止的各個方面都考慮到了，可以作為詳思的參照。約守，就是要把握簡約的原則。西方思想上有著名的「奧卡姆剃刀定律」，主張思維經濟原則，奉行簡單有效原理，要求剃掉一切繁瑣。強調「若無必要，毋增實體」，要求不要浪費較多東西去做用較少的東西同樣可以做好的事情。曾國藩的「約守」原則與此類似。在提出治事「四端」說之前，曾國藩也有過治事「三端」說，即「其治之之道三端，曰剖晰、曰簡要、曰綜覈」。「四端」同樣是對「三端」說法的完善。其「剖晰、綜覈」相當於後來的「經分、綸合」，「簡要」相當於「約守」。曾國藩曾對三端說的每一方面都有詳盡的解釋，有助於對四端說的相應方面的理解。他說：「剖晰者，如治骨角者之切，如治玉

〔註51〕《曾國藩全集·詩文》，嶽麓書社，1986年，第441頁。
〔註52〕《曾國藩全集·日記一》，嶽麓書社，1987年，第516頁。

石者之琢。每一事來，先須剖成兩片，由兩片而剖成四片，由四片而剖成八片，愈剖愈是絕，愈剖愈細密，如紀昌之視虱如輪，如庖丁之批隙導窾，總不使有一處之顢頇，一絲之含混。簡要者，事雖千端萬緒，而其要處不過一、二語可了。如人身雖大，而脈絡針穴不過數處，萬卷雖多，而提要鉤元不過數句。凡御眾之道，教下之法，易則易知，簡則易從，稍繁難則人不信不從矣。綜覈者，如為學之道，既日知所亡，又須月無忘其所能。每日所治之事，至一月兩月，又當綜覈一次。軍事、吏事，則月有課，歲有考；餉事，則平日有流水之數，數月有總匯之帳。總以後勝於前者為進境。」〔註 53〕

在延攬人才方面，蔣介石受曾國藩、胡林翼影響很大。他說：「曾文正公一生得力處就在於『知人善任』四個字。……古來成功事業的人，無不在識別人才選任人才上來努力用工夫。」〔註 54〕又說：

> 古人說：「為政在人」，「無競惟人」，「得人者昌」，又說「選賢任能」，所以得人又是一切事業最緊要的前提。如果我們用得其人，任何事情，無不輕而易舉，不得其人，便勞而無功，甚至反使事情弄壞，倒不如不做為好。我們做主管或幹部的人，在用人之際，更不可不知所審擇；這不僅關於個人事業的成敗，實在關於社會國家的興衰存亡。曾文正公謂：「得人之道，不外四事：廣收，慎用，勤教，嚴繩」；這就是說先訪賢能的人愈多愈好，訪察清楚之後便慎重選用，又以人不能求備，登用之後，隨時要勤於訓練他，並且嚴格的督率他，使他能盡職成材；至於取人的標準，胡林翼說得很好：「事無大小，推誠相與，諮之以謀而觀其識，告之以禍而觀其勇，臨之以利而觀其廉，期之以事而觀其信，知人任人，不外是矣」；至於曾文正所說：「有操守而無官氣，多條理而少大言」，尤為簡單扼要之論。〔註 55〕

蔣介石在曾、胡用人理念的基礎上，進一步提出用人者本身「有沒有用人的資格」的問題，即對用人者自身的素質也提出了要求，強調用人者必須修身，「要得人，必先修己」，這無疑是對用人理論的深化。他說：

〔註 53〕《曾國藩全集·日記一》，嶽麓書社，1987 年，第 516～517 頁。
〔註 54〕《總統蔣公思想言論總集·卷十八演講》，中國國民黨中央委員會黨史委員會，1984 年，第 433 頁。
〔註 55〕《總統蔣公思想言論總集·卷十三演講》，中國國民黨中央委員會黨史委員會，1984 年，第 427 頁。

　　此外我們用人最要緊的還看他有沒有國家民族的觀念和為社會國家服務與犧牲的精神；這都是我們用人所最應注意考察的事情。但人才並不怕沒有，也不怕我們不知用，最怕不樂為我們所用；因為真正的人才，不是拿多少錢就可以誘致他的，也不是利用勢力就可以強迫他的；根本的前提，就在我們本身有沒有用人的資格；如果我們自己是人格高尚，公忠體國，人家當然向風慕義，樂為所用；所謂「德明威積，海內之民，莫不願得以為君師」；如果我們自己沒人格，自私自利，那麼，那怕你有才有能，有錢有勢，人家還是看不起而羞與為伍；小人所聚，君子必棄，賢能既遠，貪鄙無厭；一個人如果到了這種情形，還有不失敗的嗎？所以我們能否成功事業，完全在平時能否得人；而能否得人，又全在我們自己能否修身。我們一個人只有一個頭腦兩個眼睛十個手指，無論心思、才力，都極有限，一切事情，不是那一個人所能做成；所以我們要辦好事，非多找人相助來做我們的耳目手足不可。而要得人，必先修己。所以我們做主管或幹部的人，最緊要的一件事情，就是修身。如果今天在座的兩千同志能夠團結一致，將來散在社會各方面分工合作，我們至少就等於每個人有四千個耳目手足，做事的力量就至少可以增加兩千倍。如果大家再能夠修身，每個人再找得一百個好人相助，聯合起來就有二十萬好人，有四十萬個健全的耳目手足散在社會各方面共同努力。再進一層講，如果我們自己和所用的一切人都能修身，有道德有學問有才能，誠心為民，赤心為國，一般民眾自然而然佩服我們；歸向我們，荀子所謂：「近者謳歌而樂之，遠者竭蹶而趨之，四海之內若一家，通達之屬莫不從服」；如此不僅可以得人來幫助我們做事，更可由此而得民心，使全國民眾都相信我們幫助我們，那這種力量還了得！用這種力量來做事業，救國家，那還有不成功的道理！〔註56〕

右論將材之用。

　　（以上各節內容主要是針對將領素質的一些具體要求和例證，蔡鍔稱之為「將材之用」。）

〔註56〕《總統蔣公思想言論總集・卷十三演講》，中國國民黨中央委員會黨史委員會，1984年，第427～428頁。

■蔡鍔按：古人論將有五德，曰：智、信、仁、勇、嚴，取義至精，責望至嚴。西人之論將，輒曰「天才」(1)。析而言之，則曰所持天賦之智與勇。而曾、胡公之所同唱者，則以為將之道，以良心血性為前提，尤為扼要探本之論，亦即現身之說法。咸、同之際，粵寇蹂躪十餘省，東南半壁，淪陷殆盡。兩公均一介書生，出身詞林(2)，一清宦(3)，一僚吏(4)，其於兵事一端，素未夢見。所供之役，所事之事，莫不與兵事背道而馳。乃為良心、血性二者所驅使，遂使其「可能性」發展至於絕頂，武功爛然，澤被海內。按其事功言論，足與古今中外名將相頡頏(5)，而毫無遜色，得非精誠所感，金石為開者歟！苟曾、胡之良心血性，而無異於常人也，充其所至，不過為一顯宦，否則亦不過薄有時譽之著書家，隨風塵以殄瘁(6)已耳。復何能崛起行間，削平大難，建不世之偉績也哉！

【注釋】

（1）「古人論將……天才」句：古人論將有五德之說，源於《孫子兵法·計》，曰：「將者，智、信、仁、勇、嚴也。」所謂西人之論將，輒曰天才之說，源自克勞塞維茨《戰爭論》第一卷第一篇的第三章《軍事天才》。

（2）詞林：翰林或翰林院的別稱。曾、胡二人都是翰林出身。

（3）清宦：顯貴的官職。

（4）僚吏：屬吏；屬官。屬下的官吏。

（5）頡頏（xié háng）：不相上下，互相抗衡。

（6）殄瘁（tiǎn cuì）：凋謝；枯萎。

【譯文】

蔡鍔按：古人評價將領有五種德行，即：智、信、仁、勇、嚴，取義極為精確，責任和期望都有很高標準。西方人評論將領，則稱「天才」，分析其內涵，乃是指其天賦的智慧和勇氣。而曾國藩、胡林翼二公，共同倡導的則是：將領應當以良心血性為首要前提。這真是既簡明扼要，又深刻根本的論斷，也是他們自身的經驗總結。咸豐、同治之際，粵寇太平軍踐踏東南十幾個省，半壁江山都遭淪陷。曾、胡二公都是一介書生，翰林出身，一個在京為官，一個在地方做官，對於領兵打仗的事情，恐怕做夢也沒想到。平時所從事的職業，所做的事情，與軍事完全不相干。只是因為被良心、血性所驅使，使其潛

在的軍事才能發揮到極致，建立不朽功勳，惠及天下。他們在「立功」「立言」上之不朽，足與古今中外的名將相提並論，絲毫不遜色。這難道不是精誠所至，金石為開的最好例證嗎！如果曾、胡二公的良心、血性與常人無異，其成就充其量不過是成為一個高官顯貴，或者是成為一個稱譽一時的著書家，隨著時間推移而淹沒，又如何能在軍旅中脫穎而出，平定天下大難，建立不朽之豐功偉業呢！

【解讀】

《孫子兵法・計篇》稱：「將者，智、信、仁、勇、嚴也。」這五德，孫子認為作為將帥是必須具備的。曹操注曰：「將宜五德備也。」梅堯臣注曰：「智慧發謀，信能賞罰，仁能附眾，勇能果斷，嚴能立威。」〔註57〕宋代兵書《武經總要・前集・選將》稱：「非智不可以料敵應機，非信不可以訓人率下，非仁不可以附眾撫士，非勇不可以決謀合戰，非嚴不可以服強齊眾。」

孫子所謂「五德」，其中「智、仁、勇」是《中庸》所謂的「三達德」，被認為是人人所應有的德性，是儒家人格的基本標準。朱熹在《中庸章句》中說：「知仁勇三達德為入道之門。故於篇首，即以大舜、顏淵、子路之事明之。舜，知也；顏淵，仁也；子路，勇也：三者廢其一，則無以造道而成德矣。」朱熹指出智、仁、勇三達德為入道之門，而且三者缺一不可，否則無以提高道德修養而成就德性。清初大儒顏元以實例說明智仁勇三達德為人人所應有的德性，他說：「『三達德』上自天子，下至庶人，大而謀王定國，小而莊農商賈，都缺他不得。試觀漢高祖、張文成便是知不惑，蕭文終便是仁不憂，韓淮陰便是勇不懼，缺一不成西漢二百年世道。後漢昭烈孔明知也，蔣、費仁，關、張勇，缺一不成鼎足事業。遞至百職之居官，學者之進德，農成佳禾，商聚財貨，都須一段識見、一段包涵、一段勇氣，方做得去。」〔註58〕顏元明確指出，從貴為天子，到一般老百姓；從謀取王業、安定國家的大事，到農民商販的生活瑣事，都離不開這三達德。他舉例說，漢代的劉邦、張良是智不惑，蕭何是仁不憂，韓信是勇不懼，缺一不成西漢二百年功業。三國諸葛亮是智，蔣琬、費禕是仁，關羽、張飛是勇，缺一不成三足鼎立事業。以此類推，官員的做官、學者的進德、農民的好收成、商人的聚財，都需要有具有一定的智、仁、勇，方能做得到。也就是說，人無論貴賤，事無論大小，要想達

〔註57〕《十一家注孫子》，中華書局，2012年，第8～9頁。
〔註58〕《顏元集》，中華書局，1987年，第202頁。

成目的，人人都需要具有智仁勇的品質。

智仁勇三達德是人格的基本標準，是人人所應有的德性，但畢竟與軍人的武德還有一定差別。蔣介石指出孫子「對於武德，除了智仁勇之外，特別要加上信與嚴二德，這是為的要實現智仁勇三大達德的功能，所以必須補充這二個條目，來充實我們軍人的武德」。〔註59〕

蔡鍔對於孫子的「五德」之說非常認同，認為是「取義至精，責望至嚴」。然後蔡鍔又指出西方評價將帥的標準，稱作「天才」，其內涵乃是天賦之智與勇。這個說法是源於克勞塞維茨的軍事名著《戰爭論》。《戰爭論》其中一章就是《軍事天才》，克勞塞維茨把天才理解為擅長某種活動的高超的精神力量，而軍事天才則是這些精神力量在軍事活動中和諧的結合。具體來說，他認為勇氣是軍人應該具備的首要品質。但他又說，如果我們進一步研究戰爭對軍人的種種要求，那麼就會發現智力是主要的。蔡鍔在介紹了中國古代傳統兵法和西方經典軍事理論對將帥的品質要求後，極力稱讚曾國藩、胡林翼所倡導的「為將之道以良心血性為前提」，稱其「尤為扼要探本之論」。他認為曾胡的「良心血性」之說，比起孫子的「五德」說，克勞塞維茨的「天才」說，更為簡明扼要、深刻根本。蔡鍔認為曾胡之所以取得巨大事功，乃是良心、血性所驅使的結果。因此，「良心血性」之說，是曾胡總結自身經驗，現身說法的結果，使得曾胡的說法更具有說服力。

此外，蔣介石對「智，信，仁，勇，嚴」之五德有完整的論述，謹錄於下：

> 講到尚武，並不只是講大家都要精習武藝，最重要的根本前提，還是要修養我們中國固有的武德。所謂「武」，並不是說有了一枝槍可以拿來隨便打人，或是有了一把劍可以拿來隨便殺人，就是武；也不是有了多少飛機大炮可以為所欲為，隨便用來轟炸人家，侵略人家，就是武；這只可說是野蠻的行為。真正的武，一定要以武德來做基礎。武德的內容，就是岳武穆所說「智、信、仁、勇、嚴」五種：
>
> 第一為「智」：所謂智，就是智慧學識之謂。即對於一切事物，有正確的理解，對於一切事情，可以臨機應變，立即想出因應咸宜

〔註59〕《總統蔣公思想言論總集・卷二十五》，中國國民黨中央委員會黨史委員會，1984年，第327～331頁。

的方法，這是做人尤其做軍人的第一個條件。否則，遇事不問是非，不顧利害，不識時勢，不知彼己，而亂說亂撞，一定要自取敗亡的。所以總理說：「軍人之智，在乎別是非，明利害，識時勢，知彼己」。並且「根本上又須合乎道義」，換言之，就是必以救國救民為出發點。至於智的來源，總理指示我們：「約言之，厥有三種：（一）由於天生者；（二）由於力學者；（三）由於經驗者。中國古時學者，亦有生而知之，學而知之，困而知之之說，與此略同」。現代世界，是兼弱攻昧鬥智不鬥力的世界，我們要想圖國家之生存發展，必須先注重智的修養。智的修養，就是創造武力和發揮武力的基礎。所以我們軍人首先要有智。如能充分發揮自己的聰明腦力，勤於研究學習，多求閱歷經驗，然後可以增才智而長見識，成功有勇知方的軍人。

第二為「信」：所謂信，就是誠信無欺的意思。古人講信一定又和義字相連，因為有信然後有義，有義必然有信。總之，信字是統一意志團結精神發揮力量的根本要素。如果大家投機取巧，以偽相接，結果必至彼此不能團結，甚至疑忌傾軋，變亂時生，而國家就要被人家滅亡；大家只有同歸於盡！所以我們無論上對下，下對上，同事對同事，同學對同學，一定要重信義，才能同心一德，團結一致，努力奮鬥，來完成國家的建設。

第三為「仁」：所謂仁，就是愛人與無私的意思，即為人類諸德的根本精神。在武德的次序中，剛好列在中間，成為武德最緊要的中心。我們革命以救國救民為目的，就是大仁的實行。所以我們打戰臨陣，必以仁存心，亦即以救國救民為出發點，不惜犧牲自己的一切，來和侵略我們國家，蹂躪我們人民的敵人作殊死戰，這種武力，才可謂為真正的武力。亦必須如此，然後可以產生最大的力量來克服敵人。所謂「仁者無敵」，這是一定的道理。如果有了武力，只為自己個人或自己打算，來侵略人家，壓迫人家，蹂躪人家，這就不算武力，只可說是野蠻！這樣霸道主義的黷武者，一定要為人群所共棄而自趨於滅亡。我們革命黨員革命軍人只有殺身以成仁，毋求生以害仁！而且「仁者必有勇」，我們自信以主義的力量，一定可以戰勝一切敵人，達到我們救國救民的目的。

第四為「勇」：所謂勇，就是不怕，孔子說：「勇者不懼」，就是這個意思。無勇當然不成其為武；但是我們革命者的勇，要如總理所謂「須為有主義有目的有知識之勇則可；否則逞一時之意氣，勇於私鬥，而怯於公戰，誤用其勇，害乃滋甚」！所以我們的勇，是「在乎成仁取義，為世界之大勇」。決不是無主義，無目的，無知識如所謂「暴虎憑河」之類的小勇，也不能以敵人一來壓迫我們，就不顧一切，毫無計劃的和他拼命而逞一時血氣之勇。所以我們的勇，必須本之於智與仁，亦即如總理所說第一必要者為長技能，第二要明生死。如此然後可以發揮「一以當十，一以當千」的力量。養勇之道，最要緊的，就是從平時養成堅忍的習性做起。古人所謂「小不忍，則亂大謀」，如果我們平時遇事不能堅忍，臨時一定更不能堅忍；不能堅忍，結果一定要失敗的。我們和敵人打戰，不是隨便的事情，不到最後不得已的時候，一定還要十分忍耐下去，按照各種計劃和步驟來完成一切的準備。到了最後山窮水盡實在迫於不得已的時候，便立定最大犧牲的決心，鼓起最大無畏的勇氣，以整個的力量對付敵人，這種醞釀極深，蓄積極厚，勃然而發的勇氣，才是真正的勇氣；以這種勇氣為基礎的武力，才可叫做真正的武力；有此武力，才可以制服敵人！譬如現在我們的力量不能達到華北，就只得忍耐加緊準備，準備沒有完成，就決不好隨便說打華北；我們的力量不能達到東四省，也決不好隨便唱高調要打東四省。我們革命黨對於自身的力量，一定要老老實實的檢討，凡事自己能行則能行，不能行則不能行；知之為知之，不知則不知。決不好以不能為能，不知為知，而憑一時血氣，冒昧從事。否則，勢必害了部下，害了國家，害了子孫！所以我們尚勇，一定要平時先養成堅忍不拔的心志，然後臨時可收艱難圖成的效果！這才是「有勇知方」的道理！

最後為「嚴」：所謂嚴，就是嚴格的意思。這是修己治人尤其馭下決不可少的緊要條件。我們做了革命黨的黨員和軍人，必須嚴以律己。無論思想精神，態度行動，都不好隨便苟且一點。持守於內，要做到主一無適；檢攝於外，要做到整齊嚴肅。大家如此，然後可以團結一致，成為有紀律有秩序有節制有精神的革命黨和革命軍，

可以擔負革命復興的重大責任！如果我們唯一負有救國救民使命的革命黨和革命軍還沒有紀律，沒有精神，和現在一般文學校的學生不明白自己的地位，不顧自己的力量，隨便亂叫亂鬧，不僅不能增加國力，反而足以斲喪國家的元氣，表現我們自己的弱點，使敵人更看輕我們，甚至予敵人以藉口的機會來壓迫我們，滅亡我們國家。現代的國民，都是守紀律的，現代的國家，都是有組織的。不守紀律的國民，便不成其為現代的國民；這種國民所構成的國家，便不成其為有組織的現代國家！這種國民和國家，當然要被人家欺侮侵略的！還有一層，嚴是嚴明的意思。嚴的反面就是優容姑息。胡林翼說：「優容實以釀禍，姑息非以明恩」，所以治軍之要，尤在賞罰嚴明，然後法立令行，一切因循泄沓，頹唐疲頑的風習，不致產生，而可望成為節制之師。這不過就軍隊而言，其他各機關學校，都應該如此，庶幾常常保持朝氣，不致由懈弛而趨於腐敗！

總之，「智，信，仁，勇，嚴」之五德，要為我們革命黨黨員和軍人所必具之基本精神，有了這種精神，然後可以講武，使武力能夠發生正大的效用，如此我們才可以成為健全的真正武人和革命黨的黨員！你們一般學生不要以為這五德只是軍人的武德；不關文事，其實不論文武，不分軍民，都應該具備武德，然後可以成為革命黨員，革命軍人與現代國民！只要我們大家都能具備武德，不怕敵人有多少飛機大炮來壓迫我們，我們總有一個時候可以收復失地，復興我們的國家，完成我們的革命！現在我們要想挽救國家，完成革命，就要反躬自問，看自己是否具備武德，如果還沒有這種修養，就要加緊修養。要曉得：一切一切的事情，其成敗的樞機，統統在我們自己的一心！只要我們能將此心修養健全，任何事情，都不怕不能成功！世界上根本沒有什麼敵人可怕！因此無論各機關的官長，政治學校的學生或軍官學校的學生都要明白這個道理。大家從今以後都要努力修養武德，才能完成我們的使命！尤其要知道：文武不可偏廢，必須兼備合一，才可造成健全的革命人才，負起救國建國的責任！要能如此，就必須從修養武德做起。今天高級班學員開學，一轉瞬間，就要畢業回到原部隊去訓練部下，所以現在要特別勉勵自己修養武德，將來更要使部下個個人都要具備

武德的修養，發揮「一以當十，一以當百」的精神和能力，如果能
夠這樣，便什麼敵人都可以打破，任何艱巨的革命事業，都可以完
成！〔註60〕

〔註60〕《總統蔣公思想言論總集・卷十三演講》，中國國民黨中央委員會黨史委員
會，1984年，第595～599頁。

第二章　用　人

【題解】

本章是對第一章的延續，第一章主要強調的是對將帥的要求，本章偏重於對中下級將領和士卒的要求，以及人才的轉移之道、培養之方、考察之法。曾國藩提出要戒官氣，而姑用鄉氣之人，注重人的內在品質，要用奪利不搶先，赴義怕落後的忠義之士。胡林翼強調要先擇將而後選兵，不能反其道行之。兵在精不在多，濫竽充數，有兵如無兵。提出性情懦弱圓熟者不可用，阿諛奉承者不可用，胸無實際、大言欺人者不可用。

2.1 〔註1〕今日所當講求，尤在用人一端。人材有轉移之道，有培養之方，有考察之法。（曾國藩）

【譯文】

當今應該重視的事情中，用人之事尤為重要。人材有使之潛移默化的方法，也有培養和考察的方法。

【解讀】

道光三十年三月初二，曾國藩上奏《應詔陳言疏》，強調用人之重要。提出人才「有轉移之道，有培養之方，有考察之法」，而且三者缺一不可。

所謂轉移之道，是指要有人才成長的風氣和環境。曾國藩指出，一個好的人才形成的氛圍，需要在上者以身作則，以轉移風化，使人皆知好學。曾

――――――――――

〔註1〕　本節出自《曾國藩全集·奏稿一》，嶽麓書社，1987年，第6頁。

國藩要求皇上「舉行逐日進講之例。四海傳播，人人向風。召見臣工，與之從容論難。見無才者，則勖之以學，以痛懲模棱罷軟之習。見有才者，則愈勖之以學，以化其剛愎刻薄之偏。十年以後，人才必大有起色。一人典學於宮中，群英鼓舞於天下。」曾國藩晚年任直隸總督時，專門為直隸舉子寫有《勸學篇示直隸士子》一文，提出「人才隨士風為轉移」，「有一二人好學，則數輩皆思力追先哲；有一二人好仁，則數輩皆思康濟斯民」。這與曾國藩早年時的用人理念是一以貫之的，也是對其理念的落實。

所謂培養之方，曾國藩認為有教誨、甄別、保舉、超擢四種主要手段。關於教誨，曾國藩說，上對下「一言嘉獎，則感而圖功；片語責懲，則畏而改過」。這便是教誨。關於甄別，曾國藩說：「榛棘不除，則蘭蕙減色；害馬不去，則騏驥短氣。」意思是要甄別賢者和不賢之人，並且要清除後者。保舉是舉賢者，超擢則是對賢者的破格提升，都是對賢者的提拔。

關於人才的考察之法，曾國藩在不同場合講到的非常多，這篇奏稿僅是曾國藩建議皇上的考察之法。他依據古代對官員「詢事考言」的辦法，即根據所做的事和所說的話進行查詢、考核，提出借奏摺考核人才，「使人人建言，參互質證」。

作為軍事統帥的蔣介石對用人極為重視，而且他對如何造就人才，提出了一整套系統的理念。指出：「根本在培育，其關鍵在考核，而其成敗則在任用。」他說：

> 古人說：「無競惟人」，這是一句人人皆知的格言，其中蘊積著最大的真理。打開歷史來看，自古興亡成敗，實決定於人才的得失和盛衰。《尚書》說：「不惟其官，惟其人」；《孟子》說：「不用賢則亡」，都是一針見血之論。古書上這一類精警的話，真是隨處可見。譬如《後漢書》上，有「政無大小，以得人為本」的訓示；范純仁有：「自古天下治亂，繫於用人」的垂教；高攀龍更有「政事本於人才，舍人才而言政者，必無政」的警語。這些微言大義，真把國家盛衰隆替的景象，說得何等透闢而深刻！

> 然而人才究竟如何造就？我以為其根本在培育，其關鍵在考核，而其成敗則在任用。三者之中，我以為考核一事，實為中心環節。因為有培育而無考核，則必失於泛；有任用而無考核，則必失於濫。故如何才可以使「賢者在位，能者在職」，任用適宜，我以

為捨考核之外，別無他途可循。今天我之所以要對大家講解這個人
才考核的問題，就是要使大家能夠把握「考核」這個中心環節，使
每一負領導責任的各級主管同志，均能得到用人惟才、才盡其用的
要領。

中國自古以來，無論其為中興或創業的成敗，都是以人才的得
失與多寡為轉移的。史籍中所記載的關於「知人」「識人」「用人」
的道理和事例，真是指不勝屈。其實千言萬語，都可歸結於一個考
核問題。如子思說：「聖人之官人，猶大匠之用木，取其所長，棄其
所短」。陸九淵說：「事之至難，莫如知人，事之至大，亦莫如知人；
誠能知人，則天下無餘事矣」。這是對於考核原理的啟示。荀子說：
「口能言之，身能行之，國寶也；口不能言，身能行之，國器也；
口能言，身不能行，國用也；口言善，身行惡，國妖也。治國者，
敬其寶，愛其器，任其用，除其妖」。司馬光說：「才德全盡，謂之
聖人；才德兼亡，謂之愚人；德勝才，謂之君子；才勝德，謂之小
人」。曾國藩說：「大概觀人之道，以樸實廉介為質，有其質，而更
傅以他長，斯為可貴，無其質，則長處亦不足恃」。這是對於考核標
準的衡定。

至於考核方法的昭示，更是史不絕書。如「知人之道有七焉：
問之以是非而觀其志，窮之以詞辯而觀其變，諮之以計謀而觀其識，
告之以禍難而視其勇，醉之以酒而視其性，臨之以利而觀其廉，期
之以事而觀其信」（諸葛孔明語）。又如「知人有三：知人之短，知
人之長，知人短中之長，知人長中之短。用人有二：用人之長，避
人之短。教人有二：成人之長，去人之短」（經世文編）。只要你們
真正懂得古人考核人才的原理原則，把握得住以上這些規矩繩墨，
那你們就必能知人善用，成功創業了。〔註2〕

蔣介石認識使用人才的關鍵是考核，為此他還特意編選了歷代觀察和考
核人才的名家名言：

知人有八徵：一曰問之以言，以觀其辭。二曰窮之以辭，以觀
其變。三曰與之間謀，以觀其誠。四曰明白顯問，以觀其德。五曰

〔註2〕《總統蔣公思想言論總集‧卷二十六演講》，中國國民黨中央委員會黨史委員
會，1984年，第415～417頁。

使之以財，以觀其廉。六曰試之以色，以觀其貞。七曰告之以難，以觀其勇。八曰醉之以酒，以觀其態。八微皆備，則賢不肖別矣。（呂望：見《六韜》選將篇）

口能言之，身能行之，國寶也；口不能言，身能行之，國器也；楊倞注：如器物，雖不言而有行也。口能言，身不能行，國用也；楊倞注：國賴其言而用也。口言善，身行惡，國妖也。治國者，敬其寶，愛其器，任其用，除其妖。（荀卿：見《荀子》）

知人之道有七焉：問之以是非而觀其志，窮之以詞辯而觀其變，諮之以計謀而觀其識，告之以禍難而觀其勇，醉之以酒而觀其性，臨之以利而觀其廉，期之以事而觀其信。（諸葛亮：見諸葛武侯《心書》）

貴則觀其所舉，富則觀其所養，居則觀其所好，習則觀其所言，窮則觀其所不受，賤則觀其所不為；因其材以取之，審其能以任之，用其所長，揜其所短。（魏徵：見《貞觀政要》）

相人之術有三：迫之以利而審其邪正，設之以事而察其厚薄，問之以謀而觀其智與不才，賢不肖分矣。（李翱：見《李文公集》）

才德全盡，謂之聖人；才德兼亡，謂之愚人；德勝才，謂之君子；才勝德，謂之小人。凡取人之術，苟不得聖人君子而與之，與其得小人，不若得愚人；何則？……愚者雖欲為不善，智不能周，力不能勝，譬之乳狗，雖欲搏人，人得而制之。小人智足以遂其奸，勇足以決其暴，是虎而翼者也，其為害豈不大哉！（司馬光：見《資治通鑒》）

任有七難：繁任要提綱挈領，宜綜覈之才；重任要審謀獨斷，宜鎮靜之才；急任要觀變會通，宜明敏之才；密任要藏機相可，宜周慎之才；疑任要內明外朗，宜駕馭之才。天之生人，各有偏長，國家之用人，備用眾長；然而投之所向，輒不濟事者，所用非所長，所長非所用也。（呂坤：見《仕學》正則）

取人之直恕其戇，取人之樸恕其愚，取人之介恕其隘，取人之敏恕其疏，取人之辯恕其肆，取人之信恕其拘。所謂人有所長，必有所短，可因短以見長，不可忌長以摘短。（王之鈇：見《五種

遺規》）

　　魏文侯擇相，李克曰：居視其所親，富視其所與，達視其所舉，窮視其所不為，貧視其所不取，五者足以定之矣。此言也，可以取友，可以延師，可以聯姻，可以薦士，可以聽言。（魏象樞：見《五種遺規》）

　　知人有三：知人之短，知人之長，知人短中之長，知人長中之短。用人有二：用人之長，避人之短。教人有二：成人之長，去人之短。（閻循觀：見《清朝經世文篇》）

　　大概觀人之道，以樸實廉介為質。有其質，而更傅以他長，斯為可貴；無其質，則長處亦不足恃。取人之道，有操守而無官氣，多條理而少大言。（曾國藩：見《曾文正公書札》）

　　古今成大業之人，必以人才為根本；古今人才之要，必以氣骨為根本。（胡林翼：見《胡林翼語錄》）

　　非知人不能善其任，非善任不能謂之知人；非開誠心布公道，不能盡人之心；非獎其長護其短，不能盡人之力；非用人之朝氣，不能盡其才；非令其優劣得所，不能盡人之用。（左宗棠：見《增補曾胡治兵語錄》注釋）〔註3〕

2.2 〔註4〕人材以陶冶而成，不可眼孔太高，動謂無人可用。（曾國藩）

【譯文】

　　人材都是通過鍛鍊、訓練而成的，不能眼界太高，動不動就說無可用之人。

【解讀】

　　曾國藩認為除了少數的「上智下愚」者之外，其他人的資質都是差不多的，能否有所成就，完全取決於教導的人。「教者高則習之而高矣，教者低則習之低矣。……皆視乎在上者一人之短長，而眾人之習隨之為轉移」〔註5〕。

〔註3〕《總統蔣公思想言論總集・卷二十七演講》，中國國民黨中央委員會黨史委員會，1984年，第20～23頁。

〔註4〕本節出自《曾國藩全集・日記一》，嶽麓書社，1987年，第422頁。

〔註5〕《曾國藩全集・日記一》，嶽麓書社，1987年，第422頁。

曾國藩這裡主要是提醒那些高官和將帥，要多檢討自己的才德是否足以轉移風化，不要總是慨歎沒人才，實際上是騎馬找馬，豈真無馬哉！

2.3〔註6〕竊疑古人論將，神明變幻，不可方物，幾於百長並集，一短難容，恐亦史冊追崇之詞，初非預定之品。要以衡材不拘一格，論事不求苛細，無因寸朽而棄連抱，無施數罟（1）以失巨鱗。斯先哲之恒言，雖愚蒙而可勉。（曾國藩）

【注釋】

（1）數罟（shù gǔ）：網眼細密的漁網。

【譯文】

我私下常常懷疑古人評論一些名將，稱其神秘莫測，無與倫比，幾乎是所有優長集於一身，沒有一點缺點。這恐怕是史書的溢美之詞，並非是起初就定下的將才標準。關鍵是衡量人才要不拘一格，評論事情不要太苛求，不要因一點朽壞就丟棄整棵大樹，不要總用細密的漁網以致池塘裏永遠沒有大魚可捕。這些先哲的至理名言，告訴我們，即使是對於愚昧無知的人也要勉勵他上進。

【解讀】

曾國藩是一個極富懷疑精神的人，從不輕信書本所言。他在本書的第四章十二節就曾狠批一些史書，對於軍事上的記載，完全是文人腦子裏的臆造，「不知甲仗為何物、戰陣為何事，浮詞偽語，隨意編造，斷不可信」（本書4.12）。這裡，他又懷疑書本上所說的一些名將，如何神乎其神、完美無缺，認為多是溢美之詞，是不可信的。曾國藩以書生帶兵，白手起家，其一切軍事認知都是從他帶兵打仗的切身體驗中來，歷經過實際戰陣的檢驗。因此，他的看法是很有說服力的。他強調人無完人，衡量人才要不拘一格，不要過於苛求，要用人所長。

2.4〔註7〕求人之道，須如白圭（1）之治生，如鷹隼之擊物，不得不休。又如蚨之有母（2），雉之有媒（3），以類相求，以氣相引，庶幾得一而可

〔註6〕本節出自《曾國藩全集・書信二》，嶽麓書社，1991年，第1021頁。
〔註7〕本節出自《曾國藩全集・書信二》，嶽麓書社，1991年，第1506～1507頁。

及其餘。大抵人材約有兩種，一種官氣較多，一種鄉氣較多。官氣多者，好講資格，好問樣子，辦事無驚世駭俗之象，言語無此妨彼礙之弊。其失也，奄奄無氣，凡遇一事，但憑書辦(4)家人之口說出，憑文書寫出，不能身到、心到、口到、眼到，尤不能苦下身段去事上體察一番。鄉氣多者，好逞才能，好出新樣，行事則知己不知人，言語則顧前不顧後。其失也，一事未成，物議先騰。兩者之失，厥咎惟均。人非大賢，亦斷難出此兩失之外。吾欲以「勞苦忍辱」四字教人，故且戒官氣，而姑用鄉氣之人。必取遇事體察，身到、心到、口到、眼到者。趙廣漢(5)好用新進少年，劉晏(6)好用士人理財，竊願師之。（曾國藩）（蔣介石眉批：辦事要旨）

【注釋】

（1）白圭：戰國時期著名商人，有「商祖」之譽。

（2）蚨之有母：晉干寶《搜神記》卷十三載，有一種小蟲，名青蚨，如果捉去其子蟲，母蟲就自動飛來，不管離得多遠都一樣。即使是偷偷地拿走，那母蟲也一定知道藏子蟲的地方。（「生子必依草葉，大如蠶子，取其子，母即飛來，不以遠近，雖潛取其子，母必知處。」）

（3）雉之有媒：雉，野雞。獵人馴養的用來招引野雉的雉，叫做雉媒。

（4）書辦：掌管文書的屬吏。

（5）趙廣漢：西漢名臣，執法不避權貴，以強力手段處置豪門權貴。

（6）劉晏：唐代著名經濟改革家、理財家。

【譯文】

網羅人才，要像「商祖」白圭一樣管理的他的營生，像鷹隼俯衝捕捉獵物一樣，不得到誓不罷休。又像蚨蟲，無論在那裡其母總能找到它；又像野雉，總有雉媒能招引到它。只要這樣能以同類相求，以同氣相吸引，差不多得到了一個就可以招來其餘的。一般來說，大致有兩種人：一種官氣較重，一種鄉氣較重。官氣重的人，好講資格，好擺架子，辦事平平常常，無驚世駭俗之舉。說話周到，無彼此妨礙的弊端。這種人的缺點是缺少振作之氣，遇到事情，總是由掌管文書的下屬和家人傳達，根據公文寫出。不能身到、心到、口到、眼到，更做不到放下架子，深入實地考察。鄉氣重的人，好逞能，出花樣，做事顧自己不顧他人，說話顧前不顧後。這種人的缺點是，一事還

沒有辦成，已經鬧得滿城風雨，議論紛紛。兩種人的缺點相較可謂半斤八兩。人非聖賢，誰也無法避免這兩種缺陷。我想用「勞苦忍辱」這四字教化世人，所以暫且不用官氣之人，而用鄉氣之人。選取那些遇事能夠深入體察，做到身到、心到、口到、眼到的人。漢代的趙廣漢喜歡重用新提拔的年輕人，唐代劉晏喜歡用讀書人來理財。我願意學習他們的用人之道。

【解讀】

在網羅人才上，曾國藩提到有兩種人，一種官氣較重，一種鄉氣較重。兩種人各有優缺點，但比較起來曾國藩還是寧願選擇用鄉氣之人，認為這樣的人還可以用「勞、苦、忍、辱」進行教化。他強調：「取人之式，以有操守而無官氣，多條理而少大言為要。」「凡官氣重，心竅多者，在所必斥」，主張「軍營宜多樸實少心竅之人，則風氣易於醇正」（本書4.8）。曾國藩非常欣賞明朝戚繼光的募兵原則，即不用城市油滑之人，首先招募鄉野老實之人。他要求「募格須擇技藝嫻熟，年輕力壯，樸實而有農夫土氣者為上。其油頭滑面，有市井氣者，有衙門氣者，概不收用」〔註8〕。他認為，「大抵山僻之民多獷悍，水鄉之民多浮猾；城市多遊惰之習，鄉村多樸拙之夫。故善用兵者嘗好用山鄉之卒，而不好用城市近水之人」〔註9〕。胡林翼招募士兵原則與曾國藩的看法如出一轍，他也非常認同戚繼光的做法，說：「戚南塘（指戚繼光）選兵，不用城市而用鄉農，用意最精。」〔註10〕「勇丁以山鄉為上，近城市者難用，性多巧猾也。」〔註11〕

曾國藩主張重操守、輕官氣以及身到、心到、眼到、手到、口到的選將要求，就是儘量捨棄一切官氣重、心竅多、浮滑取巧之人，而選用那些能夠耐勞實幹、不浮誇虛飾者為將。何謂「身到、心到、眼到、手到、口到」？他作了詳細闡發，「辦事之法，以『五到』為要。五到者：身到、心到、眼到、手到、口到也。身到者，如作吏則親驗命盜案，親巡鄉里；治軍則親巡營壘，親探賊地是也；心到者，凡事苦心剖晰，大條理、小條理、始條理、終條理，理其緒而分之，又比其類而合之也；眼到者，著意看人，認真看公牘也；手到者，於人之長短，事之關鍵，隨筆寫記，以備遺忘也；口到者，使人之事，既

〔註8〕《曾國藩全集·詩文》，嶽麓書社，1986年，第463頁。
〔註9〕《曾國藩全集·奏稿一》，嶽麓書社，1987年，第448頁。
〔註10〕《胡林翼集》二，嶽麓書社，1999年，第63頁。
〔註11〕《胡林翼集》二，嶽麓書社，1999年，第167頁。

有公文，又苦心口叮囑也。」〔註12〕

蔣介石將曾國藩的擇才標準歸納為「德」「才」兩個方面，並對其觀人之法予與肯定，認為不同於一般的相面術士。他說：

> 從前曾國藩選拔人才有二句話做標準，就是「有操守而無官氣，多條理而少大言」，他所謂「有操守」就是「德」；「多條理」就是「才」。至於「才」「德」二項的比例，也是值得注意的；司馬光說：「德餘於才謂之君子；才餘於德謂之小人。」可見才高德薄的人，是從來不受重視的。因此我們取人，如果他是才德並茂，當然是最理想的人才，否則寧願拔擢德高於才，剛毅木訥的人選。

> 去年在報上看到一篇小品文，題為「曾國藩之冰鑒」。按曾氏全集裏面，沒有把《冰鑒》編入，從這裡我們可以看出這篇文字的大意。曾國藩平生嘗以「宏獎人才」自期許，事實上他確已做到「知人善任」的地步，又因為他從前在翰林院供職甚久，無書不讀，因得儘量參閱前人有關的著述，復根據其本身親歷的經驗，著為《冰鑒》七篇，以作為他自己平日觀人的參考。當然在現在的時代，關於人的考核，有各種實用的科學方法，自不能照他在這書裏面所說的來作取人的標準，但他是歸納若干的實際觀察經驗，與一般術者的臆測不同，自不失為一種初步的觀人方法。〔註13〕

2.5〔註14〕一將豈能獨理，則協理之文員武弁，在所必需。雖然，軟熟（1）者不可用，諂諛者不可用，胸無實際、大言欺人者不可用。（胡林翼）

【注釋】

（1）軟熟：性情柔和圓熟。《新唐書・忠義傳序》：「彼委靡軟熟，偷生自私者，真畏人也哉！」

【譯文】

一個將領很難獨自處理軍中各種事務，必須有協助管理的文武官員。儘管如此，那種懦弱圓熟、阿諛奉承、不切實際、大話連篇的人也不能用。

〔註12〕《曾國藩全集・批牘》，嶽麓書社，1994 年，第 160 頁。
〔註13〕《總統蔣公思想言論總集・卷二十四演講》，中國國民黨中央委員會黨史委員會，1984 年，第 112～113 頁。
〔註14〕本節出自《胡林翼集》（二），嶽麓書社，1999 年，第 115 頁。

【解讀】

軟熟者，懦弱圓滑，偷生自私，沒有絲毫血性，只能使軍隊萎靡不振。諂諛者，專事阿諛逢迎，敗壞軍隊風氣。胸無實際、大言欺人者，成事不足，敗事有餘。這幾種人，對軍隊而言，有百害無一利，所以即使急需人手，也不能用此等人。

2.6〔註15〕**營官不得人，一營皆成廢物。哨官不得人，一哨皆成廢物。什長不得人，則十人皆成廢物。濫竽充數，有兵如無兵也。（胡林翼）**

【譯文】

任用營官不當，一營人都成廢物。任用哨官不當，一哨人都成廢物。任用掌管十人的什長不當，則十人都成廢物。總之，如果選拔軍官不注重才能，濫竽充數，則有兵和無兵沒什麼分別。

【解讀】

俗語「一將無能累死三軍」、「將熊熊一窩」之言，即是胡林翼所謂將官不得人的注腳。強調「兵在精不在多」〔註16〕「簡選精良」〔註17〕，是古代兵家軍隊建設的基本原則。《明實錄‧卷九十一》有一句話說的極為透徹：「兵貴精，多而不精，徒費食而不濟用。」招募士卒要求挑選至精，反對濫竽充數，是胡林翼的一貫原則。他說：「招練而不挑選至精，亦與無練同。」〔註18〕「練兵則必須挑選，定額本多，只須簡取十分之二，練成勁旅。」〔註19〕

2.7〔註20〕**選哨官、什長，須至勇至廉。不十分勇，不足以倡眾人之氣。不十分廉，不足以服眾人之心。（胡林翼）**（蔣介石眉批：至勇至廉）

【譯文】

選拔哨官、什長這一級別的軍官，必須非常勇敢和廉潔。不十分勇敢，

〔註15〕本節出自《胡林翼集》（二），嶽麓書社，1999年，第571頁。
〔註16〕《草廬經略‧卷五‧用寡》。
〔註17〕《呂氏春秋‧簡選》。
〔註18〕《胡林翼集》（二），嶽麓書社，1999年，第97頁。
〔註19〕《胡林翼集》（二），嶽麓書社，1999年，第79頁。
〔註20〕本節出自《胡林翼集》（二），嶽麓書社，1999年，第990頁。

便不足以振奮士氣。不十分廉潔，便不足以讓人心服口服。

【解讀】

蔣介石在此節眉批「至勇至廉」四字，以示對胡林翼說法的肯定，同時也是對此節內容的精確概括。「勇」與「廉」之重要，前面多有闡述，此處不再贅述。

2.8〔註21〕近人貪利冒功，今日求乞差使，爭先恐後，即異日首先潰散之人。屈指計之，用人不易。（胡林翼）

【譯文】

現在的人貪圖利益，虛誇功績，今天為求得一個差使爭先恐後，明天就是第一個從戰場上潰敗的人。屈指一算，用人確實不易。

【解讀】

《史記·貨殖列傳》曰：「天下熙熙，皆為利來；天下攘攘，皆為利往。」為了利益而爭先恐後之人，在不僅沒有了利益，甚至還存在危險之時，還能指望其有所擔當嗎？用人首先在於識人，所謂知人善任，用其所長，避其所短，的確不易。

2.9〔註22〕人才因求才者之智識而生，亦由用才者之分量而出。用人如用馬，得千里馬而不識，識矣而不能勝其力，則且樂駑駘（1）之便安，而斥騏驥（2）之偉駿矣。（胡林翼）

【注釋】

（1）駑駘（nú tái）：劣馬。

（2）騏驥：千里馬。

【譯文】

人才的產生，往往是由求才者的智慧和見識所決定的，也與用才者的差異有關。用人好比用馬，得到千里馬而不認識，認識了卻不能盡其才，發揮其潛力，更樂於劣馬的便利安穩，而拒絕千里馬之高大駿馳。

〔註21〕本節出自《胡林翼集》（二），嶽麓書社，1999 年，第 126 頁。
〔註22〕本節出自《胡林翼集》（二），嶽麓書社，1999 年，第 292 頁。

【解讀】

韓愈《馬說》稱：「世有伯樂，然後有千里馬。千里馬常有，而伯樂不常有。故雖有名馬，只辱於奴隸人之手，駢死於槽櫪之間，不以千里稱也。」胡林翼說，「得千里馬而不識」，便是這種情況。但胡林翼還說了另外一種情況，就是認識千里馬，卻拒絕使用。前者是由於求才者智慧和見識低劣造成，後者則是由於使用者能力所限，擔心無法駕馭人才，甚至嫉妒人才，而棄之不用。由此可見，人才得以盡其才之難！

2.10〔註23〕古之治兵，先求將而後選兵。今之言兵者，先招兵而並不擇將。譬之振衣者，不提其領而挈其綱，是棼(1)之也，將自斃矣。（胡林翼）

【注釋】

（1）棼（fén）：紛亂。

【譯文】

古人治兵，先求將領，而後才選士兵。今人論兵，先招士兵，並不挑選良將。這好比是想抖落衣服灰塵，不去提衣領，擎關鍵，結果是混亂不堪，自取滅亡。

【解讀】

在清朝八旗和綠營兵制下，兵與兵不相知，將與將不相習，組織鬆散，兵不受約束，不聽調遣的現象屢有發生。以曾國藩、胡林翼為首的湘軍，採取「兵由將招」的募兵方式。具體招募順序是，大帥招將領，將領招統領，統領招營官，營官招哨弁，哨弁招什長，什長招勇丁。一級招一級，下一級只對上一級負責。「兵為將有」是這種募兵方式的直接結果。一級服從一級，實現了號令統一，調度指揮的靈活，戰鬥力大大增強。湘軍制度之盛行，成為清朝兵制的一大變革。

2.11〔註24〕無兵不足深憂，無餉不足痛哭，獨舉目斯世，求一攘(1)利不先，赴義恐後，忠憤耿耿者，不可亟得。此其可為浩歎也。（增補曾國藩）

〔註23〕本節出自《胡林翼集》（一），嶽麓書社，1999年，第201～202頁。
〔註24〕本節出自《曾國藩全集・書信一》，嶽麓書社，1990年，第105頁。

【注釋】

（1）攘：奪。

【譯文】

沒有兵不必過於憂慮，沒有餉銀也不必痛苦。唯獨放眼世界，找一個奪利不搶先，赴義怕落後的忠義憤激、忠心耿耿的人而不可得。這才是讓人深深可歎之事。

【解讀】

在一般人看來，士兵和軍餉是軍隊的命脈，但曾國藩卻認為，缺兵、少餉並不是最值得憂慮和痛苦的事。他最憂慮和痛苦的是，找不到有品格擔當的人。這個品格實際上就是曾胡念茲在茲的「良心血性」四字。

2.12 〔註25〕**專從危難之際，默察樸拙之人，則幾矣。（增補曾國藩）**

【譯文】

專門從危難之際，默默觀察哪些是樸拙實幹之人，這樣就差不多能發現真正的人才了。

【解讀】

「樸拙之人」，指樸實淳厚的人，與「巧進之士」相對。蘇軾《上神宗皇帝書》有「樸拙之人愈少，而巧進之士益多」之語。在危難之際，投機取巧之士，總會想方設法逃避，而樸拙之人則大多能保持常態來應對。因此，曾國藩強調要在危難之際觀察人。

2.13 〔註26〕**人才非困阨則不能激，非危心深慮則不能達。（增補曾國藩）**

【譯文】

人才不在困苦之中則不能激發鬥志，不心存戒懼、深思熟慮就不能通達。

【解讀】

司馬遷《報任安書》曰：「文王拘而演《周易》，仲尼厄而作《春秋》。屈

〔註25〕本節出自《曾國藩全集‧書信四》，嶽麓書社，1992 年，第 2531 頁。
〔註26〕本節出自《曾國藩全集‧書信十》，嶽麓書社，1994 年，第 7448 頁。

原放逐，乃賦《離騷》。左丘失明，厥有《國語》。孫子臏腳，《兵法》修列。不韋遷蜀，世傳《呂覽》。韓非囚秦，《說難》《孤憤》。《詩》三百篇，大抵聖賢發憤之所為作也。」司馬遷舉周文王、孔子、屈原、左丘明、孫臏、呂不韋、韓非等古聖先賢，處於困厄之中的事例以及《詩經》說明，人才在困境之中，能危心深慮，激發鬥志，通達事理，造就人格。

《孟子·告子下》曰：「天將降大任於是人也，必先苦其心志，勞其筋骨，餓其體膚，空乏其身，行拂亂其所為，所以動心忍性，曾益其所不能。」《孟子·盡心上》曰：「獨孤臣孽子，其操心也危，其慮患也深，故達。」司馬遷和孟子的這兩段文字是對曾國藩此語的最好注解。

2.14〔註27〕非知人不能善其任，非善任不能謂之知人；非開誠心布公道，不能盡人之心；非獎其長、護其短，不能盡人之力；非用人之朝氣，不能盡人之才；非令其優劣得所，不能盡人之用。（增補左宗棠）

【譯文】

不知人，用人則不能適宜得當；用人不能適宜得當，則不能說知人；不能開載布公，則不能盡知人心；不能獎勵人之所長，庇護人之所短，則不能使人盡己之力；不能充分調動、發揮人的朝氣，則不能說是盡人之才；不能使人的優劣之處各得其所，則不能說充分發揮了人的作用。

【解讀】

這段話是整部《曾胡治兵語錄》中由蔣介石增補的左宗棠言論之一。

左宗棠對知人善任的標準，要求的非常高。不僅只有知人，才能善任，而且只有善任，才算是知人。一般用人做到用其所長，避其所短，就已經很好了。他還要求「護其短」，其目的是為了調動人的積極性，最大限度地盡人之用。不僅要盡人之才，還要盡人之力，甚至盡人之氣，讓人才的作用發揮到極致。

■蔡鍔按：曾公謂人才以陶冶而成，胡公亦曰人才由用才者之分量而出，可知用人不必拘定一格。而薰陶裁成之術，尤在用人者運之以精心，使人人各得顯其所長，去其所短而已。竊謂人才隨風氣為轉移，居上位

〔註27〕本節出自《左宗棠全集》（第10卷），嶽麓書社，2009年，第211頁。

者有轉移風氣之責（所指範圍甚廣，非僅謂居高位之一二人言。如官長居目兵(1)之上位，中級官居次級官之上位也），因勢而利導，對病而下藥，風氣雖敗劣，自有挽回之一日。今日吾國社會風氣敗壞極矣，因而感染至於軍隊，以故人才消乏，不能舉練兵之實績。頹波浩浩，不知所屆。惟在多數同心共德之君子，相與提挈維繫，激蕩挑撥，障狂瀾使西倒，俾善者日趨於善，不善者亦潛移默化，則人皆可用矣。

【注釋】

（1）目兵：士兵中的小頭目。

【譯文】

蔡鍔按：曾國藩說人才都是通過陶冶鍛鍊而成，胡林翼也說人才由用才者的差異所決定，可知用人不必拘於一種方式。陶冶和培育人才的方法，關鍵在於用人者精心規劃，使得人人都用其所長，避其所短。我認為人才是會隨著社會風氣而轉移的，位居高位者有轉移社會風氣的責任（居上位者所指的範圍很廣，不僅僅是位居高位的一兩個人，而是指所有的相對位高者。如在士兵之上的官長，在低級軍官之上的中級軍官）。如果能因勢利導，對症下藥，風氣雖然已經敗壞，但仍有挽回的一天。今天我國的社會風氣已經敗壞到了極點，甚至影響到了軍隊，導致人才匱乏，不能收練兵之實效。世風日益頹壞，不知何時是盡頭。唯有依賴志同道合的有識之士，互相扶持，激發鼓勵，挽狂瀾於既倒，使好人越來越好，壞人也潛移默化，則人人都可成為有用之才。

【解讀】

曾國藩相信一二賢者之心之所向，會直接影響社會風俗。他在《勸學篇示直隸士子》強調「人才隨士風為轉移」〔註28〕，在《原才》一文中又指出：「風俗之厚薄奚自乎？自乎一二人之心之所向而已。……此一二人者之心向義，則眾人與之赴義；一二人者之心向利，則眾人與之赴利。」〔註29〕由一二人而影響眾人，慢慢整體社會風氣就會改善。明清之際的大思想家顧炎武非常重視士人改變社會風氣的作用，認為一人可以改變天下，且流風會影響百年之久。他說：「以一人而易天下，其流風至於百有餘年之久者，古有之

〔註28〕《曾國藩全集‧詩文》，嶽麓書社，1986年，第441頁。
〔註29〕《曾國藩全集‧詩文》，嶽麓書社，1986年，第181～182頁。

矣。」〔註30〕

　　蔡鍔非常贊同曾國藩等人陶冶培育人才的理念，要求各級軍官要肩負起轉移社會風氣的責任，努力改善已經敗壞的社會風氣。雖然社會風氣已經敗壞到了極點，但蔡鍔堅信只要有識之士能夠互相扶持，激發鼓勵，就能挽狂瀾於既倒，終究會使社會走向正途。

〔註30〕顧炎武：《日知錄》，甘肅民族出版社，1997年，第826頁。

第三章 尚 志

【題解】

所謂尚志，就是崇尚志節。曾國藩將志趣視為人才高下的標誌，強調人才要有高世獨立之志，有志則不甘為下流，立志就是金丹。胡林翼指出，人才以志氣為根本，氣可偶挫而志不可挫。志趣、志節需要培養，需要打破喜譽惡毀之心，患得患失之心，因此人要不斷自我修身，不斷自我提升，方能做好人，做好官，做名將。這正是儒家修身、齊家、治國、平天下的道路。

3.1〔註1〕凡人才高下，視其志趣。卑者安流俗庸陋之規，而日趨污下。高者慕往哲隆盛之軌，而日即高明。賢否智愚，所由區矣。（曾國藩）

【譯文】

人才的高下，觀察其志向、情趣就可看出。低下者安於世俗平庸的陋習規範，而日益低下。高貴者仰慕往聖先賢的成聖之路，而日益高明。賢與不賢，智慧與愚笨，由此可以區分了。

【解讀】

孔子說：「唯上智與下愚不移。」（《論語‧陽貨》）又說：「中人以上，可以語上也；中人以下，不可以語上也。」（《論語‧雍也》）人才有高下之分，那如何分辨人才之高下呢？曾國藩指出，只要認真觀察一個人的志向、情趣就可看出。曾國藩素有知人之明的美譽，這是他識人的一條重要經驗。

〔註1〕本節出自《曾國藩全集‧書信一》，嶽麓書社，1990年，第46～47頁。

那麼，曾國藩自己的「志趣」又是怎樣的呢？他在給弟弟的信中，坦承自己的終身之志。他說：「君子之立志也，有民胞物與之量，有內聖外王之業，而後不忝於父母之所生，不愧為天地之完人。」〔註2〕這裡，曾國藩顯然是把「天地之完人」作為自己的志向。「民胞物與」是「民吾同胞，物吾與也」的簡稱，語出宋代理學家張載。意思是說，天下民眾都是我的同胞，天地萬物都是我的同伴。所以，天下是一家，萬物是一體，對待他人應像同胞一樣對待，對待萬物也應像同伴一樣關愛。「內聖外王」是儒家最高的理想。「內聖」是要修養自身的德性，以止於至善，「外王」是要達至國治、天下平的功業。曾國藩把儒家的最高理想和終極目標，作為自己的人生志向，可見其非凡的氣度。

3.2〔註3〕無兵不足深憂，無餉不足痛哭。獨舉目斯世，求一攘利不先，赴義恐後、忠憤耿耿者，不可亟得。或僅得之，而又屈居卑下，往往抑鬱不伸，以挫，以去，以死。而貪饕（1）退縮者，果驤首（2）而上騰，而富貴，而名譽，而老健不死。此其可為浩歎者也。（曾國藩）

【注釋】
（1）貪饕（tāo）：貪得無厭。
（2）驤首：抬頭。比喻意氣軒昂。

【譯文】
沒有兵不必過於憂慮，沒有餉銀也不必痛苦，唯獨放眼世界，找一個奪利不搶先，赴義怕落後的忠義憤激、耿耿於懷的人而不可得。即使是好不容易得到一個這樣的人才，又使他地位低下，常常鬱鬱不得志，結果屢受挫折，憤然離去，鬱鬱而終。而那些貪得無厭，貪生怕死的人，反而飛黃騰達，得意洋洋，從而大富大貴，名利雙收，健康長壽。這才是讓人深深可歎之事。

【解讀】
蔣介石在第二章增補了此節前半段（見本書2.11），感歎有「良心血性」的人才不可得。這裡的後半段，則是感歎即使得到這樣的人才，又不能提拔

〔註2〕《曾國藩全集·家書一》，嶽麓書社，1985年，第39頁。
〔註3〕本節出自《曾國藩全集·書信一》，嶽麓書社，1990年，第105頁。

－104－

使用，使其鬱鬱而終，而貪婪退縮之人，反而飛黃騰達，老而不死。得不到人才，讓人失望，得到而不能用，則是讓人絕望。體現了當時曾國藩對清朝軍隊狀況，乃至社會狀況的深深憂慮。

3.3〔註4〕今日百廢莫舉，千瘡並潰，無可收拾。獨賴此耿耿精忠之寸衷，與斯民相對於骨嶽血淵之中，冀其塞絕橫流之人慾，以挽回厭亂之天心，庶幾萬一有補。不然，但就時局而論之，則滔滔者，吾不知其所底也。（曾國藩）（蔣介石眉批：今昔同感）

【譯文】

今日國家百廢待興，千瘡百孔，無法收拾。只有依賴這耿耿忠心，在戰場上浴血奮戰，白骨成山，鮮血成河，以報答國民。希望以此來阻擋人慾橫流，以挽回人們厭惡戰亂的天心本性，或許還有一點點補救的可能。否則，以今天的時局來看，這紛紛亂局不知還要到何時。

【解讀】

「百廢莫舉、千瘡並潰、無可收拾」，是曾國藩對當時戰亂局面的描述，足見其心情沉痛和絕望。但還是號召血性男兒，以耿耿忠心，組織義旅，以圖補救。蔣介石深感於其時與曾胡時代國家亂象之相似，眉批曰「今昔同感」。蔣介石還由曾國藩的話出發，指出如何從戰爭道德觀念上正確暸解仁與忍的問題。他說：

> 所謂戰爭道德，就是我們智信仁勇嚴的武德，而武德乃是以仁為中心的。我們歷年來都強調「仁本第一」，也就是堅持正義的戰爭。所以說：「匹夫匹婦，有不被堯舜之澤者，若己推而納之溝中」。不過戰爭的本質，雖然是仁愛，但達到仁愛目的的戰爭手段，卻是殘忍的。由「為仁由己」的觀點，而發為救國救民的責任感，故必求其樹德務滋；由「忍以濟仁」的觀點，而發為「殺以止殺」的敵愾心，故必求其除惡務盡。這就是武王革命戰爭的「血〔註5〕流漂杵，一戎衣而天下大定」；曾國藩所說：「耿耿精忠之寸衷，與

〔註4〕本節出自《曾國藩全集·書信一》，嶽麓書社，1990年，第119頁。
〔註5〕《總統蔣公思想言論總集·卷二十八演講》，中國國民黨中央委員會黨史委員會，1984年，第6～7頁。該書此處排版有錯亂之處，中間多出一段話，這裡已改正。

斯民相對於骨嶽血淵之中」；以及兵法所說：「陷之死地而後生，置之亡地而後存」等等的動心忍性，乃至忍之又忍的戰爭哲學原理之所在。克勞塞維茨說：「指揮官在戰場上的整個感覺，都是會使他個人的精神，和肉體的能力，趨於解體的。所以他必須忍睹傷心慘目的鮮血犧牲，而不為所動」我們在反攻復國戰爭中所要強調的殲滅戰的觀念，亦就是由這種精神所產生，大家切不可再像從前那樣，看到奸匪人海戰術的殘忍慘酷，就心理動搖，手足失措了。因為誰都明白，對敵人的寬容，即是對自己的殘忍，亦即是對忍死待救的同胞的殘忍。〔註6〕

3.4〔註7〕胸懷廣大，須從平淡二字用功。凡人我之際，須看得平。功名之際，須看得淡。庶幾胸懷日闊。（曾國藩）

【譯文】

要做到胸懷寬廣，必須從平淡二字上下工夫。凡是人際交往之事，要有一顆平常心。對待功名利祿，要看的淡。這樣不斷下工夫，胸懷便日益廣闊。

【解讀】

理學不只是一種學問，更是一種生活態度，修身工夫是理學家的必修課。這裡，曾國藩便講到一種修身目標，即胸懷寬廣。胸懷寬廣是一種目標和境界，達到這一目標，曾國藩強調要在平淡二字上下工夫。一是在人際關係中，二是在功業和名聲面前，需要以平淡視之，久而久之，海闊天空。

3.5〔註8〕做好人，做好官，做名將，俱要好師、好友、好榜樣。（曾國藩）

【譯文】

做好人，做好官，做名將，都必須有好老師、好朋友、好榜樣。

〔註6〕《總統蔣公思想言論總集・卷二十八演講》，中國國民黨中央委員會黨史委員會，1984年，第6～7頁。
〔註7〕本節出自《曾國藩全集・日記一》，嶽麓書社，1987年，第355～356頁。
〔註8〕本節出自《曾國藩全集・日記一》，嶽麓書社，1987年，第485頁。

【解讀】

做好人，做好官，做名將，都是不容易的事。《二程遺書‧卷十五》曰：「做官奪人志。」直指做官使人喪失志氣、志向、志趣，由此可以想見做好官之難。一個人的能力畢竟有限，加之人性的弱點，在進德修業的路上，良師益友是非常重要的助益，好師、好友、好榜樣，會使人少走彎路，事半功倍。

3.6〔註9〕**喜譽惡毀之心，即鄙夫患得患失之心也。於此關打不破，則一切學問、才智，適足以欺世盜名。（曾國藩）**

【譯文】

喜歡聽好話，討厭被批評，正是庸俗淺陋之人患得患失的心理。人過不了這一關，則一切學問、才智，不過是欺世盜名的工具而已。

【解讀】

周敦頤《通書‧過》載：「濂溪先生曰：仲由喜聞過，令名無窮焉。今人有過，不喜人規，如護疾而忌醫，寧滅其身而無悟也。噫！」周敦頤說：子路喜歡別人批評自己的缺點或錯誤，因而獲得無盡的美名。今人有了過錯，不喜歡人來規勸，諱疾忌醫，寧可滅亡自己也不悔悟。實在可惜！聽到別人表示歡迎和高興。周敦頤一面讚歎子路的聞過則喜，一面惋惜今人不喜歡批評，而這幾乎是所有人的共同問題。因此，《大學》講：「自天子以至於庶人，壹是皆以修身為本。」儒家認為修身是每個人一生的功課。宋代以來的理學家更是將修身發展為一門獨立的專門之學，工夫論成為中國哲學區別於西方哲學的獨特之處。曾國藩的學問尤其體現了這一點。儒家修身的目標是成聖成賢，在曾國藩看來，必須要打破喜譽惡毀、患得患失之心，而要打破此關，靠的便是修行的工夫，離開修行工夫，所謂學問、才智不過是欺世盜名而已。

3.7〔註10〕**方今天下大亂，人懷苟且之心，出範圍之外，無過而問焉者。吾輩當立準繩，自為守之，並約同志共守之，無使吾心之賊，破吾心之牆子。（曾國藩）（蔣介石眉批：切望吾黨同志勉旃）**

〔註 9〕本節出自《曾國藩全集‧日記一》，嶽麓書社，1987 年，第 116 頁。
〔註10〕本節出自《曾國藩全集‧書信二》，嶽麓書社，1991 年，第 1542 頁。

【譯文】

當今天下大亂，人們都只顧眼前，得過且過，對於不關自己之事，沒有人會過問一下。我們應當確立一個行為準繩，不僅要自己遵守，還要團結志同道合的人共同遵守。不要讓我們內心的私欲，衝破我們心中的信念。

【解讀】

天下大亂，人心敗壞之際，需要有一二君子站立的住，堅守底線，與同道同聲相應，同氣相求，方能力挽狂瀾。還是曾國藩那句話，「風俗之厚薄奚自乎？自乎一二人之心之所向而已」，這一二人就是希望之所在。蔣介石在此眉批曰「切望吾黨同志勉旃」，希望本黨同志互相勉勵，亦是此意。

程頤《程氏易傳·需傳》曰：「君子之需時也，安靜自守，志雖有須，而恬然若將終身焉，乃能用常也。雖不進而志動者，不能安其常也。」天下大亂，人心敗壞之際，正是君子等待時機，安靜自守之時。雖然心志上在等待時機，以圖有所作為，但心裏恬淡得像要終身這樣自守下去。雖然沒有去進身，但心志躁動，便是不能安守常道之人。程子這段話可謂此節曾國藩所言之本。正是因為能夠安守常道，不為外物所動，與同道一起堅守原則，方能抵擋流俗，進而引領社會風尚。

3.8〔註11〕君子有高世獨立之志，而不與人以易窺；有藐萬乘、卻三軍之氣，而未嘗輕於一發。（曾國藩）

【譯文】

君子應該有高出一般人的獨立志向，而又不輕易讓人看出；有藐視天子、退卻三軍的氣概，卻不輕易表現出來。

【解讀】

梁啟超《〈曾文正公嘉言鈔〉序》稱曾國藩，「其一生得力在立志，自拔於流俗，而困而知，而勉而行，歷百千艱阻而不挫屈；不求近效，銖積寸累。受之以虛，將之以勤，植之以剛，貞之以恒，帥之以誠，勇猛精進，堅苦卓絕」〔註12〕。曾國藩之所以成就立德、立功、立言之三不朽的偉業，便是得力於其自拔於流俗、高世獨立之志。因此能以志帥氣，養就「藐萬乘、卻三軍」的浩

〔註11〕本節出自《曾國藩全集·書信一》，嶽麓書社，1990年，第12頁。
〔註12〕《梁啟超全集》第九集，中國人民大學出版社，2018年，第502頁。

然氣概。志向不輕易讓人看出，是要困知勉行，而不是要言過其行。氣概不輕易發，發就要中節（「發而皆中節」），就要如周文王「一怒而安天下」。

3.9〔註13〕君子欲有所樹立，必自不妄求人知始。（曾國藩）

【譯文】

君子要想有所成就，一定是從埋頭苦幹、不求人知開始。

【解讀】

孔子說：「人不知而不慍，不亦君子乎？」（《論語·學而》）曾國藩所言正是對孔子這句話的落實。自己有學識、能力、才華、品行，都是個人的事，別人不瞭解自己是別人的損失。孔子又說：「不患無位，患所以立。不患莫己知，求為可知也。」（《論語·里仁》）不擔心沒有官位，要擔心自己如何立身處世。不擔心沒人瞭解自己，要憑本事使自己值得別人瞭解。求人不如求己。自己有所樹立，本事大了，知道的人自然就多了。

3.10〔註14〕古人患難憂虞之際，正是德業長進之時。其功在於胸懷坦夷，其效在於身體康健。聖賢之所以為聖賢，佛家之所以成佛，所爭皆在大難磨折之日，將此心放得實，養得靈。有活潑潑之胸襟，有坦蕩蕩之意境，則身體雖有外感，必不至於內傷。（曾國藩）

【譯文】

古人在患難憂愁之際，正是德行與功業長進之時。其功在於胸懷坦蕩，其效在於身體康健。聖賢之所以成為聖賢，佛家之所以成佛，關鍵都在於在災難折磨來臨之時，把心放得實在，修煉出靈性，使之活活潑潑、坦坦蕩蕩，則身體雖有外在的損害，但內在的精神卻沒有受到一點傷害。

【解讀】

曾國藩認為，災難磨折是一個人修煉自己的最好時機，能使自己的心性有大的成長。他剛到京畿為官時，便將「不為聖賢，便為禽獸；莫問收穫，但問耕耘」（本書13.7）作為座右銘，時時勉勵自己。在他看來，儒家之成聖，佛家之成佛，無不是千錘百鍊的結果。一個人經歷這樣的修煉，便再不會被

〔註13〕本節出自《曾國藩全集·書信一》，嶽麓書社，1990年，第122頁。
〔註14〕本節出自《曾國藩全集·書信九》，嶽麓書社，1994年，第6643頁。

任何困難所擊垮。反之，一個人如果總是一帆風順，未必是好事，可能一點點的橫逆挫折就會令其一蹶不振，現實中這樣的例子比比皆是。

3.11〔註15〕**軍中取材，專尚樸勇，尚須由有氣概中講求。特恐講求不真，則浮氣、客氣(1)夾雜其中，非真氣耳。**（胡林翼）

【注釋】

（1）客氣：因一時衝動而產生的勇氣。一時的意氣。

【譯文】

軍隊中選拔人材，專門崇尚樸質、勇敢的品質，此外，還需考察其是否有氣節、氣魄。但也須謹慎，以免考察的不準確，誤將虛浮之氣、一時意氣當做真的氣節、氣魄。

【解讀】

軍隊中選拔什麼樣的人才，曾國藩、胡林翼都多次強調要選鄉間的樸拙之士，反對選用城裏的油滑之輩。這裏胡林翼又特別指出，要注意考察，不要將虛浮之氣、一時的意氣誤為真的氣節、氣魄。

3.12〔註16〕**人才由磨煉而成，總須志氣勝，乃有長進。成敗原難逆睹(1)，不足以定人才。**（胡林翼）

【注釋】

（1）逆睹：預知；預見

【譯文】

人才是經過長期磨煉而成就的，必須在志向和勇氣上勝過別人，才能有進步。事情的成敗原本難以預知，不能以成敗來論英雄。

【解讀】

俗語曰：「寶劍鋒從磨礪出，梅花香自苦寒來。」人才都是經過不斷的磨煉才成就的。唯有志氣堅定，才能不斷長進，這才是衡量人才的真正標準。胡林翼反對以成敗論英雄，因勝敗乃兵家常事，不能以此判定人才。

〔註15〕本節出自《胡林翼集》（二），嶽麓書社，1999年，第210頁。
〔註16〕本節出自《胡林翼集》（二），嶽麓書社，1999年，第271頁。

3.13 〔註 17〕兵事以人才為根本，人才以志氣為根本。兵可挫而氣不可挫，氣可偶挫而志不可挫。（胡林翼）

【譯文】

用兵之事以人才為根本，人才又是以志氣為根本。兵事有挫敗的時候，但士氣不可挫敗。士氣可偶而受挫折，但志向不可喪失。

【解讀】

用兵，以人才是根本。人才，以志氣為根本。古兵法特別強調「氣」，《孫子兵法》稱「三軍可奪氣」。因此，「守吾氣」，即保持軍隊旺盛的士氣就成為關鍵。《孫臏兵法·延氣》曰：「合軍聚眾，務在激氣，復徙合軍，務在治兵利氣。臨境近敵，務在厲氣。戰日有期，務在斷氣。今日將戰，務在延氣。」「激氣」是指在集結軍隊時要激發士氣。「利氣」是指在行軍中要保持士氣；「厲氣」是指鄰近敵人時要有壓倒敵人的勇氣；「斷氣」是指交戰之前要激勵將士有決一死戰的勇氣；「延氣」是指戰鬥中要時時保持士氣。由此可見戰爭中「氣」之重要，而「守氣」與「奪氣」成為敵我雙方心戰的主要內容。孟子說「志」是「氣」的統帥，胡林翼著重發揮了這一點。由於「志」在兵事上的根本地位，絕不能挫敗和喪失。孔子曰：「三軍可奪帥也，匹夫不可奪志也。」

3.14 〔註 18〕方今天下之亂，不在強敵，而在人心。不患愚民之難治，而在士大夫之好利忘義而莫之懲。（胡林翼）

【譯文】

如今天下大亂，原因不在敵人強大，而在人心陷落。不擔心愚昧的百姓難以治理，而是擔心官僚士大夫見利忘義，且得不到懲處。

【解讀】

胡林翼對太平天國之亂，認識的很清楚，一切的癥結都在人心。士大夫在中國傳統社會中有著重要影響，肩負著引導風尚、轉移風氣、改變習俗的重要責任，曾國藩要求士大夫們，要小心謹慎自己的心之所向，「恐一不當，而壞風俗，而賊人才。」〔註 19〕清初大儒李顒有一段針對士人、士大夫的振

〔註 17〕本節出自《胡林翼集》（二），嶽麓書社，1999 年，第 290 頁。
〔註 18〕本節出自《胡林翼集》（二），嶽麓書社，1999 年，第 694 頁。
〔註 19〕《曾國藩全集》，嶽麓書社，1986 年，第 182 頁。

聾發聵的話，其言曰：

> 士人有廉恥，斯天下有風俗。風俗之所以日趨日下，其原起於士人之寡廉鮮恥。有恥則砥德礪行，顧惜名節，一切非禮非義之事，自羞而不為，惟恐有浼乎生平。若恥心一失，放僻邪侈，何所不至，居鄉而鄉行有玷，居官而官常有虧，名節不足，人所羞恥，雖有他長，亦何足贖？論士於今日，勿先言才，且先言守，蓋有恥方有守也。論學於今日，不專在窮深極微、高談性命，只要全其羞惡之良，不失此一點之恥心耳。不失此恥心，斯心為真心，人為真人，學為真學，道德、經濟咸本於心，一真自無所不真，猶水有源，木有根；恥心若失，則心非真心，心一不真，則人為假人，學為假學，道德、經濟不本於心，一假自無所不假，猶水無源，木無根。〔註20〕

顧炎武在《日知錄》中沉痛地說：「士大夫之無恥，是謂國恥。」

3.15〔註21〕**吾人任事，與正人同死，死亦附於正氣之列，是為正命。附非其人，而得不死，亦為千古之玷，況又不能無死耶！處世無遠慮，必有危機。一朝失足，則將以薰蕕（1）為同臭。而無解於正人之譏評。（胡林翼）**（蔣介石眉批：同志勉旃）

【注釋】

（1）薰蕕（yóu）：香草和臭草。喻善惡、賢愚、好壞等。

【譯文】

我等做事，要與正人君子為伍，即使死了也是在正氣之列，這叫正命。如果跟錯了人，即使是沒死，也是千古污點，況且誰又能不死呢！立身處世缺乏遠慮，必有危機。一旦失足，之前無論好或壞，都將歸為遺臭萬年的下場，而且永遠擺脫不了別人的譏諷和批評。

【解讀】

人做事必須考慮到與什麼樣的人相處。《孔子家語·六本第十五》說：「與善人居，如入芝蘭之室，久而不聞其香，即與之化矣。與不善人居，如入鮑魚之肆，久而不聞其臭，亦與之化矣。丹之所藏者赤，漆之所藏者黑，是以君子

〔註20〕李顒：《二曲集》，中華書局，1996年，第490～491頁。
〔註21〕本節出自《胡林翼集》（二），嶽麓書社，1999年，第783頁。

必慎其所與處者焉。」其意是說，和正人君子在一起，就像到了彌漫著芝蘭
香氣的房間裏，時間久了便聞不到香氣了，因為自身已經成為香氣的一部分。
和不善的人在一起，就如同進了賣鮑魚的店，時間久了也不覺得臭了，因為
也被它同化了。放朱砂的地方會變紅，放漆的地方會變黑。因此，君子必須
謹慎選擇與其相處的人。胡林翼的話，無疑是對《孔子家語》所言的現實化
和具體化。

3.16〔註22〕士人第一要有志，第二要有識，第三要有恆。有志則不甘為
下流；有識則知學問無盡，不敢以一得自足；有恆則斷無不成之事。三
者缺一不可。諸弟此時，惟有識不可驟幾（1），有志有恆，則諸弟勉之
而已。（增補曾國藩）

【注釋】
（1）驟幾：很快。

【譯文】
讀書人第一要有志向，第二要有見識，第三要有恆心。有志向就決不甘
於下流；有見識就知道學無止境，不敢因一點收穫就自滿；有恆心就沒有做
不成的事。這三者缺一不可。各位兄弟此時只有見識不可能很快具備，至於
有志向、有恆心，各位兄弟不斷勉勵就可以了。

【解讀】
「有志」「有識」「有恆」，曾國藩認為這三者是讀書人做人做事必備的素
質。「志」是一個人的志向，是奮鬥的目標和努力的方向。志向是對現狀的一
種超拔，有了志向的引導和驅使，必然會使人遠離流俗不斷向上提升。「有
識」的人眼界開闊，知道的越多，越知道自己所知甚少，從而心存敬畏，不
敢自滿。「有恆」則水滴石穿，無堅不摧，無事不成。曾國藩強調「有志」
「有識」「有恆」三者缺一不可。其中，識見的提高需要長期的積累，不是一
朝一夕所能達到的。「有志」和「有恆」則是一種精神狀態，是人意志力的體
現，只要不斷提斯警醒，努力持守，就能時時現前。但若沒有卓越的識見，
做不到「有識」，「有志」和「有恆」也難以持守的住，因此曾國藩強調三者缺
一不可。

〔註22〕本節出自《曾國藩全集·家書一》，嶽麓書社，1985年，第48頁。

3.17〔註23〕凡仁心之發，必一鼓作氣，盡吾力之所能為。稍有轉念，則疑心生，私心亦生。（增補曾國藩）

【譯文】

只要仁愛之心發動，必須一鼓作氣，竭盡自己之全力。念頭稍有一點遲疑轉換，就會心生疑慮，私心也隨之而生。

【解讀】

曾國藩強調，一旦仁愛之心發動，必須立即付諸行動，否則念頭一轉換，就會產生疑慮和私心，從而吝惜自己的付出，使最初的善念難以落實為行動。孟子認為，人有仁義禮智四個善端，是善的萌芽，必須不斷推展擴充，使善端成長壯大，才使人稱之為人，否則就是「非人也」。而善端的成長，就是要使善念不斷落實，成為具體的行動。因此，可以說曾國藩抓住了「仁心」擴充的關鍵，即善念一旦發動，便立即付諸行動。

3.18〔註24〕余死生早已置之度外，但求臨死之際，寸心無可悔憾，斯為大幸。（增補曾國藩）

【譯文】

我早已把生死置之度外，只求臨死之時，內心沒有後悔和遺憾，就是萬幸了。

【解讀】

曾國藩有著名的日課四條，以此每日勉勵自己。其中一條是慎獨則心安，他說：「能慎獨，則內省不疚，可以對天地質鬼神，斷無行有不慊於心則餒之時。人無一內愧之事，則天君泰然，此心常快足寬平，是人生第一自強之道，第一尋樂之方，守身之先務也。」（本書 13.18）曾國藩每日以慎獨作為自己的修身工夫，一生都在追求無愧於心，以此作為自己的最高準則，早已把生死置之度外，其心胸是何等的光明磊落！蔣介石對此解讀說：

　　一定先要做到「慎獨存誠」的工夫，以真實的人格精神來感化

〔註23〕本節出自《曾國藩全集・家書一》，嶽麓書社，1985年，第79頁。其中，「仁心」一詞，民國期間《曾胡治兵語錄》版本均作「人心」，據《曾國藩全集》原文改定。而且「仁心」更符合句意。

〔註24〕本節出自《曾國藩全集・家書一》，嶽麓書社，1985年，第542頁。

部下與學生。所謂「慎獨」，就是《大學》所謂「毋自欺」。自己心裏既然知道那一件事是善的，就固執做去；那一件事是惡的，就極力排除。意思就在「力去人慾以存天理」，也就是《大學》所謂「自謙」與《中庸》所謂「戒慎恐懼」的道理。曾文正公說：「慎獨則心安……故能慎獨，則內省不疚，可以對天地質鬼神，斷無行有不愧於心則餒之時」；我們如果做到了這種「慎獨」的工夫，一般部下學生對我們自然心悅誠服，可收潛移默化之效；否則，不僅不能使部下學生信仰，不能盡到職責；而且反要害了部下學生，被他們所鄙視了。因為一個人任他怎樣巧於粉飾自己，如果居心不良，做了壞事情，一定瞞不了的，縱能瞞過一時，人家終歸會識破的。所以我們隨時隨地都要嚴以自律，求其「仰不愧，俯不怍」，愈在沒有人看見，或沒有人管理的場合，愈不可隨便，愈要誠心誠意，自治自強。我們也不必求人家知道或看見，人家自然會知道我們信仰我們。如此我們教育上一切的努力，才有效果。〔註25〕

3.19〔註26〕捨命報國，側身修行。（增補曾國藩）

【譯文】

捨命報效國家，置身修行自己。

【解讀】

《詩序》曰：「遇災而懼，側身修行。」災難是一種警示，需要戒慎恐懼，努力修行。現代佛教高僧印光法師說：「須知遇災而懼，側身修行，乃超凡入聖之大因緣。若一不順心，便生怨尤，乃永墮三途惡道大因緣。」〔註27〕曾國藩在國難之時，不怨天不尤人，忍辱負重，砥礪前行，戡平國家大難，誠如印光法師所謂「超凡入聖」！

3.20〔註28〕古稱「金丹換骨」，余謂立志即丹也。（增補曾國藩）

〔註25〕《總統蔣公思想言論總集・卷十三演講》，中國國民黨中央委員會黨史委員會，1984年，第498～499頁。
〔註26〕本節出自《曾國藩全集・家書二》，嶽麓書社，1985年，第808頁。
〔註27〕《印光法師文鈔三編・卷二・復卓智立居士書二》。
〔註28〕本節出自《曾國藩全集・家書二》，嶽麓書社，1985年，第827頁。

【譯文】

過去說「吃了金丹可以脫胎換骨」，我說立志就是金丹。

【解讀】

古時道教認為服食金丹，可以使人化骨成仙、長生不老。曾國藩對此完全不予理睬，提出立志就是金丹！這是此節要點所在。曾國藩此言出自他的家訓，他在信中囑咐其子曰：「人之氣質，由於天生，本難改變，惟讀書則可變化氣質。古之精相法者，並言讀書可以變換骨相。欲求變之之法，總須先立堅卓之志。即以餘生平言之，三十歲前最好吃煙，片刻不離，至道光壬寅十一月二十一日立志戒煙，至今不再吃。四十六歲以前作事無恒，近五年深以為戒，現在大小事均尚有恆。即此二端，可見無事不可變也。爾予厚重二字，須立志變改。古稱金丹換骨，余謂立志即丹也。」曾國藩歷來主張讀書可以改變氣質，變換骨相，其關鍵在於立志有恆。他說：「人而無恒，終身一無所成。我生平坐犯無恒的弊病，實在受害不小。」〔註29〕曾國藩一直在和自己較勁，不斷自我警戒，直到四十六歲以後，才覺得自己真正做到了有恆。曾國藩一方面非常相信命運，另一方面又效法孔子「知其不可而為之」的奮鬥精神，以使命向命運抗爭，堅信「志之所向，金石為開，誰能禦之？」〔註30〕「人苟能自立志，則聖賢豪傑何事不可為？」〔註31〕蔣介石評價說：

> 變化氣質，並不是一件容易的事，但是只要你能立定意志，持之以恆，必可以達到目的。例如曾國藩從前嗜好吸潮煙，屢次想戒，都戒不成功，因此他感覺戒煙，比打仗還要艱難。但是到後來立定志向，持之以恆，就能完全戒除。其事雖小，可以見大。曾國藩所說「古稱金丹換骨，余謂立志即金丹」。我們要改移痼習，變化氣質，總非立志不可。〔註32〕

3.21〔註33〕天下紛紛，吾曹適丁其厄，武鄉侯（1）不云乎：「成敗利鈍，非所逆睹」（2），則亦殫其心力，盡其職守，靜以待之而已。（增補左宗棠）

〔註29〕《曾國藩全集‧家書一》，嶽麓書社，1985年，第358頁。
〔註30〕《曾國藩全集‧詩文》，嶽麓書社，1986年，第443頁。
〔註31〕《曾國藩全集‧家書一》，嶽麓書社，1985年，第94頁。
〔註32〕《總統蔣公思想言論總集‧卷十四演講》，中國國民黨中央委員會黨史委員會，1984年，第57頁。
〔註33〕本節出自《左宗棠全集》（第10卷），嶽麓書社，2009年，第143頁。

【注釋】

（1）武鄉侯：諸葛亮的在世時的爵位。代指諸葛亮。

（2）成敗利鈍，非所逆睹：原文出自諸葛亮《後出師表》：「臣鞠躬盡
　　　瘁，死而後已，至於成敗利鈍，非臣之明所能逆睹也。」利：鋒
　　　利，引申為順利、成功；鈍：不鋒利，引申為挫折。逆睹：預知；
　　　預見。

【譯文】

　　天下紛亂，我等正遭遇這種厄運，武鄉侯諸葛亮不是說「成敗利鈍，非
所逆睹」嗎，所以，只有盡心竭力，盡職盡責，靜靜等待而已。

【解讀】

　　此節是《曾胡治兵語錄》收錄左宗棠言論的第二條。

　　曾國藩、胡林翼、左宗棠等人身處天下大亂之際，但大局之安排，非個
人所能為，故常常有心無力。左宗棠提出，此時唯有效法諸葛武侯，鞠躬盡
瘁，死而後已！

■蔡鍔按：右列各節，語多沉痛。悲人心之陷溺，而志節之不振也。今
日時局之危殆，禍機之劇烈，殆十倍於咸、同之世。吾儕身膺軍職，非
大發志願，以救國為目的，以死為歸屬，不足渡同胞於苦海，置國家
於坦途。須以耿耿精忠之寸衷，獻之骨嶽血淵之間，毫不返顧，始能有
濟。果能拿定主見，百折不磨，則千災百難，不難迎刃而解。若吾輩軍
人將校，則以躋高位、享厚祿、安福尊榮為志，目兵則以希虛譽、得餉
糈（1）為志，曾、胡兩公必痛哭於九原（2）矣。

【注釋】

（1）餉糈（xǔ）：軍糧給養。

（2）九原：九泉，黃泉。

【譯文】

　　蔡鍔按：以上各節語錄，所言大多沉痛。悲歎世人被私欲所迷惑，志向
和節操喪失。今日時局之危險，隱藏禍患之劇烈，幾乎十倍於咸豐、同治之
時。我輩身為軍人，不能發大志願，以救國為目的，視死如歸，就不足以救同
胞出苦海，使國家走向坦途。必須將耿耿忠心，獻於骨山血河之間，義無反

顧，才能發揮作用。如果我們能堅定信心，百折不撓，即使有再多的艱難險阻，都能迎刃而解。若我輩軍官將校，只以高官厚祿、榮華富貴為志向，士兵則以圖虛名、得糧餉為目標，曾、胡二公一定會痛哭於九泉之下。

【解讀】

蔡鍔時時自覺以自己所處時代環境對照曾國藩、胡林翼時代，在他看來，他所處的辛亥革命前的國內局勢，其危險程度，隱藏禍患之劇烈，幾乎十倍於曾胡平定太平軍之時。他尤其痛心於世人的人心陷溺，志向和節操的喪失。他說：「以我四百餘州之土地，五百兆眾之人民，勢力社會，國體精神，一切授人以包辦，任人以奴肉，而我主人全家父子兄弟，猶然日日酣嬉，寄傲於水深火熱，炮煙彈雨之上，則誠不喻其何衷，而亦實痛其無睹。」〔註34〕這種現象激發了他強烈的救國救民意識，他號召軍官將校要以曾、胡為榜樣，拯救同胞和國家。一九三三年，正值內憂外患之際，蔡鍔的這段話引起蔣介石的強烈共鳴，蔣介石說：

> 我們讀了蔡松坡這一段話，可見他早已看到我們中國必有一天內憂外患之劇十倍於咸同之世，有如吾人今日所遭遇者。然則他講什麼方法可以救國呢？他的方法，就是軍人要立定志願，以救國為目的，以死為歸宿，只有我們軍人以耿耿精忠之寸衷，將我們的白骨與鮮血，貢獻於國家、人民，國家與人民才能得救！果能如此，則雖有千災百艱，我們都不難迎刃而解！所以我們不怕什麼千災百難，只怕我們軍人沒有這一個決心。現在剿匪剿不了，抗日抗不了，原因就是我們軍人沒有這個決心，凡事畏怯，這畏縮便是我們心中的賊！我們必先破心中的賊，然後我們才能解脫一切的困難與危險！〔註35〕

〔註34〕曾業英編：《蔡鍔集（一）》，湖南人民出版社，2008年，第252頁。
〔註35〕《總統蔣公思想言論總集·卷十一演講》，中國國民黨中央委員會黨史委員會，1984年，第525頁。

第四章　誠　實

【題解】

《中庸》曰：「唯天下至誠，為能盡其性。能盡其性，則能盡人之性；能盡人之性，則能盡物之性；能盡物之性，則可以贊天地之化育；可以贊天地之化育，則可以與天地參矣。」又曰：「誠者，物之終始，不誠無物。」曾國藩、胡林翼、蔡鍔、蔣介石都是以傳統儒家思想出發，以「誠」相號召，這是《曾胡治兵語錄》不同於傳統兵書之處。曾國藩強調「以誠為之本」，「君子之道，莫大乎以忠誠為天下倡」，「馭將之道，最貴推誠，不貴權術」。胡林翼強調「無眾大小，推誠相與」。蔡鍔指出：「軍隊之為用，全恃萬眾一心，同袍無間，不容有絲毫芥蒂，此猶在有一誠字為之貫串，為之維繫。」蔣介石則提出「以正克邪，以誠制偽，以實制虛，以拙制巧」。

4.1 〔註1〕天地之所以不息，國之所以立，聖賢之德業所以可大可久，皆誠為之也。故曰：「誠者，物之終始，不誠無物。」（曾國藩）

【譯文】

天地之所以不停息，國家之所以存在，聖賢的德行功業之所以能夠偉大和長久，都是「誠」的作用。因此說：「誠貫穿了萬物的開始和結束，沒有誠便無一物可以存在。」

【解讀】

至誠是實行中庸之道的重要原則，做到至誠，便能最終達到天、地、人

〔註1〕本節出自《曾國藩全集‧書信一》嶽麓書社，1990 年，第 3 頁。

並立為三的中庸最高境界。曾國藩由此出發，極力強調「誠」的作用，稱「天地之所以不息，國之所以立，聖賢之德業所以可大可久，皆誠為之也」。

「誠」在曾國藩這裡具有至高無上的本體意義。他發揮《中庸》「誠者，物之終始，不誠無物」的思想，把「誠」看作是宇宙萬物的主宰及其變化的根源。蔣介石稱曾國藩的學術思想是「兼取宋學與漢學而歸本於至誠。」〔註2〕曾國藩深諳權術，是一個非常懂得方法和手段的人，但卻強調誠為本，術為末。在治軍上，他強調：「馭將之道，最貴推誠，不貴權術。」（本書 4.13）「以誠為之本，以勤字、慎字為之用，庶幾免於大戾，免於大敗。」（本書 4.6）在道德修養上，他主張誠是立身之本：「君子之道，莫大乎以忠誠為天下倡。」（本書 4.25）「內之無以立誠，外之不足以信，後世君子恥焉。」〔註3〕

李鴻章初入曾國藩幕府，曾國藩有一個規定，每天要與幕僚一起吃早飯。李鴻章喜歡睡懶覺，不習慣早起，就謊稱自己頭疼，不去吃飯。曾國藩知道他耍滑頭，便不斷派人催促，說必等幕僚到齊才開飯。李鴻章一看大事不妙，趕緊穿衣，踉蹌跑來。曾國藩席中一言不發，飯畢，很嚴肅地對李鴻章說：「少荃，既入我幕，我有言相告，此處所尚，惟一誠字而已。」（薛福成：《庸盦筆記·卷一》）此話給李鴻章以極大震動，促使他養成終生早起的習慣，並再也不敢在曾國藩面前說謊。

蔣介石對「誠」有很好的解說和發揮。他說：

> 我們一個人生在世間，要做成一個真正高尚完全的人和一番頂天立地的事業，審端致力，就完全在於「存誠」。大學上說：「誠其意者，毋自欺也」，所以存誠就是真實無妄不自欺欺人的意思，亦即所謂「慎獨」的道理。無論何時何地，無論對人對事對物，無論人家看見不看見，知道不知道，我們的心地總要光明正大，不著私欲，不存私見，然後所欲所為，無不可以告人，這樣當然就不會自欺欺人，做出不可告人的壞事情。雖然偶而有點過失，自己發現以後，便立即改正。曾文正公說：「知己之過失，即自為承認之地，改去毫無吝惜之心，此最難之事！豪傑之所以為豪傑，聖賢之所以為聖賢，便是此等處磊落過人！能透過此關，寸心便異常安樂，省得

〔註2〕《總統蔣公思想言論總集·卷四專著》，中國國民黨中央委員會黨史委員會，1984 年，第 107 頁。

〔註3〕《曾國藩全集·詩文》，嶽麓書社，1986 年，第 148 頁。

多少輪轕，省得多少遮掩裝飾醜態」！如此我們自己問心才仰不愧俯不怍，不僅可以成己，而且誠中形外，可以感化人家，做到成人成物。這就是所謂「唯天下至誠為能化」和「立己立人」的道理。所以「誠」字是成己成物的整個生命的動力。誠字的修養越深，成己的動力就越大；成己的工夫越大，成物的效能就越強。因此不僅可以獨善其身，而且可以進而兼善天下。曾文正公說：「天地之所以不息，國之所以立，聖賢之德業所以可大可久，皆誠為之也」。所以我們要認清：無論自己要成德立業，或訓練人家，以至救國立國，便要以「誠」字為根本出發點，一切由此做起，然後一切學問技術，才可運用自如；一切事業，才有可久可大的成功。各位今天畢了業，如果對於這種慎獨存誠的工夫還做不到，那麼，精神修養，便沒有根底，其他一切便都是假的。〔註4〕

4.2〔註5〕人必中虛不著一物，而後能真實無妄，蓋實者不欺之謂也。人之所以欺人者，必心中別著一物。心中別有私見，不敢告人，而後造偽言以欺人。若心中不著私物，又何必欺人哉！其所以自欺者，亦以心中別著私物也。所知在好德，而所私在好色。不能去好色之私，則不能不欺其好德之知矣。是故誠者，不欺者也。不欺者，心無私著也。無私著者，至虛者也。是故天下之至誠，天下之至虛者也。當讀書則讀書，心無著於見客也。當見客則見客，心無著於讀書也。一有著，則私也。靈明無著，物來順應，未來不迎，當時不雜，既過不戀，是之謂虛而已矣，是之謂誠而已矣。（曾國藩）

【譯文】

人必須虛懷若谷，心中不存私欲，然後才能真實不虛妄。所謂實就是不

〔註4〕《總統蔣公思想言論總集・卷十三演講》，中國國民黨中央委員會黨史委員會，1984年，第568頁。

〔註5〕本節出自《曾國藩全集・日記一》，嶽麓書社，1987年，第129～130頁。又見《曾國藩全集・讀書錄》，嶽麓書社，1989年，第2頁。其中「中虛」，《曾胡治兵語錄》原為「虛中」，誤，據《曾國藩全集》改。另外，蔡鍔版本中均無以下部分：「當讀書則讀書，心無著於見客也。當見客則見客，心無著於讀書也。一有著則私也。靈明無著，物來順應，未來不迎，當時不雜，既過不戀，是之謂虛而已矣，是之謂誠而已矣。」這應該是蔣介石增補的，但沒有說明和標識，或許是由於沒有單獨分節，不便像其他增補內容一樣注明。

欺騙。人之所以欺騙別人，一定是心中有私心雜念。有私心雜念不敢告訴人，便說謊欺騙別人。如果心中沒有一點私心雜念，就沒有必要欺騙別人了。之所以自我欺騙，也是心中別有私心的緣故。明明知道是要好德，而私底下卻是好色。不能去除好色之私欲，則不能不欺騙要求好德的所知了。因此，所謂誠，就是不欺騙。不欺騙，就是心無私念。無私念者，就是達到至虛境界的人。因此，天下之至誠，就是天下至虛之境界。讀書時就一心讀書，心裏不要想著見客的事；見客時則一心會客，心裏不要想著讀書的事。一分心，就有私念。內心之靈明應無所掛礙，一切順其自然，未來的不主動去迎，當時的不起二念，過去的不去留戀，即是所謂「虛」，也就是所謂「誠」了。

【解讀】

曾國藩稱這段話是自己讀《周易》「中孚」卦時所想到的。中孚卦下兌上巽，卦形外實內虛，喻心中誠信，所以稱中孚卦。此為立身處世之根本。曾國藩說誠就是不欺騙，就是心無私念。何謂心無私念？他舉例說：「當讀書則讀書，心無著於見客也。當見客則見客，心無著於讀書也。」意思是說要安住當下，不起第二念，既不留戀過去，也不想著未來。這就做到了「虛」，也就是「誠」。

4.3 〔註6〕**知己之過失，即自為承認之地，改去毫無吝惜之心，此最難之事。豪傑之所以為豪傑，聖賢之所以為聖賢，便是此等處磊落過人。能透過此一關，寸心便異常安樂，省得多少糾葛，省得多少遮掩、裝飾醜態。（曾國藩）**

【譯文】

知道自己有過失，便立即自覺承認，加以改正，並且沒有一點吝惜的心理，這是最困難的事情。豪傑之所以為豪傑，聖賢之所以為聖賢，正是在這些地方光明磊落，超過他人。如果能打通這一關，內心便會異常平安快樂，省去多少糾纏，省去多少在人前遮遮掩掩的醜態。

【解讀】

說到聖賢豪傑，人們往往想到追隨者簇擁，叱吒風雲，風光無限，至多

〔註6〕本節出自《曾國藩全集（修訂版）·日記之一》，嶽麓書社，2011年，第236頁。又見《求闕齋日記類鈔·問學》。

想到其無所畏懼。而曾國藩的說法，卻很難讓人與聖賢豪傑對上號。他說，豪傑之所以為豪傑，聖賢之所以為聖賢，就在於其知錯就承認，知錯就改，並說這是最難之事。孟子曾經轉述曾子所述孔子的一段話，「自反而不縮，雖褐寬博，吾不惴焉；自反而縮，雖千萬人吾往矣。」意思是說，反省自己覺得理虧，那麼即使對普通百姓，我難道就不害怕嗎？反省自己覺得理直，縱然面對千萬人，我也勇往直前。對孔子所說的這兩種「大勇」，一般來說，人們也更願意接受「雖千萬人吾往矣」的精神，但前者其實是更難的，這正是曾國藩所謂的最難之事。而且往往認錯比改錯還要難，因此有所謂「知錯改錯不認錯」之說，可見認錯之難。正因為難，能勝過才是豪傑之所以為豪傑，聖賢之所以為聖賢的過人之處。孔子的大勇之說，與曾國藩對聖賢豪傑的解讀，真正道出了儒家修身，以及成聖成賢的真諦，可謂儒家的真精神。

4.4 〔註7〕盜虛名者有不測之禍，負隱匿者有不測之禍，懷忮心 (1) 者有不測之禍。（曾國藩）

【注釋】

（1）忮（zhì）心：嫉恨之心；妒忌之心。

【譯文】

盜取虛名的人會有不測之禍，包藏禍心的人會有不測之禍，懷有嫉恨之心的人會有不測之禍。

【解讀】

盜虛名、負隱匿、懷忮心，都是不誠實、欺騙的表現，與「誠」的理念完全背道而馳，因此會有不測之禍。

4.5 〔註8〕天下惟忘機 (1) 可以消眾機，惟懵懂 (2) 可以祓 (3) 不祥。（曾國藩）

〔註7〕 本節出自本節出自《曾國藩全集（修訂版）·日記之一》，嶽麓書社，2011 年，第 242 頁。又見《求闕齋日記類鈔·問學》。

〔註8〕 本節出自《曾國藩全集·日記一》，嶽麓書社，1987 年，第 419 頁。又《曾國藩全集·書信二》，嶽麓書社，1991 年，第 1063 頁。又《求闕齋日記類鈔·問學》。

【注釋】

（1）忘機：忘掉世俗的機巧之心，甘於淡泊，與世無爭。

（2）憒懂：原意是糊塗、迷糊是意思。這裡是指為人要單純一點，不要太精明。

（3）祓（fú）：消除，清除。

【譯文】

世上唯有消除機巧之心的人，才能消除他人的機巧之心，唯有憒懂單純可以清除不祥。

【解讀】

自己對待別人虛心假意，又如何讓別人對自己真心誠意呢。所以，唯有自己首先消除機巧之心，誠誠懇懇待人，才有可能讓別人放下戒備和機巧之心，展現誠懇的一面。「憒懂」在這裡不是糊塗的意思，而是說為人不要太精明，不要太世故，不要機關算盡，做人要簡單一點，要真誠一些，這樣才能消除災禍和不祥。

4.6 〔註9〕 用兵久則驕惰自生，驕惰則未有不敗者。勤字所以醫惰，慎字所以醫驕。此二字之先，須有一誠字，以立之本。立志要將此事，知得透，辦得穿。精誠所至，金石亦開，鬼神亦避，此在己之誠也。人之生也直，與武員之交接尤貴乎直。文員之心，多曲多歪，多不坦白，往往與武員不相水乳。必盡去歪曲私衷，事事推心置腹，使武人粗人，坦然無疑，此接物之誠也。以誠為之本，以勤字、慎字為之用，庶幾免於大戾，免於大敗。（曾國藩）（蔣介石眉批：知得透，辦得穿）

【譯文】

指揮用兵久了就會產生驕傲怠惰之心，驕傲怠惰則沒有不失敗的。「勤」字可以治「惰」，「慎」字可以治「驕」。但「勤」與「慎」之前，還需有一「誠」字作為根本。拿定主意要將其中的道理瞭解透徹，弄得徹底。精誠所至，金石為開，鬼神讓路，關鍵就在於一己之誠。人活在世間應該正直忠誠，與軍人武官打交道，尤其要直率。文職人員之心計，多彎曲，多歪念，多不坦白，與武人關係往往不能做到水乳交融。因此，文員必須去除各種彎彎繞的私心

────────────

〔註9〕本節出自《曾國藩全集‧批牘》，嶽麓書社，1994年，第156頁。

雜念，做到事事推心置腹，使得武人粗人能夠坦然放心，沒有疑慮，這是待人接物之誠。以「誠」為根本，以「勤」「慎」為功用，差不多就可以避免大的過失，避免大的失敗。

【解讀】

曾國藩說：「軍事有驕氣、惰氣，皆敗氣也。」〔註10〕又說：「用兵最戒驕氣惰氣，作人之道，亦惟驕惰二字誤之最甚。」（9.23）曾國藩深知「驕」「惰」對軍隊的致命影響，稱驕氣、惰氣，就是軍隊的敗氣，但似乎又是難以避免的，用兵久了就難免會產生驕傲怠惰之心。為此，曾國藩提出對治驕惰的方法，以「勤」治「惰」，以「慎」治「驕」，但他指出其背後還有一個更根本的「誠」字。在如何與文武官員打交道上，他針對文武兩類人群性格的不同，提出不同的待人接物的誠之方法。總之，「誠」是根本，「勤」「慎」是功用，兩相配合，以達到挽救用兵日久之後的軍隊弊病。

4.7〔註11〕楚軍（1）水、陸師之好處，全在無官氣而有血性。若官氣增一分，血性必減一分。（曾國藩）

【注釋】

（1）楚軍：這個概念比較複雜。1851年江忠源為對抗太平軍，編練「楚勇」，亦稱「楚軍」。王定安《湘軍記》說：「楚軍之興，湘軍之萌」，因此湘軍起源於江忠源的楚軍。雖然「湘軍」一詞出現較早，但只是狹義的用法，僅指曾國藩直屬或湘鄉籍的湘勇，而且並未廣泛和正式使用。今人所理解的「湘軍」一詞，即廣義湘軍，是指清朝後期咸豐、同治時期以曾國藩、胡林翼、左宗棠等為領袖的軍隊。有學者考證，湘軍在解體之前，並沒有正式使用「湘軍」稱號。1881年王闓運在其《湘軍志》中，把各個體系的湘軍勢力和人物都歸在了「湘軍」名下，自此「湘軍」名號才被正式和廣泛使用，而這時湘軍早已解體。學者顧則徐指出，1857年後湘軍有一個大致統一的稱號叫做「楚軍」。這是因為胡林翼平定湖北後即率兵東進，將所部稱「楚軍」。由於胡林翼部已是湘軍主力，曾國藩後來順勢接過

〔註10〕《曾國藩全集·書信二》，嶽麓書社，1991年，第1182頁。
〔註11〕本節出自《曾國藩全集·書信二》，嶽麓書社，1991年，第1429頁。

了「楚軍」這一名號。因此，所謂湘軍真正有過的統一稱呼是「楚軍」，而不是後來所謂的「湘軍」。1861 年曾國藩佔領安慶後，開始使用「湘軍」一詞，但還是經常與「楚軍」混用。因此，在曾國藩的話語體系中，所謂「楚軍」基本與「湘軍」一詞同義。

【譯文】

楚軍水師和陸軍的優點，全在於沒有官氣，而有血性。官氣增長一分，血性就必然減少一分。

【解讀】

曾國藩最在乎軍隊的優點是無官場習氣，而有血性。他認為官氣和血性是勢不兩立的，多一分官氣，就少一分血性，而血性是曾國藩、胡林翼最為看重的軍人特質。

4.8〔註12〕軍營宜多用樸實少心竅之人，則風氣易於純正。今大難之起，無一兵足供一割（1）之用，實以官氣太重，心竅太多，漓樸散醇，真意蕩然。湘軍之興，凡官氣重，心竅多者，在所必斥。歷歲稍久，亦未免沾染習氣，應切戒之。（曾國藩）（蔣介石眉批：妒嫉疑忌以致於敗者，皆由於心竅之多也，同志讀此當引為鑒。）

【注釋】

（1）一割：本指切割一次，後指行使一次或負責一次。語出《後漢書·班超傳》：「昔魏絳列國大夫，尚能和輯諸戎，況臣奉大漢之威，而無鉛刀一割之用乎？」

【譯文】

軍營之中應多用樸實、心計少的人，則軍隊的風氣易於純正。現在國家大難臨頭，竟然找不出一支能夠有點作用的軍隊，實在是因為官氣太重，心眼太多，樸質之心淡薄，醇厚之風離散，真意蕩然無存。湘軍興起時，凡事官氣重的，心計多的，一概不要。但時間久了，也難免沾染舊習氣，應當務須避免。

【解讀】

「樸實」是曾國藩用人的重要原則，屢屢提及，僅本書就多次提及，如：

〔註12〕本節出自《曾國藩全集·書信二》，嶽麓書社，1991 年，第 1455～1456 頁。

「樸而不欺」（本書 1.4），「默察樸拙之人」（本書 2.12），「觀人之道，以樸實廉介為質」（本書 4.9），「敦樸之氣」（本書 4.15）等等。他認為只有多用這樣的人，才能使軍隊有純正的風氣。過去的軍隊就是因為官氣重，心計多，互相猜忌，而不可用。所以，曾國藩反覆提醒湘軍避免沾染這樣的習氣。蔣介石對此極有感觸，在此處眉批題曰：「妒嫉疑忌以致於敗者，皆由於心竅之多也，同志讀此當引為鑒。」

4.9 〔註13〕 **觀人之道，以樸實廉介為質。有其質而傅以他長，斯為可貴，無其質而長處亦不足恃。甘受和，白受采，古人所謂無本不立，義或在此。**（曾國藩）

【注釋】

（1）甘受和，白受采：《禮記·禮器》載：「甘受和，白受采。忠信之人，可以學禮。苟無忠信之人，則禮不虛道。是以得其人為貴也。」意思是說，甜味是各種味道的本味，可以接受各種味道的調和；白色是各種顏色的底色，可以承受各種色彩；忠信是禮的根本，所以忠信之人可以學禮。若沒有忠信之人，禮則不能虛假地附從他。所以，得到忠信之人是最重要的。

【譯文】

觀察人的方法，要以樸實、清廉、耿介為根本。以此為基礎，再附著其他特長，這樣就非常可貴了。沒有這樣的根本，其他特長也就算不什麼了。「甘」能和眾味，「白」容易染上色彩。古人所說的無本不立，其意義或許就在於此。

【解讀】

曾國藩在此處仍然是講人的樸實等品質之重要。人的品質是根本，在此基礎上，又有特長，就非常難得了。但若沒有樸實等良好的品質，即使有些特長也靠不住的。他以《禮記》中「甘受和，白受采」來說明，「甘」為什麼能「受和」，「白」為什麼能「受采」，皆是因為「甘」與「白」的內在品質，可以與其他味道和顏色相調和。人之樸實等品質，正如「甘」「白」之質。

〔註13〕本節出自《曾國藩全集·書信二》，嶽麓書社，1991 年，第 1474 頁。

4.10〔註14〕將領之浮滑者，一遇危險之際，其神情之飛越，足以搖惑軍心；其言語之圓滑，足以淆亂是非。故楚軍歷不喜用善說話之將。（曾國藩）

【譯文】

輕浮圓滑的將領，一旦遇到危險，其神情之慌亂，足以動搖軍心；其語言之圓滑，足以淆亂是非。所以，楚軍歷來不喜歡用能言會道的將領。

【解讀】

虛驕浮滑的將領，平時治軍難以下實實在在的工夫，遇到危險需要動真格時，自然會六神無主，神情慌亂。主帥若此，豈有軍心不動搖之理？言語圓滑，八面玲瓏，就是孔子所謂「巧言亂德」「巧言令色」之人，這樣的人足以混淆是非。

4.11〔註15〕今日所說之話，明日勿因小利害而變。（曾國藩）

【譯文】

今天所說的話，明天不要因一點小利害就改口。

【解讀】

所謂軍令如山、軍中無戲言，就是要堅守原則，不能朝令夕改。雖有通權達變之說，但信守承諾是第一位的，非到萬不得已，即使蒙受一些損失，也不能輕易食言。國人常常視靈活善變為聰明，殊不知其結果往往是廢棄原則，反而是最大的弊端。

4.12〔註16〕軍事是極質之事，二十三史除班、馬（1）而外，皆文人以意為之。不知甲仗（2）為何物、戰陣為何事，浮詞偽語，隨意編造，斷不可信。（曾國藩）

【注釋】

（1）班、馬：指班固和司馬遷

（2）甲仗：泛指武器。

〔註14〕本節出自《曾國藩全集‧書信四》，嶽麓書社，1992年，第2531頁。
〔註15〕本節出自《曾國藩全集‧書信四》，嶽麓書社，1992年，第2648頁。
〔註16〕本節出自《曾國藩全集‧書信二》，嶽麓書社，1991年，第1509頁。

【譯文】

軍事是極為講求質實之事，二十三史中，除去班超的《漢書》和司馬遷的《史記》之外，其他都是文人臆造出來的。根本不知各種兵器是什麼樣子，也不知道作戰和戰場是怎麼回事，只是用浮誇虛飾的言辭，隨意編造，斷不可輕信。

【解讀】

曾國藩是書生帶兵起家，以前對軍事戰爭的瞭解多來源於書本，後來領兵打仗，親歷戰陣，才發現過去從史書上所得到的對戰場的認識與現實相去甚遠，這是不經歷戰陣的人絕對想像不到的，因此，紙上談兵是沒有不失敗的。

4.13 [註17] 凡正話、實話，多說幾句，久之人自能共亮其心。即直話亦不妨多說，但不可以訐為直，尤不可背後攻人之短。馭將之道，最貴推誠，不貴權術。（曾國藩）

【譯文】

凡是正經話、實在話，不妨多說幾句，久而久之，別人自然願意敞開自己的內心。即使是直言不諱的話也不妨多說，但不能以揭發別人的隱私為正直，尤其不能在背後攻擊別人的短處。駕馭將領的方法，最重要的是以誠相待，而不是玩弄權術。

【解讀】

曾國藩所謂「正話、實話」，仍然是一個「誠」的問題，即要以誠待人，只有如此，別人才會願意打開心扉，否則自己毫無誠意，虛偽狡詐，別人又如何可能推心置腹呢？直言不諱是坦誠的表現，因此曾國藩也鼓勵人們多講，但他提醒不能把揭發別人的隱私或攻擊別人的短處當作正直。落實到治軍上來，他強調最重要的仍然是以誠相待，而不是玩弄權術。

〔註17〕本節「馭將」之前部分，出自《曾國藩全集·書信二》，嶽麓書社，1991 年，第 1514 頁。「馭將」之後部分，出自《曾國藩全集·書信四》，嶽麓書社，1992 年，第 2999 頁。

4.14〔註18〕吾輩總以誠心求之，虛心處之。心誠則志專而氣足，千磨百折而不改其常度，終有順理成章之一日。心虛(1)則不客氣，不挾私見，終可為人共諒。（曾國藩）（蔣介石眉批：誠心虛心）

【注釋】

（1）心虛：此處意為內心空明而無成見或謙虛而不自滿。《列子・仲尼》：「南郭子貌充心虛，耳無聞，目無見，口無言。」《淮南子・原道訓》：「故得道者，志弱而事強，心虛而應當。」

【譯文】

我輩總是要以誠待人，虛心處世。心誠則志向專一，正氣充滿，歷經磨難而不改其初衷，終有水到渠成的一天。心放虛，謙虛而不自滿，則言行就不會出於一時的意氣，不會夾雜私念，最終會被大家所信任。

【解讀】

蔣介石在此節眉批「誠心虛心」四字，概況了此節的宗旨。誠心以待人，虛心以處世。誠心則會充滿正氣，百折不回，終能精誠所至金石為開。虛心不自滿，沒有私心雜念，最終會被眾人信任。因此曾國藩有說：「君子大過人處，只在虛心而已。」〔註19〕

4.15〔註20〕楚軍之所以耐久者，亦由於辦事結實，敦樸之氣，未盡澆散。若奏報浮偽，不特畏遐邇之指謫，且恐壞桑梓之風氣。（曾國藩）

【譯文】

楚軍之所以頑強耐久，是由於其做事踏實，敦厚樸實之氣，還沒有完全破散消失。如果向朝廷的奏報虛浮作假，不僅要畏懼遠近的指責，也怕破壞了家鄉的風氣。

【解讀】

曾國藩在這裡仍然是以踏實做事、敦厚樸實之風相倡導，反對弄虛作假，敗壞家鄉風氣。

〔註18〕本節出自《曾國藩全集・書信六》，嶽麓書社，1992 年，第 4165 頁。
〔註19〕《曾國藩全集・家書二》，嶽麓書社，1985 年，第 1016 頁。
〔註20〕本節出自《曾國藩全集・書信五》，嶽麓書社，1992 年，第 3777 頁。

4.16〔註21〕自古馭外國，或稱恩信，或稱威信，總不出一信字。非必顯違條約，輕棄前諾，而後為失信也。即纖悉之事，嚬笑之間，亦須有真意載之以出。心中待他只有七分，外面不必假裝十分。既已通和講好，凡事公平照拂（1），不使遠人吃虧，此恩信也。至於令人畏敬，全在自立自強，不在裝模作樣。臨難有不屈撓之節，臨財有不沾染之廉，此威信也。《周易》立家之道，尚以有孚之威歸諸反身，況立威於外域，求孚於異族，而可不反求諸己哉！斯二者，似迂遠而不切於事情，實則質直而消患於無形。（曾國藩）（蔣介石眉批：自立自強）

【注釋】

（1）照拂：關心、照顧。

【譯文】

自古以來，中國駕馭外國，其方法或稱「恩信」，或稱「威信」，總之離不開一個「信」字。並非只有明顯違背條約，輕易拋棄之前的承諾，才叫做失信。即使是細微小事，哪怕是談笑之間，也應該有真情實感的流露。心中對某人只有七分好感，就不要裝有十分。如果雙方已經通和講好，就要凡事公平對待，不使外國人吃虧，這叫做「恩信」。至於讓外人敬畏我們，全在我們自立自強，而不在裝模作樣。面臨危難有不屈不撓的氣節，面臨金錢有不沾不染的清廉，這便是「威信」。《周易》講立家之道，尚且要以誠信和威嚴，反身嚴格要求自己，何況是在外國樹立威信，使外人異族信服我們，怎麼能不反求諸己呢？「恩信」和「威信」，似乎是迂闊不切實際，實際上是非常質樸平實的話，可以消除禍患於無形之中。

【解讀】

「誠」的觀念是曾國藩思想的核心。《中庸》所謂「誠者，物之終始，不誠無物」，是他必生信奉的理念。外交活動中歷來注重權謀，講究機變和巧詐，但曾國藩還是堅持主張「誠」的原則。他說：「但凡事依約而行，接之以信，馭之以誠，斷之以理」〔註22〕「臣愚以為與外國交際，最重信義，尤貴果決。」〔註23〕「夷務本難措置，然根本不外孔子忠、信、篤、敬四字。篤

〔註21〕本節出自《曾國藩全集・書信八》，嶽麓書社，1994年，第5646頁。
〔註22〕《曾國藩全集・書信八》，嶽麓書社，1994年，第7594頁。
〔註23〕《曾國藩全集・奏稿九》，嶽麓書社，1991年，第2563頁。

者，厚也。敬者，慎也。信，只不說假話耳，然卻極難，吾輩當從此一字下手。今日說定之話，明日勿因小利害而變。」〔註24〕曾國藩援引孔子話的意思是說，國際外交和與人際交往的原則一樣，言行要忠誠、有信、敦厚、慎重，一定要信守承諾，不能因小利害而隨意改變。曾國藩堅信，誠有著非常現實的巨大作用，甚至可以使偽者變誠，他說：「凡人以偽來，我以誠往，久之則偽者亦共趨於誠矣。」〔註25〕誠還可以改變人的性情，「惟誠可以化頑梗之民。」〔註26〕曾國藩希望通過儒家的理想人格和道德規範的建立，在與他人的交往中，尊重對方的同時，贏得別人的尊重，以期把國際關係建立在互相尊重的基礎上。這與為達目的不擇手段，各種「術」無所不用其極的態度完全是對立的。事實證明，無論是一般人的交往，還是國際外交，建立基本的誠信是人類社會賴以生存和發展的前提條件。

雖然很多人認為「誠」的確很重要，但卻認為在外交場合講「誠」，是迂腐的表現，只會會吃虧受騙。實際上，這樣的人其實並沒有真正懂得或真正認可「誠」的意義，只是抽象認可，落到現實中往往難以做到「誠」。在外交上不講信義，耍弄手段，其結果只能讓人鄙夷。讓外人尊重和敬畏，唯有以誠為本，自立自強。蔣介石在此節眉批「自立自強」四字，可謂抓住了問題的關鍵。

4.17〔註27〕破天下之至巧者以拙，馭天下之至紛者以靜。（胡林翼）

【譯文】

破除天下最機巧者的辦法是拙，駕馭天下最紛亂局面的辦法是靜。

【解讀】

破除人的機巧之心，不能以機巧對治，否則得到的仍是機巧。所謂「拙」，並非笨拙，而是不弄權術，心中一片肫誠，自然可以平息內心之機巧，足以應對機巧之事。天下紛亂不已，必須使心靜下來，內心一片澄明，大智慧出焉，就會心生應對之策。

對於「邪」「偽」「虛」「巧」的對治，蔣介石提出「以正克邪，以誠制偽，

〔註24〕《曾國藩全集‧書信四》，嶽麓書社，1992 年，第 2648 頁。
〔註25〕《曾國藩全集‧家書一》，嶽麓書社，1985 年，第 357 頁。
〔註26〕《曾國藩全集‧家書二》，嶽麓書社，1985 年，第 1275 頁。
〔註27〕本節出自《胡林翼集》（二），嶽麓書社，1999 年，第 64 頁。

以實制虛，以拙制巧」。他說：

> 匪的宣傳雖然巧妙，但他都是無中生有，捏造謠言，或則虛聲恫嚇，脅迫民眾，總而言之，不外乎欺騙狡詐，所以只要我們以「誠」與「實」為根本，開誠心，布公道，說實話，行實事，就可加以制服。民眾的耳目是最聰明的，誰真誰偽，誰是誰非，他們都能根據事實來辨別，決不會永久被匪軍所欺蒙的。歷代流寇盜匪的技巧和手段往往非常高明，如洪楊之亂，太平軍的將領，也實在有許多人才，但官兵處處以正氣和倫理為倡導，採用最誠實和笨拙的方法，終於把太平天國消滅。曾國藩諸人的言論行動確能表現正氣和倫理，以誠制偽，以拙制巧，所以終能底於成功。……「以正克邪，以誠制偽，以實制虛，以拙制巧」，是歷代剿匪的四大原則，也就是軍事教育的重要內容，得之者勝，失之者敗，絲毫不爽。現在一般將領，不明這個至理，看到匪軍以詭詐見長，因之也習於投機取巧，貪圖便易，這實在是最大的失策，要知道投機取巧，虛偽欺詐，是×匪的能事，我們只要識破他的伎倆，但決不可效法他們，在這方面和他去競爭，我們只要實實在在，穩紮穩打，以正氣道德倫理為號召，以精神修養為倡導，自然可以肅清滔天的匪禍，拯救同胞於水火，奠定民族道德復興的基礎。〔註28〕

蔣介石又說：

> 本來「堅決」兩個字，與通常所說的「拙」「直」兩個字相近，就是我們曾文正所說的「拙」「直」兩個字的精神。曾文正當年練湘軍戰勝洪楊，剿辦撚匪，他就是本一片忠誠，不徼幸，不取巧，以樸拙剛直的精神，苦戰硬戰到底，所謂「紮硬寨，打硬仗」，來貫徹他的初衷，完成不世的偉業。我們高級將領要成功抗戰建國的事業，亦要學習這種「拙」「直」的精神和毅力，雖然我們軍隊現在一切學問技術武器裝備等容有不及敵人的地方，但我們如能本著主義的信仰，朝著公理與正義的目標，以「拙」「直」的精神勇往直前抗戰下去，最後一定可以獲得光榮的勝利，完成我們的任務。中國人辦事往往好弄聰明，好學巧妙，其實一取巧徼幸，就要壞事，即如我們

〔註28〕《總統蔣公思想言論總集·卷二十二演講》，中國國民黨中央委員會黨史委員會，1984年，第330～331頁。

軍隊打仗，如我們不告訴一般官兵硬幹實幹的道理，不按照命令的
規定和自己的任務來作，而要取巧自便，結果，一定是敗壞事情，
比如今天各位報告中所說的，過去我們的軍隊如能勇敢果決，冒著
敵人的炮火攻擊前進時官兵的死傷少；而怕死不動，等敵人來攻的
時候死傷多，又如退卻防禦時損失大，而固守力戰時損失少，這種
事實就是告訴我們「拙」能制「巧」，「巧」必致敗的道理。又如我
們平時作戰，只知憑我們個人的聰明和經驗去作，反而費了許多不
必要的犧牲，僅獲得事倍功半的效果，而我們所沾沾自喜，由很大
犧牲所得來的一點戰術和方法，其實在戰鬥綱要上已規定得很明
白、很完善，只因我們從前丟了書本不研究，拋卻實在工夫不作，
以致弄巧反拙。以後我們無論治軍、打仗、在動作上，和教育上一
定要養成「拙」「直」的風氣和堅決的精神，能夠堅定不拔，勇往直
前，貫徹任務！〔註29〕

4.18〔註30〕**無眾大小，推誠相與。諮之以謀，而觀其識。告之以禍，而
觀其勇。臨之以利，而觀其廉。期之以事，而觀其信。知人任人，不外
是矣。近日人心，逆億**(1)**萬端，亦難窮究其所往。惟誠之至，可救欺
詐之窮。欺一事不能欺諸事事，欺一時不能欺之後時。不可不防其欺，
不可因欺而灰心所辦之事，所謂「貞固足以幹事」**(2)**也。（胡林翼）**

【注釋】

（1）逆億：猜想；預料。

（2）貞固足以幹事：語出《易·乾》：「文言曰：『貞者，事之幹也。……
　　　貞固足以幹事。』」

【譯文】

　　無論人職位的大小高低，都應以誠相待。向其諮詢謀略，可以觀察他的
識見。告知其災禍，可以觀察其勇氣。利益當頭，可以觀察其操守。以某事相
期待，可以觀察其誠信如何。瞭解人，任用人，無非是這些方法。近來人心叵
測，即使猜想萬端，也難以揣度其心裏想什麼。唯有至誠，可以拯救無窮之

〔註29〕《總統蔣公思想言論總集·卷十五演講》，中國國民黨中央委員會黨史委員
　　　　會，1984 年，第 528～529 頁。

〔註30〕本節出自《胡林翼集》（二），嶽麓書社，1999 年，第 59～60 頁。

欺詐。一事欺騙人，不可能事事欺騙。欺騙的了一時，不可能欺騙一世。不能不提防別人的欺騙，但不能因有欺騙，而對所辦之事灰心喪氣，正如《周易》所謂：「堅持貞正堅固的節操，就能辦理好所有事務。」

【解讀】

　　無論何人都推誠相與，是否意味著對什麼人都一概信任呢？答案當然不是。推誠相與，是指待人的態度不虛偽，真摯誠懇，並不是不分是非優劣。在此基礎上，還需對一個人進行多方面的觀察，才能對其有所瞭解。胡林翼提出一系列方法來觀察一個人的識見、勇氣、操守、誠信狀況。這樣就可以知人善任。他認為，人心叵測，即使是費盡心機也無法猜度一個人的內心所想。他提出，「惟誠之至可救欺詐之窮」，不可能以欺詐的手段拯救欺詐的風氣，否則其結果只能是更加欺詐。只能以「至誠」來拯救「欺詐」，縱使是仍有欺騙，也不能對「至誠」喪失信心。一事欺騙人，不可能事事欺騙。欺騙的了一時，不可能欺騙一世。要提防別人的欺騙，但不能因有欺騙，而對所辦之事灰心喪氣。他引用《周易・乾・文言》：「貞固足以幹事。」孔穎達疏曰：「言君子能堅固貞正，令物得成，使事皆幹濟，此法天之貞也。」其意無非是說，堅持正道便沒有幹不成的事。在胡林翼看來，這個正道就是「誠」。

　　蔣介石認為要使他人相信，唯一的辦法就是「開誠布公」。他說：

　　　　要求進步求團結，基本的一點，還是要求互信！不僅友軍要有相互的信任，更要使我們的上官和部下都能相信。而要使上官相信我們，尤必先使部下信仰我們而絕不懷疑！要使部下信仰，惟一的方法就是要真正做到「開誠布公」四個字。我常常講，許多事情，對上官或許一時瞞得過，對部下一定瞞不了！所以一切要從「公誠」兩個字做起。惟有公道誠心，才可以使一切的人都相信我，然後可以成大功立大業！無往而不利！胡林翼說得好：「近日人心逆億萬端，亦難究其所往，惟誠信之至，可救欺詐之窮。欺一事而不能欺之事事，欺一時而不能欺之後時」；又說：「君子直道而行，豈肯以機械嶮巇，與人相競御哉」！我們今後要能成功立業，一定要照此身體力行！然現在一般的情形，大概總是你懷疑我，我也有點懷疑你；但是如果你相信我，我當然也相信你了！現在我們應當不管人家懷疑我不懷疑我，相信我不相信我，我們自己一定先要不懷疑人家，總是以誠信待人！這樣，無論什麼人，沒有不被我們感化的；

即或還有人不被感化，還只能怪我們自己的誠信不孚！〔註31〕

4.19〔註32〕 吾輩不必世故太深，天下惟世故深誤國事耳。一部《水滸》，教壞天下強有力而思不逞之民。一部《紅樓》，教壞天下堂官、掌印、司官 (1)、督撫、司道 (2)、首府 (3) 及一切紅人。專意揣摩迎合，吃醋搗鬼。當痛除此習，獨行其志。陰陽怕懵懂 (4)，不必計及一切。（胡林翼）（蔣介石眉批：痛斥當時人心，亦即針砭今日之習尚，此語非曾滌生所敢言，此胡潤之所以高人一等之處也。）

【注釋】

(1) 堂官、掌印、司官：清代官名，以上都是京城的官吏。堂官，指中央各部長官，如尚書、侍郎等，因在各衙署大堂上辦公而得名。掌印，如都察院設六科掌印給事中，正四品。司官，清代各部屬官的通稱，指各部內各司郎中、員外郎、主事及主事以下七品京官。

(2) 督撫、司道：清代京城之外的官吏。督，總督；撫，巡撫；司，布政司、按察司；道，道員。

(3) 首府：督、撫、司、道所駐紮的地方。

(4) 陰陽怕懵懂：這裡陰陽是指命相之術、神鬼之事。意為命相之術、神鬼之事，也怕什麼都不信，什麼也不懂的人。

【譯文】

我輩不要世故太深，天下唯有圓滑世故會嚴重耽誤國事。一部《水滸傳》，教壞了天下那些強悍而又圖謀不軌的刁民，一部《紅樓夢》，教壞了京城各部長官、部屬司官、地方上的總督和巡撫、道臺和知府，以及一切官場紅人，使其沾染了專門揣摩迎合上級，嫉妒搗鬼的惡習。今日應當痛除此種惡習，使各自獨立踐行志向。陰陽命相之術、神鬼之事也怕懵懂之人，不必左想右想，考慮過多。

【解讀】

胡林翼強調做官之人如果過於圓滑世故，會嚴重耽誤國事。他說《水滸

〔註31〕《總統蔣公思想言論總集·卷十三演講》，中國國民黨中央委員會黨史委員會，1984 年，第 227～228 頁。

〔註32〕本節出自《胡林翼集》（二），嶽麓書社，1999 年，第 532 頁。

傳》教壞了強悍的刁民,《紅樓夢》則教壞了各級官員,造成官場惡習。蔣介石對胡林翼直言不諱,痛砭時弊非常讚賞,認為這是曾國藩所不敢言的。他在此節眉批寫道:「痛斥當時人心,亦即針砭今日之習尚,此語非曾滌生所敢言,此胡潤之所以高人一等之處也。」

胡林翼強調要痛除種種官場惡習,丟掉那些圓滑世故,陰陽怕懵懂,要放手去幹,不要顧及太多。劉體智《異辭錄》卷一記載了胡林翼與曾國荃的一件事。湘軍攻克安慶後,曾國荃欲率師東下,圍困南京,但謀士們都擔心會孤軍深入,正在猶豫之際,胡林翼來信給他講了一個「陰陽怕懵懂」的故事:

有兄弟二人,哥哥不信鬼神命相之術,弟弟則很迷信,每按黃曆算卦行事。兄弟倆都沒有遇到什麼兇險之事。弟弟每日行事拘束,頗以為苦,欲傚仿哥哥灑脫自在。有一天,弟弟不擇日便外出,半路上遇到了黑煞神。黑煞神責怪他不按照黃曆要求出行。弟弟說:「我學吾兄,為什麼是我一個人受罰,我兄長為什麼從來沒受罰?」黑煞神說:「汝兄懵懂,陰陽怕懵懂,不得不迴避他。你長期敬畏服從我,怎麼能違命呢?」胡林翼講完故事,話鋒一轉,開導曾國荃說:「天下人惟懵懂足以舉事。往矣,行見大功之成。」曾國荃在胡林翼的鼓勵下,增強了信心,後來終於攻克南京,建立大功。

當然,胡林翼所謂「惟懵懂足以舉事」是指在對行動有了周密規劃安排之後,不要過於瞻前顧後,猶猶豫豫,要當機立斷,相信直覺,並不是主張在毫無準備的情況下,盲目而大膽妄為。

蔣介石雖然對胡林翼推崇有加,但並非贊同胡林翼的所有言論,他對胡林翼對《紅樓夢》的批評就有不同的說法。他說:

我前次同你們講過紅樓夢裏面「世事洞明皆學問,人情練達即文章」的兩句話。胡林翼曾說紅樓夢是一部壞人心術養成官僚的書,凡是官僚政客,他們皆深識人情世故,能夠揣摩上官的心理,對於怎樣說話,怎樣聯絡朋友,都是非常高明。所以這兩句話,從壞的方面講,就是政客官僚的哲學。但是我們做革命工作的人,要能夠做出一些事業來,卻也應該明白這兩句話的道理。官僚政客照這兩句話去做,做出來的事一定更壞;我們革命青年,拿這兩句話做方法手段,就不會到處給人家排斥討厭,而會受到人家的歡迎,得到民眾的信仰。無論在軍隊裏,對官長士兵,在地方

上，對民眾紳士，工人農民，把人情世故懂得透徹，結果沒有不好的事。一個人不懂人情世故，無論到什麼地方，都走不通，無論做什麼事，也辦不順手，所以你們無論做政治工作，或做旁的工作，最重要的一點，就是要懂人情世故，瞭解他人的環境，體諒人家的隱衷。〔註33〕

4.20〔註34〕人貴專一，精神所至，金石為開。（胡林翼）

【譯文】

人最重要的是專一，精誠所至，金石為開。

【解讀】

所謂「專一」，就是專心一意，全神貫注。《荀子·勸學》曰：「鍥而不捨，金石可鏤。蚓無爪牙之利，筋骨之強，上食埃土，下飲黃泉，用心一也。」蚯蚓沒有銳利的爪子和牙齒，強健的筋骨，何以能向上吃到泥土，向下喝到土裏的水呢？就是由於它用心專一。朱熹主張，學習要有一種居敬的態度。居敬，就是要把散軼的心收回來，嚴肅認真與精神專一。「敬」就是專心一念。他說：「主一之謂敬，只是心專一，不以他念亂之。每遇事，與至誠專一做去，即是主一之義。」（《朱子語類》卷六十九）只要能做到專心一意，全神貫注，「陽氣發處，金石亦透，精神一到，何事不成。」（《朱子語類》卷八）

4.21〔註35〕軍旅之事，勝敗無常，總貴確實而戒虛捏(1)。確實則準備周妥，虛飾則有誤調度，此治兵之最要關鍵也。粵逆倡亂以來，其得以肆志猖獗者，實由廣西文武欺飾捏報，冒功倖(2)賞，以致蔓延數省，流毒至今，莫能收拾。（胡林翼）

【注釋】

（1）虛捏：虛構捏造。

（2）倖：同幸。僥倖，因偶然的機會獲得成功。

〔註33〕《總統蔣公思想言論總集·卷十演講》，中國國民黨中央委員會黨史委員會，1984年，第454～455頁。

〔註34〕本節出自《胡林翼集》（二），嶽麓書社，1999年，第612頁。

〔註35〕本節出自《胡林翼集》（二），嶽麓書社，1999年，第972頁。

【譯文】

用兵打仗之事，勝敗無常，總要以事實為依據，切忌虛假捏造。依據真實可靠的消息，則準備就會周密妥當；依據虛假誇大的消息，則會使調度有誤。這是治兵的最關鍵處。粵匪太平軍禍亂天下以來，之所以肆意橫行，實在是由於廣西的文武官員欺騙粉飾，捏造戰報，冒功邀賞，以致戰亂蔓延數省，流毒至今，無法收拾。

【解讀】

如胡林翼所述，當時欺上瞞下、謊報軍情已成為一種普遍現象，甚至到了無法收拾的地步。對上欺騙，以博取信任；對下隱瞞，以掩蓋真相。之所以造成這種現象，缺乏誠信，不敢擔責，是其重要原因。據實稟報，有可能落個對局勢處置不力的罪名，被革職貶黜，甚至丟掉性命。而欺騙粉飾，捏造戰報，還可能邀功請賞。這種現象的出現，除了官員自身的操守、官場的風氣等原因，清末時期軍隊的機制也存在嚴重問題。這一系列問題，說明了大清王朝氣數將盡。

4.22〔註36〕事上以誠意感之，實心待之，乃真事上之道。若阿附隨聲，非敬也。（胡林翼）（蔣介石眉批：事上之道）

【譯文】

侍奉上級，要以誠意相感，以真心相待，這才是真正的對待上級之道。若是阿諛奉承，隨聲附和，並不是真正的尊敬。

【解讀】

如何對待上級，是任何時代都存在的問題。胡林翼強調要以「誠意」「實心」待之，反對阿諛奉承，隨聲附和。這似乎是一個基本的處世常識，但為何人們所做常常恰恰相反呢？蔡鍔早年曾寫有《奴性》一文，其中說：「賢者居壞世，勢力充則群小趨之如蠅之附膻，勢力去則群起而訛病之，及其勢力復回，則又奴顏娼態，以奔走囂號於其胯下。自數千年歷史暨今世情形觀之，此種奴性，錮不可破⋯⋯」賢者在一個敗壞的世道，有勢力的時候，群小就會像蒼蠅追附腥臭一樣，一旦失去權勢，就會落井下石，群起而攻，等到權勢又回來了，則又變成奴顏娼態，在其胯下奔走讚美。蔡鍔稱此種奴性，數

〔註36〕本節出自《胡林翼集》（二），嶽麓書社，1999年，第19頁。

千年來牢不可破。這是人們對權勢的一種普遍態度。但蔡鍔也指出，「辨清濁劃黑白者亦不乏人」。因此，只要堅守正道，胡林翼所謂的「事上之道」，並非做不到。

4.23〔註37〕挾智術以用世，殊不知世間並無愚人。（胡林翼）

【譯文】

有人總想以智謀權術用於世事，殊不知世間並沒有真正愚笨之人。

【解讀】

以耍小聰明，玩弄權術的方式處事待人，心中無半點誠意，時間久了無人看不出，其結果只能是聰明反被聰明誤，無論是做事還是做人，沒有不失敗的。胡林翼非常善於識拔人才與任用人才，最不喜歡玩弄權術。他用人的最大原則是公、誠、剛、大四字，一生以識拔人才為務，「挾智術以用世，殊不知世間並無愚人」是他的名言。左宗棠在回覆胡林翼的信中說：「來書云：『挾智術以用世，殊不知世間並無愚人。』此論極透，而往往觀老兄行事，卻亦不免，豈非明饒而誠不足耶。大凡人習慣則難移。程子見獵心喜，惟程子始自知之。故曰變化氣質為難也。」歷來睥睨天下、傲視群雄的左宗棠，對胡林翼的一番說教並不買帳，反而指責胡林翼說到做不到，感慨了一番稟性難移、變化氣質為難的話。

4.24〔註38〕以權術凌人，可馭不肖之將，而亦僅可取快於一時。本性忠良之人，則並不煩督責而自奮也。（胡林翼）

【譯文】

用權術壓制人的辦法，可以駕馭不成材的將領，而且也只是一時的痛快而已。本性忠誠善良的人，用不著督促問責，自己就會奮發努力。

【解讀】

曾國藩強調：「馭將之道，最貴推誠，不貴權術。」（本書 4.13）這與胡林翼的理念基本是一致的，不同的是胡林翼並不完全排斥權術，如這裡他就

〔註37〕本節轉引自《左宗棠全集・答胡潤之》（第 10 卷），嶽麓書社，2009 年，第 261 頁。

〔註38〕本節出自《胡林翼集》（一），嶽麓書社，1999 年，第 435 頁。

說，「以權術凌人，可馭不肖之將」。但胡林翼的權術是建立在公而無私、救國救民基礎上的，因此曾國藩對胡林翼的權術行為又表示理解。

4.25〔註39〕君子之道，莫大乎以忠誠為天下倡。世之亂也，上下縱於亡等（1）之欲，姦偽相吞，變詐相角，自圖其安而予人以至危。畏難避害，曾不肯捐絲粟（2）之力以拯天下。得忠誠者起而矯之，克己而愛人，去偽而崇拙，躬履諸難，而不責人以同患，浩然捐生，如遠遊之還鄉，而無所顧悸。由是眾人效其所為，亦皆以苟活為羞，以避事為恥。嗚呼！吾鄉數君子所以鼓舞群倫，歷九載而戡大亂，非拙且誠者之效歟？（增補曾國藩）（蔣介石眉批：拙且誠者之效）

【注釋】

（1）亡等：無視禮法、等級制度。

（2）絲粟：蠶絲與粟米，比喻極小或極少。

【譯文】

　　君子的處世之道，沒有比以「忠誠」倡導於天下更重要的事了。天下大亂，上上下下都在放縱慾望，毀滅禮法和等級秩序。姦佞和虛偽互相吞併，機變和狡詐互相角逐，自己圖其安穩，而置他人於極端危險之處。畏難避害，決不肯奉獻一點微薄之力以拯救天下。有忠誠之士挺身而出，矯正世風，克制自己，仁愛他人，去除虛偽，崇尚拙樸。躬身踐履諸多艱難之事，而不要求別人與自己一起共患難。為正義捐棄生命，就如遠遊還鄉，毫無畏懼。於是眾人紛紛效法這些忠誠之士的所作所為，都以苟活為羞恥，以逃避危難為恥辱。嗚呼！我鄉的數位君子之所以能夠鼓舞眾人，歷經九年而戡平國家大亂，不正是拙樸和真誠的作用嗎？

【解讀】

　　《韓非子·說林上》曰：「巧詐不如拙誠。」劉向《說苑·談叢》曰：「智而用私，不如愚而用公，故曰巧偽不如拙誠。」兩者反對「巧詐」和「巧偽」，崇尚「拙誠」。曾國藩主張「去偽而崇拙」，「以忠誠為天下倡」，「唯天下之至誠，能勝天下之至偽；唯天下之至拙，能勝天下之至巧」，因此，「拙誠」是其人生哲學的最高信條。他認為，正是由於一些君子挺身而出，奉行「拙誠」，

〔註39〕本節出自《曾國藩全集·詩文》，嶽麓書社，1986年，第304頁。

才使得眾人紛紛效法，最終戡平太平天國之亂。

蔣介石對曾國藩這段話極為欣賞，他說：「如此，則吾人不患所部之不能忠勇，而患在本身之無犧牲決心耳。況乎必死者未必死，且多見其成；而怕死者，決無幸存之理乎？」蔣介石繼續解讀說：

> 這一段話是很要緊的。大家要知道：天下為什麼亂起來？為什麼有土匪？……為什麼東北四省要給倭寇侵佔？根本的原因就是現在國人沒有忠誠，只講虛偽變詐。我們革命軍的軍官，如果能夠忠誠自勉，將虛偽的惡習克除淨盡，做實在的事情：人家怕死，我們不怕死，人家取巧，我們偏要守拙；人家畏難避險，我們反來勇於負責；人家苟且偷安，而我們卻要刻忍耐勞：這就是所謂「起而矯之」，即力矯時弊，而「以忠誠為天下倡」。現在一般官兵，往往自己打敗仗，卻怪那一個不來救，自己不努力，倒怪人家怕死：這就是不能忠誠沒有志氣的表現。曾文正生平躬履諸艱，都是以「打脫牙齒和血吞」的堅忍沉毅的精神處之，從不責備人家，這是曾氏的偉大，也是他成功的要訣，我們應該知所效法！尤其是帶兵的人，一定平時要和部下同甘苦，戰時要和部下共患難，絕對不好自己存苟活之心而責人以同死。曾國藩打長毛，是以忠誠樸拙的精神，歷盡艱辛，用九年工夫，才戡定大亂。我們如今打土匪，也要拿出這種忠誠樸拙的精神，鼓舞群倫，堅忍奮鬥！任何大事業本來都不是容易成功的，如今我們剿匪，非以堅忍的毅力，做到成功不止！〔註40〕

4.26〔註41〕凡說話不中事理，不擔斤兩者，其下必不服。（增補曾國藩）

【譯文】

凡是說話不符合事理，不願承擔責任者，其下屬必然會不服。

【解讀】

說話不符合事理，要麼是無知、缺乏瞭解，要麼因某種利益故意如此；不願承擔責任者，遇到問題時必然會推諉卸責。試想面對這樣的上級，下屬

〔註40〕《總統蔣公思想言論總集・卷十一演講》，中國國民黨中央委員會黨史委員會，1984年，第516～517頁。
〔註41〕本節出自《曾國藩全集・家書一》，嶽麓書社，1985年，第687頁。

會心悅誠服嗎？曾國藩特別根據《說文解字》對「君」字的解釋，說：「後字從口，言在上位者，出口號令，足以服眾也。」意思是說，居上位者所說的話，必須能夠服眾。

■蔡鍔按：吾國人心，斷送於「偽」之一字。吾國人心之偽，足以斷送國家及其種族而有餘。上以偽驅下，下以偽事上，同輩以偽交，馴至習慣於偽。只知偽之利，不知偽之害矣。人性本善，何樂於偽？惟以非偽不足以自存，不得不趨於偽之一途。偽者人固莫恥其為偽，誠者群亦莫知其為誠，且轉相疑駭，於是由偽生疑，由疑生嫉。嫉心既起，則無數惡德從之俱生，舉所謂倫常道德，皆可蹴去不顧。嗚呼！偽之為害烈矣。軍隊之為用，全恃萬眾一心，同袍無間，不容有絲毫芥蒂，此猶在有一誠字為之貫串，為之維繫。否則，如一盤散沙，必將不戢(1)自焚。社會以偽相尚，其禍伏而緩，軍隊以偽相尚，其禍彰而速且烈。吾輩既充軍人，則將偽之一字排斥之不遺餘力，將此種性根拔除淨盡，不使稍留萌蘗(2)，乃可以言治兵，乃可以為將，乃可以當兵。惟誠可以破天下之偽，惟實可以破天下之虛。李廣疑石為虎，射之沒羽，荊軻赴秦，長虹貫日，精誠之所致也。（蔣介石眉批：松坡此論不愧讀曾胡之書矣）

【注釋】

（1）戢：停止。

（2）萌蘗（niè）：萌，生芽、發芽。蘗，樹木長出的新芽，喻指事物的開端。

【譯文】

蔡鍔按：我國的人心，就斷送在一「偽」字上頭。我國人心之虛偽，足以斷送國家及民族而有餘。上級以虛偽驅使下級，下級以虛偽應付上級。同輩之間的交往仍然是虛情假意，長此以往，虛偽竟然成了一種習慣。人們只知虛偽的好處，不知虛偽的害處。人性本善，為何人們喜歡虛偽呢？唯一原因在於，不虛偽不足以保存自己，迫使人們不得不走向虛偽之路。對於虛偽的人，人們不以其虛偽為羞恥，誠實的人，人們也不知道他是誠實的，反而懷疑他。於是，由虛偽生懷疑，由懷疑生嫉妒。嫉妒心一升起，則無數的醜惡行

徑隨之而產生，所有的倫常道德，皆可踐踏而不顧。嗚呼！虛偽的危害實在是太嚴重了。軍隊之發揮作用，全賴萬眾一心，同袍親密無間，不能有絲毫芥蒂。這裡尤其有一「誠」字在貫穿始終，維繫一切。否則，軍隊就像一盤散沙，必將自我毀滅。社會上崇尚虛偽，其禍害潛伏在深處，發作比較緩慢。軍隊中崇尚虛偽，其禍害明顯，而且快速和猛烈。我輩既然作了軍人，就要不遺餘力地排斥虛偽，將虛偽的劣根性剷除殆盡，不使之留下一點萌芽。這樣才可以談論治兵之道，才可以做將領，做士兵。唯有「誠」可以破除天下之「偽」，唯有「實」可以破除天下之「虛」。李廣以為石頭是老虎，射出的箭連箭羽都沒入石頭之中，荊軻赴秦國刺殺秦王，白色長虹穿日而過，這都是精誠所至的結果。

【解讀】

蔡鍔說國人人心之「偽」，「上以偽驅下，下以偽事上，同輩以偽交，馴至習慣於偽」，對這種風氣痛心疾首，認為足以斷送國家和民族。還指出，軍隊崇尚虛偽，其禍害更加快速和猛烈。蔣介石對蔡鍔這段言論極為讚賞，他說：「中國之所以如現在這樣衰敗，乃由於人心之陷溺，而人心之陷溺，實滿清政府三百年來所積下的禍根所致；這種禍根便是虛偽，蔡松坡看穿了這一點，所以他非常歎惜痛恨。虛偽的表現是什麼呢？簡言之：就是做假，欺騙；下騙上，上騙下。」〔註42〕蔣介石在此節眉批中贊曰：「松坡此論不愧讀曾胡之書矣！」甚至在幾十年之後的 1969 年，他在對金門防衛司令部官兵的演講中還對蔡鍔的話讚不絕口。他說「蔡松坡將軍有一段話，我每以為至理名言，他說『軍隊之為用，全恃萬眾一心，同袍無間，不容有絲毫芥蒂，此尤在有一誠字為之貫串，為之維繫，否則如一盤散沙，必將不戰自焚。吾輩既為軍人，則宜將偽之一字，排斥不遺餘力，將此種根性，拔除淨盡，不使稍留萌蘖，乃可以言治兵，乃可以言為將，乃可以當兵』。所以這個誠字，又為治軍──帶兵、練兵、用兵的根本之根本。」〔註43〕蔣介石在 1956 年的一次講話中還說：「國人最大的毛病為虛偽，故去偽存誠，實為當務之急。我曾告訴同志們：『惟真可以去天下之偽，惟實可以破天下之虛』（蔡松坡語）。大家從今

〔註42〕《總統蔣公思想言論總集・卷十一演講》，中國國民黨中央委員會黨史委員會，1984 年，第 526 頁。

〔註43〕《總統蔣公思想言論總集・卷二十九演講》，中國國民黨中央委員會黨史委員會，1984 年，第 336 頁。

以後，如能下定決心，事事公正無私，誠實無欺，我相信只要幹部們以身作則，為之倡導，則短時間內，社會風氣必能日趨於敦厚樸實。」〔註44〕可以看出，蔣介石這裡的觀點完全來自蔡鍔。此外，蔣介石對「誠」的重要性又作了許多發揮，他說：

> 所謂「誠」，就是一切語言行動，都要存誠務實。一個人對上官如其口是心非，虛偽不誠，在一時裏你的上官或尚不易發現，但是日後終久還是會被察覺的；尤其是上官對部屬的虛矯偽飾，你的部屬立刻就會發現出來，會給你的虛偽言行暴露無遺，所謂十目所視，十手所指，即使你要掩蓋過去，亦不可能的，而且反將欲蓋彌彰，這樣，在一時裏你的部屬表面上雖或緘口不言，但他的內心卻會對你特別鄙夷輕視，世上最可恥可悲之事，還有甚於為部屬所輕視的事麼？須知表面的緘默，就是內懷不服，而形式上的屈從，一定壓抑不住其心理的反抗，這樣，不但平時不能使部隊精誠團結，戰時就更難掌握指揮了。

> 但是誠字還有另一層道理，須在此為大家特別補充講明；那就是知之為知之、不知為不知、不自以為是、更不予智自雄的「自誠明」。這亦就是說，凡遇部屬向你請示求教的時候，你知道的，自當不厭不倦的為之講解闡述，若不知道的，則不要強不知以為知，而應誠實的回答所部：「你所問的事，我還不知道，等我研究明白以後，才給你確實的答覆」。又如某一事處理錯誤，更要自己立即坦承錯誤，並即刻改正。凡對自己不知不能的事，總要能虛心，肯下問，並不惜向部屬學習，這樣，大家就不但不會輕視你，而且只有更加敬重你，信仰你，此之謂知之至也，亦誠之至也。〔註45〕

〔註44〕《總統蔣公思想言論總集・卷二十六演講》，中國國民黨中央委員會黨史委員會，1984年，第391頁。

〔註45〕《總統蔣公思想言論總集・卷二十九演講》，中國國民黨中央委員會黨史委員會，1984年，第335～336頁。

第五章　勇　毅

【題解】

　　勇毅，即勇敢堅毅。歷來兵法中，無論是將帥，還是士卒，勇敢都是其基本品質。因此，胡林翼說「能勇敢不算本領」。這一點，蔡鍔講的非常明白。蔡鍔借用孟子的說法，指出「勇」有「小勇」和「大勇」之分，他所提倡的是「鞠躬盡瘁，死而後已」的大勇，是勇敢和堅毅的合一。蔡鍔認為曾國藩、胡林翼本章所說，均指大勇而言。蔡鍔要求高級將領，除了勇敢之外，必須在「毅」字上下工夫，抱定一往無前之志向，百折不回之勇氣，完全把毀譽、榮辱、生死置之度外，只求對得起自己的良知，以我之大勇，做無數小勇之表率。

5.1〔註1〕大抵任事之人，斷不能有毀而無譽，有恩而無怨。自修者但求大閒不逾，不可因譏議而餒沉毅(1)之氣。衡人者，但求一長而取，不可因微瑕而棄有用之材。苟於嶢嶢(2)者過事苛求，則庸庸者反得幸(3)全。（曾國藩）

【注釋】

（1）沉毅：同沉毅。沉著堅毅

（2）嶢嶢（yáo）：形容性格剛直。

（3）倖：同幸。

〔註1〕本節出自《曾國藩全集・書信六》，嶽麓書社，1992年，第4259頁。

【譯文】

大凡一個做事之人，絕不可能只有毀謗而無讚譽，只有感恩而無怨恨。自我修習之人，只求在大節上不越軌，不能因有譏諷就使沉著堅毅之氣餒怯。衡量選拔人才，只求其有一長之處可取，不能因一點瑕疵就棄之不用。如果對剛直之人要求過於苛刻，反而使平庸之輩得以保全。

【解讀】

大凡人做事永遠不可能討好所有人，讓所有人稱讚，也不可能只是有毀無譽，有恩無怨，只求不犯大的過錯就可以。這裡，曾國藩是說人無完人，用人要用其所長，不必求全責備。在本書 2.3 節，也說過類似的話。他說：「要以衡材不拘一格，論事不求苛細，無因寸朽而棄連抱，無施數罟以失巨鱗。」《論語・子張》篇，子夏曰：「大德不逾閑，小德出入可也。」意思是說，在重大問題上，不逾越規範，在小的方面可以有些出入。這也是強調對人不要過分苛求。周公對自己的兒子伯禽說：「故舊無大故，則不棄也。無求備於一人。」（《論語・微子》）意思是說，對一直追隨自己的舊友老臣沒有大的過失，就不要拋棄他們，不要對一個人要求十全十美。《呂氏春秋・舉難》曰：「以人之小惡，亡人之大美，此人主之所以失天下之士也已。」《資治通鑒・貞觀十年》載，魏徵對唐太宗說：「君子不能無小過，苟不害於正道，斯可略矣。」

5.2〔註2〕**事會**(1)**相薄**(2)**，變化乘除，吾嘗舉功業之成敗、名譽之優劣、文章之工拙，概以付之運氣一囊之中，久而彌自信其說之不可易也。然吾輩自盡之道，則當與彼賭乾坤於俄頃，較殿最**(3)**於錙銖，終不令囊獨勝而吾獨敗。**（曾國藩）

【注釋】

（1）事會：機遇；時機。
（2）相薄：相迫近；相搏擊。
（3）殿最：指等級的高低上下。

【譯文】

世上的因緣際會，變化萬端。我曾經把功業的成敗、名譽的好壞、文章的工拙，一概歸為運氣。久而久之，越來越相信這樣的說法是非常正確的。

然而，所謂盡人事，知天命，我輩應盡自己的本分之道。無時無刻不與運氣相賭，與天地爭勝，在細微處也要比一個高低上下，終究不能讓那囊中的運氣永遠獲勝，而我們永遠失敗。

【解讀】

錢穆《中國近三百年學術史》說：「曾氏復郭筠仙書亦謂『吾嘗舉功業之成敗、名譽之優劣、文章之工拙，概以付之運氣一囊之中，久而彌自信其說之不可易也。然吾輩自盡之道，則當與彼賭乾坤於俄頃，校殿最於錙銖，終不令囊獨勝而吾獨敗。』此實曾氏一至堅確之觀念，亦即其畢生事業成功一至要之因素也。」〔註3〕

風水、算命術、相術和天命是中國傳統神秘文化的重要內容，是中國古人認知世界的一種特殊方式，不能簡單以「迷信」二字予以否定。曾國藩從不是一個脫離現實的理論家，他的理念都在建立在他對現實生活和生命體驗基礎上的。他對風水、算命術、相術和天命的態度，因其個人、家族、事業的狀況，究其一生都在不斷變化之中，時而懷疑，時而堅信不疑，到了晚年，則此愈發肯定。但他從不以此否定人自身努力的重要性，其一生成就的獲得，也是得力於他堅強的自我意志。他曾說：「凡辦大事，半由人力，半由天事。……吾輩但當盡人力之所能為，而天事則聽之彼蒼，而無所容心。」〔註4〕這應當是他精神的寫照。無論是神秘的天命、命運、運氣，還是個人的自我努力，凡是一切可供調動的精神資源無不採納，「窮盡了他所能接觸到的一切精神資源。」〔註5〕

5.3〔註6〕**國藩昔在湖南、江西，幾於通國不能相容。六、七年間**(1)**，浩然**(2)**不欲復聞世事。惟以造端過大，本以不顧生死自命，寧當更問毀譽。（曾國藩）**

【注釋】

（1）六、七年間：指咸豐六、七年之間。

（2）浩然：指不可阻遏、無所留戀貌。

〔註3〕錢穆：《中國近三百年學術史》，商務印書館，1997年，第642頁。
〔註4〕《曾國藩全集·家書一》，嶽麓書社，1985年，第679頁。
〔註5〕張宏傑：《曾國藩的正面與側面》，民主與建設出版社，2014年，第268頁。
〔註6〕本節出自《曾國藩全集·書信七》，嶽麓書社，1994年，第4888頁。

【譯文】

當年國藩在湖南、江西與太平軍作戰時，幾乎到了舉國不能相容的地步。咸豐六、七年之間，不可遏制地想不再過問世事。只是由於當初練湘勇所造影響太大，本來早已將生死置之度外，還管什麼毀譽呢。

【解讀】

曾國藩此處講自己在湖南、江西時，幾乎到了舉國不容的地步，以致在咸豐六、七年之間，甚至想隱退，不再過問世事。什麼事情讓他如此憤恨，而灰心意冷呢？他後來在弟弟曾國荃的信中回顧了自己一生中有三次為眾人所唾罵的奇恥大辱，即「庚戌、辛亥間為京師權貴所唾罵，癸丑、甲寅為長沙所唾罵，乙丑、丙辰為江西所唾罵」〔註7〕。後來他又總結了自己生平所吃的四大塹：「第一次壬辰年發佾生，學臺懸牌，責其文理之淺；第二庚戌年上日講疏內，畫一圖甚陋，九卿中無人不冷笑而薄之；第三甲寅年岳州靖港敗後，棲於高峰寺，為通省官紳所鄙夷；第四乙卯年九江敗後，赧顏走入江西，又參撫臬，丙辰被困南昌，官紳人人目笑存之。」〔註8〕這三次被唾罵和所吃的四大塹，都包含了他在此節所說的在湖南和江西的困頓。本是一片赤誠，卻不斷遭當地官員排擠刁難，處處碰壁，還有皇帝的不信任。這一段時期，可以說是他人生最痛苦的時候。他稱自己只是百般隱忍，好漢打脫牙活血吞，「惟有一字不說，咬定牙根，徐圖自強而已」。〔註9〕

王闓運編寫《湘軍志》，對曾氏兄弟的戰功頗有微辭，曾國荃看後大怒，以致燒了書稿模板。但王闓運在閱讀曾國藩江西時期的奏稿時，對曾國藩的境遇竟也深表同情：「夜覽滌公奏，其在江西時，實悲苦，令人泣下……『聞春風之怒號，則寸心欲碎，見賊帆之上駛，則繞屋彷徨。』《出師表》無此沉痛！」〔註10〕連後來的梁啟超也不禁感歎：「蓋當時所處之困難，如此其甚也！功成業定之後，論者以為乘時際會，天獨厚之。而豈知其停辛貯苦、銖積寸累、百折不回而始有今日也。使曾文正毅力稍不足者，則其為失敗之人無可疑也。」〔註11〕令人真切感受到曾國藩當時所承受的困苦。在梁啟超看來，

〔註7〕《曾國藩全集·家書二》，嶽麓書社，1985年，第1309頁。

〔註8〕《曾國藩全集·家書二》，嶽麓書社，1985年，第1330頁。

〔註9〕《曾國藩全集·家書二》，嶽麓書社，1985年，第1309頁。

〔註10〕王闓運：《湘綺樓日記》，光緒四年二月二十七。

〔註11〕梁啟超：《新民說》，《梁啟超全集》第二集，中國人民大學出版社，2018年，第618頁。

曾國藩之所以成就巨大事功，並非時代因緣際會所賜的機會，而是其堅韌不拔，百折不回的毅力。

蔣介石對曾國藩在逆境中無論怎樣受挫受辱，仍忍耐堅持，咬牙勵志的精神，以及堅忍不拔的意志非常讚賞，他說：

> 當曾文正公在衡陽開始訓練水師時，武漢早已被太平軍佔領，岳州亦已陷落，而在湘陰附近一戰，湘軍更是遭受全軍覆沒的慘敗，他因為恥於失敗，乃欲憤而跳水自殺，幸經左右救起，才到長沙高峰避難，這就是現在長沙妙高峰中學所在地，當時長沙巡撫藩臺等一般官吏紳耆都譏笑他、輕視他，大家以為他是書呆子，不能作大事，各位試想曾文正當時的失敗是到了如何的程度！但是他的志氣仍不稍衰，能夠忍受當時一切的艱難困苦和失敗的恥辱，將他從艱危困辱中所得的經驗和教訓，儘量反省檢討出來，重新拿來訓練軍隊，創造水師，然後再領軍打出湖南，次第克服岳州武漢等長江各要地，卒能成功他中興的大業！這就他雖屢遭失敗而志氣愈益堅定，無論處境如何困難，旁人如何譏笑，他能夠忍耐，能夠勵志，這種艱苦忍耐百折不回的毅力，是我們高級將領最重要的一種修養，亦就是我們今後抗戰要轉敗為勝的基本精神。〔註12〕

5.4〔註13〕遇棘手之際，須從耐煩二字痛下工夫。（曾國藩）

【譯文】

遇到棘手之事，應當在「耐煩」二字上痛下工夫。

【解讀】

今人常用「不耐煩」一詞，其行止也常常表現的不耐煩，「耐煩」一詞反而很少用，以致人們都忘記了它的含義。其實，「耐煩」是古人常用的一個詞，如朱熹論讀書法，說：「讀書要須耐煩，努力翻了巢穴。譬如煎藥，初煎時，須猛著火；待滾了，卻退著，以慢火養之。讀書亦須如此。」（《朱子語類》卷一一五）讀書如熬中藥，要耐心，不能怕麻煩，不能著急。朱熹論做事：「大凡事，只得耐煩做將去。才起厭心，便不得。」（《朱子語類》卷一〇七）《格

〔註12〕《總統蔣公思想言論總集·卷十五演講》，中國國民黨中央委員會黨史委員會，1984年，第491頁。
〔註13〕本節出自《曾國藩全集·書信九》，嶽麓書社，1994年，第6341頁。

言聯璧》曰：「不耐煩者，做不成一件事業。」曾國藩無論讀書還是做事，受朱子影響很大。他教導弟弟讀書，「昔賢謂宜用猛火煮、漫火溫，弟今正用猛火之時也」〔註14〕。教導弟弟帶兵，「居官以耐煩為第一要義」〔註15〕。

5.5〔註16〕**我輩辦事，成敗聽之於天，毀譽聽之於人。惟在己之規模氣象，則我有可以自立者，亦曰不隨眾人之喜懼為喜懼耳。（曾國藩）**

【譯文】

我輩做事，成敗聽由天命，毀譽聽由他人。唯有在自己的格局和氣象方面是否宏大，則是自己可以把握的，不隨眾人的喜懼而變化。

【解讀】

古人講「盡人事，知天命」。「天命」需要「知」，即要瞭解上天賦予自己的使命是什麼，但「天命」不由人，所以要在「知」之後，聽由天命。人能掌控的是自己，所以要「盡人事」，即要窮盡自己的所有努力，自拔於流俗，自我挺立。

5.6〔註17〕**軍事棘手之際，物議指謫之時，惟有數事最宜把持得定：一曰待民不可騷擾；二曰稟報不可諱飾；三曰調度不可散亂。譬如舟行，遇大風暴，只要把舵者心明力定，則成敗雖未可知，要勝於他舟之慌亂者數倍。（曾國藩）**

【譯文】

軍事上遇到棘手之事，輿論紛紛指責之時，有幾件事是最應該把握住的：一是不能騷擾老百姓；二是稟報軍情不能隱匿虛飾；三是調度要謹慎，不能慌亂。比如，行船遇到大風暴，只要掌舵的人內心明瞭，用力沉著穩定，雖然成敗難以預料，但還是要遠勝過其他慌亂的船隻。

【解讀】

現代戰爭中，無論是國內，還是國際間衝突，傷及無辜貧民總是重大事

〔註14〕《曾國藩全集・家書一》，嶽麓書社，1985年，第366頁。
〔註15〕《曾國藩全集・家書一》，嶽麓書社，1985年，第375頁。
〔註16〕本節出自《曾國藩全集・書信一》，嶽麓書社，1990年，第545頁。
〔註17〕本節出自《曾國藩全集・書信九》，嶽麓書社，1994年，第6345頁。

件，會遭到國際社會強烈譴責、制裁和懲罰。古代戰爭中，戰爭勝負取決於民心向背，一支好的軍隊沒有不重視愛護百姓的。曾國藩反覆告誡將領，「總以禁止騷擾為第一義。」（曾國藩：《求闕齋日記類鈔·軍謀》）所謂「稟報軍情不能隱匿虛飾」，就是要如實稟報軍情，不能弄虛作假，這是曾國藩一貫強調的「誠」。在依據真實軍情的基礎上，不慌亂，統一安排調度。曾國藩認為，這三件事是軍隊在任何時候必須牢牢把握的原則。這樣就做到了「心明力定」，應對各種狀況都不會慌亂，而舉止無措。

5.7〔註18〕若從流俗毀譽上討消息，必致站腳不牢。（曾國藩）

【譯文】

若是以流俗的毀譽來決定自己的行為，必定站不住腳。

【解讀】

梁啟超總結曾國藩一生得力處，其中重要一點就是「自拔於流俗」。曾國藩說：「卑者安流俗庸陋之規，而日趨污下。」（本書 3.1）一個人總被流俗所掌控，以他人之是非為是非，自我人格不能挺立，必然會「日趨污下」，必然會「站腳不牢」。

5.8〔註19〕不怕死三字，言之易，行之實難，非真有膽有良心者不可。僅以客氣為之，一敗即挫矣。（胡林翼）

【譯文】

「不怕死」三字，說起來容易，做起來難，不是真有膽識，有良心，不可能做到。僅以一時的意氣行事，結果只能是一敗塗地。

【解讀】

相傳姜太公說：「故必死，必死不如樂死，樂死不如甘死，甘死不如義死，義死不如視死如歸，此之謂也。故一人必死，十人弗能待也；十人必死，百人弗能待也；百人必死，千人弗能待也；千人必死，萬人弗能待也；萬人必死，橫行乎天下。」（《太公兵法逸文·篇一》）對於戰爭來說，軍人不怕死的越多，就越能取得勝利。有萬人不怕死，就能橫行天下了。人何以能不怕死

〔註18〕本節出自《曾國藩全集·書信二》，嶽麓書社，1991 年，第 1127 頁。
〔註19〕本節出自《胡林翼集》（二），嶽麓書社，1999 年，第 128 頁。

呢？這裡姜太公講了多種死。「必死」是被迫的，無奈的；「樂死」是愉快地死；「甘死」是心甘情願地死；「義死」是為正義而死；「視死如歸」之死則已經超越了世俗的觀念。曾國藩說只有「有膽有良心者」才有可能真的不怕死，便相當於姜太公所謂「義死」和「視死如歸」的境界。

5.9〔註 20〕天下事只在人力作為，到水盡山窮之時自有路走，只要切實去辦。（胡林翼）（蔣介石眉批：潤之之言足為治亂世者法也）

【譯文】

天下事只是事在人為而已，到山窮水盡之時，自然有路可走，只要肯切實去做。

【解讀】

胡林翼此言盡見剛毅之氣，天下事只是事在人為，不用擔心山窮水盡，與曾國藩所謂「莫問收穫，但問耕耘」（本書 13.7），異曲同工。蔣介石對胡林翼此言非常欣賞，在此節眉批曰：「潤之之言足為治亂世者法也。」

5.10〔註 21〕冒險二字，勢不能免。小心之過，則近於葸（1）。語不云乎：「不入虎穴，焉得虎子！」（胡林翼）

【注釋】

（1）葸（xǐ）：害怕，畏懼。

【譯文】

人生在世，冒險會在所難免。過於小心，則近於膽小怕事。俗話說得好：「不入虎穴，焉得虎子！」

【解讀】

胡林翼與曾國藩在個性上有很大不同。曾國藩老成持重，作戰總是要算到十拿九穩才行，因此會有拘泥、黏滯之處。胡林翼則要大膽的多，他認為軍事沒有萬全之策，「兵事不宜長顧卻慮，太謹慎則嫌於拙滯，進兵求戰，約不過五六分可靠，便應放手放膽」〔註 22〕。他時常告誡曾國藩要「放膽放手

〔註 20〕本節出自《胡林翼集》（二），嶽麓書社，1999 年，第 79 頁。
〔註 21〕本節出自《胡林翼集》（二），嶽麓書社，1999 年，第 80 頁。
〔註 22〕《胡林翼集》（二），嶽麓書社，1999 年，第 751 頁。

大踏步」，不要學諸葛亮，只求謹慎。其實，曾國藩的老成持重與胡林翼的大膽冒險，兩者都是各有利弊。過於謹慎會貽誤戰機，大膽冒險則容易一著不慎，滿盤皆輸。而曾、胡的合作恰恰實現了一種互補，不過於持重，也不至過於冒險。

5.11〔註23〕國家委用我輩，既欲稍稍補救於斯民，豈可再避嫌怨。須知禍福有定命，顯晦有定時，去留有定數，避嫌怨者未必得，不避嫌怨未必失也。古人憂讒畏譏，非惟求一己之福也。蓋身當其事，義無可辭，恐讒謗之飛騰，陷吾君以不明之故。故悄悄之憂心，致其忠愛之忱耳。至於一身禍福進退，何足動其毫末哉？（胡林翼）

【譯文】

國家任用我輩，既然是想救百姓出水火，哪能再怕什麼嫌怨。要知道，禍福自有天命，顯達和晦氣自有定時，去留自有定數，試圖逃避嫌怨者未必能得到什麼，不怕嫌怨者未必能失去什麼。古人擔憂讒言，畏懼譏諷，並不是為了一己私利。而是因身負重任，義不容辭，恐怕讒言譭謗、流言蜚語，會使君主不明真相。所以古人往往暗自憂心，以盡忠君愛國的熱忱。至於個人的禍福進退，對他們絲毫不會有影響。

【解讀】

此段話充分體現了胡林翼的公忠愛國之心。他說「吾人以身許國，即難進退任情」，「如女子之結縭，從一而終」〔註24〕。他在連年的戰亂中，領兵打仗，整頓吏治，極盡操勞，嚴重損害了身體，他稱自己不足五十，但身體狀況宛如八九十的人。為國為民，真正是做到了鞠躬盡瘁，死而後已。

5.12〔註25〕膽量人人皆小，只須分別平日膽小，臨時膽大耳。今人則平日膽大，臨時膽小，可痛也已！（胡林翼）

【譯文】

膽量人人都小，只須區別哪些人無事膽小、遇事膽大。今人正好相反，

〔註23〕本節出自《胡林翼集》（二），嶽麓書社，1999年，第301頁。
〔註24〕《胡林翼集》（二），嶽麓書社，2008年，第312頁。
〔註25〕本節出自《胡林翼集》（二），嶽麓書社，1999年，第309頁。

無事膽大，遇事膽小，實在令人痛心！

【解讀】

　　無事時需要奉公守法，安分守己；遇事時需要良心血性，該出手時就出手，仗義執言，捨己為人。但現實常常相反，人們往往在安全時，慷慨激昂，膽大妄為；在遇事危險時，則膽小怕事，明哲保身。這正是胡林翼感覺痛心的地方。要培養和激發人的良心血性，一是需要自身的長期修養，如孟子所謂「我善養吾浩然之氣」；二是需要良好社會機制的配合，使社會正氣樹立起來。

5.13〔註26〕討寇之志，不可一眚（1）而自撓。而滅寇之功，必須萬全而自立。（胡林翼）（蔣介石眉批：此節於青年將校未臨戰陣者，尤宜銘心。要知轉敗為勝者是常事，切不可以一敗而自撓其志氣。）

【注釋】

（1）眚（shěng）：過錯。

【譯文】

　　討伐賊寇的志向，不能因一次失敗就灰心喪氣。而要取得消滅賊寇的功業，必須謀劃周全，才能立於不敗之地。

【解讀】

　　勝敗乃兵家常事。戰爭的雙方都是具有主觀能動性的人，都力圖保持主動，扼制對方。所以戰爭中的主動權與被動地位的變化處於極不穩定的狀態，往往一場戰爭中，主動權會幾度易手，多次反覆，陷入拉鋸戰。因此，勝敗乃兵家常事，不能因一次失敗就灰心喪氣。蔣介石在此節眉批，特別囑咐「青年將校未臨戰陣者，尤宜銘心。要知轉敗為勝者是常事，切不可以一敗而自撓其志氣」。

5.14〔註27〕兩軍交綏（1），不能不有所損。固不可因一眚而撓其心，亦不可因大勝而有自驕輕敵之心。縱常打勝仗，亦只算家常便飯，並非奇事。惟心念國家艱難，生民塗炭，勉竭其愚，以求有萬一之補救。成敗

〔註26〕本節出自《胡林翼集》（二），嶽麓書社，1999年，第436頁。
〔註27〕本節出自《胡林翼集》（二），嶽麓書社，1999年，第439頁。

利鈍，實關天命，吾盡吾心而已。（胡林翼）

【注釋】

（1）交綏：交戰。

【譯文】

兩軍交戰，不可能沒有損失。因此，不能因一次失敗就灰心喪氣，也不能因大勝而生驕傲輕敵之心。縱使常打勝仗，也只看做家常便飯，算不得什麼稀奇。唯有心中時刻掛念國家艱難，生靈塗炭，竭盡自己所能，以求對國家、民眾有一點微小的補救。成功還是失敗，順利還是挫折，實由天命，我輩只需盡心竭力而已。

【解讀】

不能因失敗而灰心喪氣，也不能因勝利而驕傲輕敵。成功與失敗，順利與挫折，都是由天命決定的，軍人只須盡力去做，不應過於掛懷這些。那麼，軍人應該掛懷的什麼呢？戰爭是巨大的災難，胡林翼指出，軍人應心中時刻掛念國家艱難，生靈塗炭，因此要竭盡自己所能，以求對國家、民眾有一點微小的補救。由此可見，胡林翼絕不僅僅是一個領兵打仗的軍事統帥，而是一個充滿儒家仁愛精神的政治家。

5.15 〔註28〕**僥倖以圖難成之功，不如堅忍而規遠大之策。（胡林翼）**

【譯文】

與其心存僥倖，貪圖難以取得的功業，不如堅持而不動搖，謀劃遠大的策略。

【解讀】

僥倖心理，是人人都會有的本能意識，希望通過偶然的不確定的事件，意外成功或避免災害。當僥倖心理發展到支配人的行為的時候，就會不願付出，懶於努力，一味投機取巧。因此，胡林翼提出要腳踏實地，堅忍努力，規劃奮鬥方策。

〔註28〕本節出自《胡林翼集》（二），嶽麓書社，1999年，第692頁。

5.16〔註29〕**兵事無萬全，求萬全者無一全。處處謹慎，處處不能謹慎。歷觀古今戰事，如劉季、光武、唐太宗、魏武帝，均日瀕於危。其濟，天也。**（胡林翼）（蔣介石眉批：非久歷亂世，深識戎機者，其言焉能確切至此。）

【譯文】

用兵打仗沒有萬全之策，想求得完全者反而一全也得不到。想處處謹慎，反而處處做不到謹慎。縱觀古今戰爭，如漢高祖劉邦、光武帝劉秀、唐太宗李世民、魏武帝曹操，都是天天瀕臨險境。他們的成功，完全是天意。

【解讀】

中國古代兵家主張「慎戰」，強調戰略決策要「萬全」的論述比比皆是，如：「兵不必勝，不苟接刃；攻不必取，不為苟發。故勝定而後戰，鈐懸而後動。」（《淮南子・兵略訓》）「臣聞帝王之兵，以全取勝，是以貴謀而賤戰。」（《漢書・趙充國傳》）「先作萬全之計，然後圖彼，得之則大克，不得則自全。」（《魏書・列傳第五十三・邢巒》）「夫廟算決勝，必宜審量彼我，萬全而後動。」（《晉書・王羲之傳》）「非百勝不戰，非萬全不鬥也。」（《十一家注孫子・形篇・張預注》）「非必取不出眾，非全勝不交兵，緣是萬舉萬當，一戰而定。」（《草廬經略・遠略》）由以上可見，古代兵家對戰略要求有絕對把握，反對冒險和任何僥倖心理。

認為軍事沒有萬全之策，敢於冒險，是胡林翼的一貫風格，但由前一節（5.15）可見，胡林翼又非常反對僥倖心理，兩者似乎有些矛盾。實際上，胡林翼編撰有巨著《讀史兵略》一書，對歷代兵家理論和古今戰事非常熟悉。因此，胡林翼非常注重靈活運用兵法，絕不抱著古人的教條不放，泥古不化，其理念充分體現他鮮明的個性特徵。軍事家蔣介石非常讚賞胡林翼的這段話，他在此節眉批讚歎說：「非久歷亂世，深識戎機者，其言焉能確切至此。」

5.17〔註30〕**不當怕而怕，必有當怕而不怕者矣。**（胡林翼）

【譯文】

不當害怕而害怕，必有應當害怕卻不害怕的時候。

〔註29〕本節出自《胡林翼集》（二），嶽麓書社，1999年，第723頁。
〔註30〕本節出自《胡林翼集》（二），嶽麓書社，1999年，第723頁。

【解讀】

「不當怕而怕」，是過於謹慎的表現；「當怕而不怕」，是過於膽大冒險的表現。兩者都是取敗之道。正確的選擇應該是，當謹慎時謹慎，當冒險時冒險。當怕時要怕，不當怕時要不怕。這需要統帥有豐富和高超的作戰指揮經驗，才能真正平衡這兩者。

5.18〔註31〕戰事之要，不戰則已，戰則須挾全力。不動則已，動則須操勝算。如無〔註32〕把握，則堅守一月、二月、三月，自有良方。今日之人，見敵即心動，不能自主，可戒也。（胡林翼）

【譯文】

戰事的關鍵在於，不戰則已，戰就要竭盡全力。不行動則已，行動就要穩操勝算。如果沒有獲勝把握，則堅守一月、二月、三月，自會找到破敵良策。今日軍人，見到敵人就心動，被敵所控，不能自主，這是必須改正的。

【解讀】

所謂勝敗乃兵家常事，是就天命而言，是人所無法掌控的。但並不是說，在打仗之前要先存一「敗」念，理解為勝敗無所謂，這只能使士氣全無，沒有不敗的。胡林翼提出，不戰則已，戰就要竭盡全力。這就是要「盡人事」。他所說「動則須操勝算」、「必須萬全而自立」（5.13）與「兵事無萬全」（5.16）、「本無萬全之策」（5.19）似乎是很矛盾，其實並不矛盾。「動則須操勝算」、「必須萬全而自立」是就「盡人事」而言，「兵事無萬全」、「本無萬全之策」是就「知天命」而言，兩者是完全不同的層面。所謂「見敵即心動」，是指缺乏定力，被敵人的一舉一動牽著走，完全喪失主動。這樣的心態和舉止，當然是要戒除和改正的。

5.19〔註33〕古今戰陣之事，其成事皆天也，其敗事皆人也。兵事怕不得許多，算到五六分，便須放膽放手，本無萬全之策也。（胡林翼）

〔註31〕本節出自《胡林翼集》（二），嶽麓書社，1999年，第733頁。
〔註32〕《曾胡治兵語錄》通行本為「如有把握」，今據《胡林翼集》以及《曾胡治兵語錄》蔡鍔墨蹟本訂正。
〔註33〕本節出自《胡林翼集》（二），嶽麓書社，1999年，第748頁。

【譯文】

古往今來的戰爭，其成功皆是天意，其失敗皆是人為。用兵打仗不能顧慮太多，怕這怕那，有五六分的勝算把握，就應放開手腳，大膽一搏，世上本無萬全之策。

【解讀】

戰陣之事，是瞬息萬變的，想在戰前，把一切都算到，是不現實的。胡林翼講有五六分的把握，就要放膽一搏，確實是經驗之談。「古今戰陣之事，其成事皆天也，其敗事皆人也。」此言充分體現了胡林翼對兵法的深刻洞見。胡林翼非凡的軍事思想，卓越的領導才能，明快的辦事作風，以及其膽識和魄力，當時幾乎無人能及。只可惜因憂勞過度，年僅五十而卒，未及建立更多功業，但僅此，胡林翼已經足以榮耀史冊。

5.20〔註34〕**賢達之起，其初類有非常之撼頓（1），顛躓（2）戰兢，僅而得全，疢疾（3）生其德術，荼蘗（4）堅其筋骨，是故安而思危，樂而不荒。（增補曾國藩）**

【注釋】

（1）撼頓：指動盪困頓。

（2）顛躓：困頓挫折。

（3）疢（chèn）疾：意為疾病，這裡指憂患。

（4）荼蘗（tú bò）：荼，一種苦菜。蘗：同檗，俗稱黃柏，為藥物中最苦者。荼蘗，比喻境遇艱苦。白居易《和晨興因報問龜兒》詩：「誰謂荼蘗苦，荼蘗甘如飴。」

【譯文】

賢達之士，起初都有過非同尋常的動盪困頓、跌倒挫折、戰戰兢兢的經歷，最終僅僅得以保全而已。憂患培養了其德行和心術，困苦強健了其筋骨，這使他們能居安而思危，快樂而不荒淫。

【解讀】

孟子曾舉了很多名人的例子，來說明生於憂患死於安樂，艱難困苦玉汝

〔註34〕本節出自《曾國藩全集・詩文》，嶽麓書社，1986年，第177頁。

於成的道理。他說：「舜發於畎畝之中，傅說舉於版築之中，膠鬲舉於魚鹽之中，管夷吾舉於士，孫叔敖舉於海，百里奚舉於市。」（《孟子·告子下》）舜從田野之中興起，傅說從築牆的勞役中被提拔，膠鬲從魚鹽販子中被舉用，管仲從獄官手裏被舉用為相，孫叔敖從海邊被舉用進了朝廷，百里奚從市場中被提拔。這些都是在艱難困苦中鍛鍊成長起來的人才。這節是曾國藩對孟子這一思想發揮，他所說的「撼頓」「顛蹶」「戰兢」「疢疾」「荼檗」等，都是一些艱難困苦的因素和環境，他指出人只有在這樣的環境中，不斷加以錘鍊才能得以成才。

5.21 〔註35〕 道微俗薄，舉世方尚中庸之說，聞激烈之行，則訾 (1) 其過中，或以罔濟尼之。其果不濟，則大快奸者之口。夫忠臣孝子，豈必一一求有濟哉？勢窮計迫，義不反顧，效死而已矣！其濟，天也；不濟，於吾心無憾焉耳。（增補曾國藩）

【注釋】
（1）訾（zī）：毀謗，指責。

【譯文】
道德衰微，風俗澆薄，普天下都在崇尚中庸之說，聽聞一些激烈言行，便指責其不符合中庸的要求，或者以不會成功的藉口來阻止。如果真不成功，則使奸邪之人幸災樂禍。實際上，忠臣孝子，難道每件事都要求行得通呢？到了大勢已去，束手無策的時候，唯有義無反顧，拼命效死而已。成功了，是天命使然；即使失敗，也沒有遺憾了。

【解讀】
孔子說：「中庸之為德也，其至矣乎！民鮮能久矣。」（《論語·雍也》）孔子認為中庸是崇高的德行，但曾國藩這裡卻似乎是在批評那些崇尚中庸的人，這是何故呢？實際上，曾國藩這裡指的是那些曲解中庸，把中庸當作庸俗的折衷主義的人。這些人往往以為兩端各取其半，不黑不白就是中庸，而這恰恰是孔子最為反對的「和稀泥」「和事佬」，即鄉愿。所以曾國藩不是要否定中庸，而且他治學、立身、處世的基本理念和方法，都是基於中庸。

作為處理事物的基本原則和方法論的中庸，其內涵就是「執兩用中」。

〔註35〕本節出自《曾國藩全集·詩文》，嶽麓書社，1986 年，第 145 頁。

《中庸》記載，孔子總結大舜的治國方法時說：「執其兩端，用其中於民，其斯以為舜乎？」這就是說要掌握兩種對立的極端，用中道來治理人民。所謂中道就是要把握事物的「度」，在對立的兩端之間尋找解決問題的辦法。「中」是「適當」、「合宜」、「準確」之意。如剛和柔是對立的兩端，所謂「執其兩端」就是要把握剛和柔；所謂「用中」，並不是要取其剛和柔之間的中間部分，既不剛也不柔，而是要當剛則剛，當柔則柔，這才是剛柔相濟的道理。孔子講「君子而時中」。「時」就是對時機的把握，「時中」就是在適當的時機做正確的事。曾國藩說：「中則治，偏則亂。」〔註36〕用中則會使事物得到治理，用偏則會使事物混亂。因此，只有正確把握事物對立的兩端，做到執兩用中，才能解決問題，達成目標。他把執兩用中理念和方法全面貫徹到他的治學、立身、處世等方方面面，其成功多得益於此。

　　曾國藩此節所批評的是對中庸作庸俗化理解的人。這些人聽聞一些激烈言行，便指責其不符合中庸的要求，其實是讓人放棄看似不可能的努力，而曾國藩則認為，到了大勢已去，束手無策的時候，唯有義無反顧，拼命效死而已。看似極端，但義不容辭，即孟子所謂「惟義所在」，乃是真正的「時中」，恰是中庸的真精神。

5.22〔註37〕時事愈艱，則挽回之道，自須先之以戒懼（1）惕厲（2）。傲兀（3）鬱積之氣，足以肩任艱巨，然視事太易，亦是一弊。（增補曾國藩）

【注釋】

（1）戒懼：指警戒恐懼。

（2）惕厲：亦作惕勵，指警惕謹慎。語出《周易・乾》：「君子終日乾乾，夕惕若厲，无咎。」

（3）傲兀：猶傲岸。高傲自負，不屑隨俗。

【譯文】

　　時事越是艱難，則挽回的方法，就要先做到警戒恐懼，小心謹慎。高傲自負，不屑隨俗，滿腔憂憤之氣，足以擔負艱巨重任，但把事情看得太容易，也是一大缺陷。

〔註36〕《曾國藩全集・書信一》，嶽麓書社，1990年，第20頁。

〔註37〕本節出自《曾國藩全集・書信一》，嶽麓書社，1990年，第512頁。

【解讀】

曾國藩認為，時事艱難時刻，需要傲兀鬱積之氣，胡林翼講「將以氣為主」（本書 1.7），這種氣會轉化為勇氣和膽力，激勵將士擔負重任。但曾國藩這裡特別提醒，高傲自負，滿腔憂憤，也容易導致盲目自大，膽大妄為，把事情想的太容易。因此，時時刻刻先做到戒懼惕厲非常重要。「戒懼惕厲」與「傲兀鬱積之氣」兩者需要互相配合。僅有前者，則會拘泥於小心謹慎，而會故步自封，不敢任事。掌握好兩者之間的平衡之道，是優秀將領的重要工夫。

5.23〔註38〕人心思亂，不自今日始，亦不自今日止。除日日練兵，人人講武，則無補救之方。練一日得一日之力，練一人得一人之力。（增補胡林翼）

【譯文】

人心思亂，並不是從今天開始，也不會自今天而止。除了天天練兵，人人講武之外，別無其他補救時局之法。練兵一日，得一日之力；訓練一人，得一人之力。

【解讀】

世事紛亂之際，各種制度規約分崩離析，人心思亂，一切看不到希望。這種情況下，似乎做什麼都於事無補，但放棄努力則更是一點希望也沒有了。曾國藩指出，此時唯有堅忍不拔，腳踏實地，從一點點做起，練兵一日，得一日之力；訓練一人，得一人之力。此外，一切都不必多想。

5.24〔註39〕時艱事急，當各盡其心力所能，不必才之果異於人，事之果期於成也。遇事每謀每斷，不謀不斷，亦終必亡。與其坐亡，不如謀之。（增補胡林翼）

【譯文】

時事艱難，國事危急，每人當各自竭盡所能，不必才能一定要高於他人，也不必期望事情一定成功。遇到事情，只要謀劃總能決斷解決，不謀劃就無

〔註38〕本節出自《胡林翼集》（二），嶽麓書社，1999 年，第 60 頁。
〔註39〕本節出自《胡林翼集》（二），嶽麓書社，1999 年，第 579 頁。

－163－

法決斷，最終必然失敗。與其坐而待斃，不如認真謀劃解決。

【解讀】

時事艱難之際，人們總是盼望有英雄豪傑出世，挽狂瀾於既倒。事實也確乎如此，所謂時勢造英雄，曾、胡、蔡就是時勢所造之英雄。但普通人並非沒有作用，沒有責任，只要人人各自竭盡所能，對國家社會總會有一定助益。遇事與其坐以待斃，不如認真謀劃，拼死一搏，或有一線生機。

5.25〔註40〕**不苦撐，不咬牙，終無安枕之日。（增補胡林翼）**

【譯文】

如果不苦苦支撐，不咬牙堅持，終究沒有安枕之日。

【解讀】

無論是時事之艱，還是人生之難，安枕之日從來不會白白到來，無一不靠苦苦支撐，咬牙堅持，打拼奮鬥，放棄則永無苦盡甘來之日。

5.26〔註41〕**近事非從吏治、人心痛下工夫，滌腸蕩胃，必難挽回。（增補胡林翼）**

【譯文】

近來的事情，如果不能從吏治、人心上痛下工夫，洗刷滌蕩，必難挽回。

【解讀】

吏治腐敗，人心思亂，是一個國家、社會潰敗的象徵，主政者若不能痛下工夫，解決頑疾，則國家滅亡，政權更替，在所難免。

5.27〔註42〕**大局日壞，吾輩不可不竭力支持，做一分，算一分，在一日，撐一日。（增補曾國藩）**

【譯文】

國家大局越來越糟，我輩不能不竭力支撐，做一點，算一點，在一日，

〔註40〕本節出自《胡林翼集》（二），嶽麓書社，1999年，第617頁。
〔註41〕本節出自《胡林翼集》（二），嶽麓書社，1999年，第655頁。
〔註42〕本節出自《曾國藩全集·書信二》，嶽麓書社，1991年，第1400頁。

撐一日。

【解讀】

　　大局日壞，大廈將傾之時，人人離心離德，時刻準備作鳥獸散。曾國藩雖是語帶沉痛，但卻是苦心孤詣，與一二君子竭力支撐危局，以待轉機出現。

5.28〔註43〕強毅之氣，決不可無，然強毅與剛愎有別。古語云：自勝之謂強，曰強制，曰強恕，曰強為善，皆自勝之義也。如不慣早起，而強之未明即起；不慣莊敬，而強之坐屍立齋；不慣勞苦，而強之與士卒同甘苦，強之勤勞不倦，是即強也。不慣有恆，而強之有恆，即毅也。捨此而求以客氣勝人，是剛愎而已矣。二者相似，而其流相去霄壤，不可不察，不可不謹。（增補曾國藩）（蔣介石眉批：強毅）

【譯文】

　　強毅之氣，絕不能沒有，但強毅與剛愎不同。古語說：自勝叫做強，如強制自己；強迫自己推己及人，行「恕道」；強迫自己多行善事。這些都是自勝之義。具體來說，如不習慣早起床，就要強迫自己天不亮就起床；不習慣莊重恭敬，就要強迫自己「坐如屍，立如齋」；不習慣勞苦，就要強迫自己與士兵一起同甘共苦，強迫自己要勤勞不倦怠。這就是「強」。做事缺乏持之以恆的習慣，強迫自己養成有恆的習慣。這就是「毅」。不如此，反而追求以一時的意氣壓制別人，就是「剛愎」。「強毅」與「剛愎」有相似之處，但其實質卻有天壤之別，不能不察，不能不謹慎。

【解讀】

　　曾國藩強調必須要有強毅之氣，但指出絕不能將「剛愎」誤為「強毅」。「強毅」的核心觀念是「自勝」，即強制自己做對的事。「剛愎」的核心觀念是「勝人」，以虛驕傲慢之氣壓制別人。曾國藩道出了兩者的本質差別。戰勝自己，是自我不斷超越、成長的過程，而壓制別人，則不僅自己沒有成長，反而助長虛驕之氣，最終無不走向敗亡。

〔註43〕本節出自《曾國藩全集‧家書一》，嶽麓書社，1985年，第364頁。

5.29〔註44〕日慎一日，以求事之濟，一懷焦憤之念，則恐無成。千萬忍耐，千萬忍耐。「久而敬之」四字，不特處朋友為然，即凡事亦莫不然。（增補曾國藩）

【譯文】

一日比一日小心謹慎，以求事情之達成，一旦有焦慮憤恨之念，則恐怕難以成功。遇事一定要千萬忍耐，千萬忍耐。「久而敬之」四字，不僅與朋友相處是這樣，即使是一般事情也是如此。

【解讀】

曾國藩認為，做成事情需要小心謹慎，胸中一腔憤恨，是做不成事情的。曾國藩一生謹言慎行，崇奉一個「忍」字。他說：「吾服官多年，亦常在耐勞忍氣四字上做工夫也。」〔註45〕「知天之長而吾所歷者短，則遇憂患橫逆之來，當少忍以待其定；知地之大而吾所居者小，則遇榮利爭奪之境，當退讓以守其雌。」〔註46〕這裡，「忍耐」的意義已經不是做事的功利層面，而完全是人生的意義和價值了。「知天之長而吾所歷者短」「知地之大而吾所居者小」。人生是有限的，是非常短暫的，明白了這些，誰還會去為一些無意義的事情浪費時間和精力呢？時間越久，越要有敬畏之心，不僅與朋友交往如此，對一般事情也要如此。

5.30〔註47〕袁了凡所謂：「從前種種譬如昨日死，從後種種譬如今日生。」另起爐灶，重開世界。安知此兩番之大敗，非天之磨練英雄，使予大有長進乎？諺云：吃一塹，長一智。吾生平長進全在受挫受辱之時，務須咬牙勵志，蓄其氣而長其智，切不可苶然（1）自餒也。（增補曾國藩）（蔣介石眉批：長進之時）

【注釋】

（1）苶（nié）然：形容衰落不振。

【譯文】

袁了凡說：「從前種種事情，就像昨天一樣，已經死了；從後種種事情，

〔註44〕本節出自《曾國藩全集·家書一》，嶽麓書社，1985年，第403～404頁。
〔註45〕《曾國藩全集·家書二》，嶽麓書社，1985年，第937頁。
〔註46〕《曾國藩全集·日記二》，嶽麓書社，1988年，第739頁。
〔註47〕本節出自《曾國藩全集·家書二》，嶽麓書社，1985年，第1328頁。

就像今天一樣，剛剛出生。」過去的就讓它過去，一切要重新開始。誰知道這兩次大敗，不是上天要磨煉英雄，使我大有長進呢？諺語說：吃一塹，長一智。我這一生的長進，全在遭受挫折和屈辱的時候。此時，務必要咬牙勵志，積蓄勇氣，增長智慧，切不可先自氣餒，一蹶不振。

【解讀】

曾國藩二十一歲時受《了凡四訓》中一句話的影響，改號為滌生。他說：「滌者，取滌其舊染之污也；生者，取明袁了凡之言：『從前種種，譬如昨日死；從後種種，譬如今日生也。』」〔註48〕袁了凡稱今日所生的是「義理再生之身」。他區分了「血肉之身」與「義理之身」，「夫血肉之身，尚然有數；義理之身，豈不能格天」。「血肉之身」是人現前的身體，其命數可以用數術推斷吉凶禍福。「義理之身」則是舊我的觀念習俗都已改變，可謂舊我已死，新我再生，可以感通於天。清代穆斯林學者劉智說：「血肉之身在一生，義理之身在萬世。」因此，「義理之身」是超越命數的再生之身。

曾國藩一生都把袁了凡的這句話視為自己的人生信條，時時以此來檢視自己。他將每一次挫折和屈辱都當作磨煉，當作自己的長進機會，使得生命不斷重生，從而成就了曾國藩的不朽。蔣介石在「兩番之大敗」處眉批「長進之時」。

5.31〔註49〕**予當此百端拂逆之時，亦只有逆來順受之法，仍不外「悔」字訣、「硬」字訣而已。（增補曾國藩）**

【譯文】

我在這百般不順的時候，也只有採用逆來順受的辦法，仍然不外是「悔」「硬」二字秘訣而已。

【解讀】

逆來順受通常被視為一種不應該提倡的消極態度，認為退縮忍讓，只會招致別人得寸進尺。殊不知人生很多時候是無能為力、無可奈何的，曾國藩所說的「百端拂逆之時」就是這樣一種時刻，此時面對現實唯有概括承受，逆來順受是唯一的選擇。但逆來順受不是目的，曾國藩提出拯救的方法，是

〔註48〕《曾國藩全集·日記一》，嶽麓書社，1987年，第42頁。
〔註49〕本節出自《曾國藩全集·家書二》，嶽麓書社，1985年，第1329頁。

－167－

「悔」和「硬」二字秘訣。

　　他在信中對弟弟曾國荃說：「朱子嘗言：悔字如春，萬物蘊蓄初發；吉字如夏，萬物茂盛已極；吝字如秋，萬物如落；凶字如冬，萬物枯凋。又嘗以元字配春，亨字配夏，利字配秋，貞字配冬。兄意貞字即硬字訣也。弟當此艱危之際，若能以硬字法冬藏之德，以悔字啟春生之機，庶幾可挽回一二乎？」〔註50〕曾國藩這裡結合朱熹的說法，闡發了他的「悔」和「硬」二字訣。朱子以《周易·繫辭上》的「悔、吉、吝、凶」分別對應春、夏、秋、冬，又常以乾卦四德「元、亨、利、貞」來對應。曾國藩解釋說，「硬」字效法冬藏之德，「悔」字開啟春生之機。「硬」字訣的核心是堅忍不拔。他繼承祖父男兒不可懦弱無剛的遺訓，在戰事中主張「紮硬寨，打呆仗」，「好漢打脫牙活血吞」。「悔」字訣的核心是悔過自新。「悔」不是一種懊喪的消極情緒，而是如清初理學家李顒所說，「先檢身過，次檢心過，悔其前非，斷其後續」〔註51〕，即強調自我的檢視和反思，在此基礎上改過自新，實現袁了凡所謂義理之身的再生。古語曰：春生夏長，秋收冬藏。悔過自新是自我的重生，開啟春生之機，彷彿春生之德。堅忍不拔，貴在「硬」字和「挺」字，彷彿冬藏之德。

5.32 〔註52〕百種弊病，皆從懶生。懶則弛緩，弛緩則治人不嚴，而趣（1）功不敏。一處遲則百處懈矣。（增補曾國藩）

【注釋】

（1）趣：通趨。趨向；奔向

【譯文】

　　世間的種種弊病，都是從懶惰而生。懶惰就會鬆弛懈怠，管理治人就會不嚴格，而建功立業之心也就不迫切。所以說，一處遲緩會導致處處懈怠。

【解讀】

　　曾國藩指出「懶」是百種弊病之源，那麼，如何治懶呢？他給出一個看似極為簡單的辦法：「欲去惰字，總以不晏起為第一義。」（本書9.21）「治家

〔註50〕《曾國藩全集·家書二》，嶽麓書社，1985年，第1329頁。
〔註51〕李顒：《二曲集》，中華書局，1996年，第5頁。
〔註52〕本節出自《曾國藩全集·日記二》，嶽麓書社，1988年，第988頁。此節與本書9.3重複。

以不晏起為本。」〔註53〕「勤字工夫，第一貴早起。」〔註54〕「晏」意為遲、晚。「不晏起」就是不晚起，所以曾國藩治懶的辦法就是早起床。偶而早起不難，難的是堅持不懈，數十年如一日。睡懶覺有時是身體的一種需要，但曾國藩卻認為身體疲勞不是懶惰的理由。他對弟弟說：「身體雖弱，卻不宜過於愛惜，精神愈用則愈出，陽氣愈提則愈盛。」〔註55〕曾國藩的日記顯示，他在早起的問題上，也經過一段時間的反覆，但最後他做到了。

■蔡鍔按：勇有狹義的、廣義的及急遽的、持續的之別。暴虎馮河，死而無悔，臨難不苟，義不反顧，此狹義的、急遽的者也。成敗利鈍，非所逆睹，鞠躬盡瘁，死而後已，此廣義的、持續的者也。前者孟子所謂小勇，後者所謂大勇，所謂浩然之氣者也。右章所列，多指大勇而言，所謂勇而毅也。軍人之居高位者，除能勇不算外，尤須於毅之一字痛下工夫。挾一往無前之志，具百折不回之氣，毀譽、榮辱、死生皆可不必計較，惟求吾良知之所安。以吾之大勇，表率無數之小勇，則其為力也厚，為效也廣。至於級居下僚（將校以至目兵），則應以勇為惟一之天性，以各盡其所職。不獨勇於戰陣也，即平日於一切職務，不宜稍示怯弱，以貽軍人之羞。世所謂無名之英雄者，吾輩是也。

【譯文】

蔡鍔按：勇敢有狹義和廣義之分，也有瞬間和持續之分。徒手打虎，徒步渡河，死而不悔；遇到危難不苟且，義無反顧。這是狹義的、瞬間的勇敢。成功與失敗，順利與挫折，不是能預料的，只有鞠躬盡瘁，死而後已。這是廣義的、持續的勇敢。孟子稱前者是小勇，後者是「浩然之氣」的大勇。以上本章所列，多是指大勇而言，即所謂勇敢和堅毅。軍中高級將領，除了勇敢之外，尤其要在「毅」字上痛下工夫。抱定一往無前之志向，百折不回之勇氣，完全把毀譽、榮辱、生死置之度外，只求對得起自己的良知。以我之大勇，做無數小勇之表率，這樣我們的力量才能雄厚，收效才會廣大。至於下級軍官和士兵，則應該以勇敢作為唯一的天性，以求恪盡職守。不僅在戰場上要勇敢，即使是日常中的一切職務，也不應該有絲毫的怯弱，使軍人榮譽蒙羞。

〔註53〕《曾國藩全集·家書一》，嶽麓書社，1985 年，第 662 頁。
〔註54〕《曾國藩全集·家書二》，嶽麓書社，1985 年，第 1066 頁。
〔註55〕《曾國藩全集·家書一》，嶽麓書社，1985 年，第 358 頁。

世上所說的無名英雄，就是我輩了！

【解讀】

此章主旨是勇毅。蔡鍔借用孟子的說法，指出有「小勇」和「大勇」之分，他所提倡的是「鞠躬盡瘁，死而後已」的大勇，是「勇而毅」。蔡鍔要求高級將領，必須在「毅」字上下工夫，「挾一往無前之志，具百折不回之氣，毀譽、榮辱、死生皆可不必計較，惟求吾良知之所安」。蔡鍔不僅僅是這樣說，實際上，他自己就是「勇毅」精神的典範。

護國運動爆發前，蔡鍔潛回昆明，這時他已經病入膏肓，生命剩下已經不足一年，但此時他卻即將率領護國軍入川，與數倍於己的袁世凱軍隊，展開民國以來第一場惡戰。朱德回憶當時在昆明，見到幾年不見的恩師的情形。他說：「蔡鍔起身向我們走來的時候，我大吃一驚，說不出話來，他瘦得像鬼，兩頰下陷，整個臉上只有兩眼還閃閃發光。肺結核正威脅著他的生命。那時他的聲音已很微弱，我們必須很留心才能聽得清。當他向我走來的時候，我低頭流淚，一句話也說不出來。他雖然命在旦夕，思想卻一如既往，鋒利得像把寶劍。」〔註56〕朱德勸阻蔡鍔不要上戰場，蔡鍔說：「別無辦法，反正我的日子也不多了，我要把全部生命獻給民國。」〔註57〕

護國軍舉義時，蔡鍔向將領致辭說：「袁勢方盛，吾人以一隅而抗全局，明知無望，然與其屈膝而生，毋寧斷頭而死。此次舉義，所爭者非勝利，乃中華民國四萬萬眾之人格也。」（陶菊隱：《政海軼聞‧蔡鍔》）在袁世凱登基前，蔡鍔曾對梁啟超說：「眼看著不久便是盈千累萬的人頌王莽功德，上勸進表，袁世凱便安然登其大寶，叫世界看著中國人是什麼東西呢？……我們明知力量有限，未必抗他得過。但為四萬萬人爭人格起見，非拼著命去幹這一回不可。」〔註58〕蔡鍔曾坦陳自己在京期間，袁世凱對他「禮遇良厚」，他對袁也「多感知愛」。所以，他起兵反袁完全不是出於個人的名利，而是為了保衛民國，「為四萬萬人爭人格」。

蔡鍔軍中的代理參謀長石陶鈞，回憶部隊入川後，經歷的最艱苦的納溪之戰時說：「我軍苦戰納溪城東棉花坡一帶，陣地晝夜不得更代，給養不及半具，子彈不以時至，與敵決死，以互爭尺寸地之進退者。自二月初藍田壩不

〔註56〕史沫特萊：《偉大的道路》，三聯書店，1979年，第131頁。

〔註57〕史沫特萊：《偉大的道路》，三聯書店，1979年，第132頁。

〔註58〕《梁啟超全集》第十五集，中國人民大學出版社，2018年，第494頁。

利起，至三月七日夕退軍止，傷亡而外，每營平均不及三百人。彼其疲憊之毒，在戰鬥續行中殆已無可擬語。賴以支柱者，精神之興奮耳。……松公以為，循此現狀，即專守亦無可言，非先作我士氣不可。乃遍歷行間，耳提面命，以血淚申大義，以軍法勵怯懦，竭移山填海之力，矢有進無退之心。將此生存戰線之三千一百三十人，人人灌以一絕而後蘇之興奮劑，即以一己之精神力，平均分配其幾許於其所部之人人。此時直謂全軍佐勝之具，確已不在槍械子彈之屬，而直接取效於公一身之舉動焉可也！」〔註59〕這場戰役，被稱為「有槍炮以來，吾國戰事，當以此役為最」〔註60〕的著名的惡戰。而蔡鍔的護國軍在裝備、給養、軍隊數量等都遠遜於敵人的情況下，這樣一支「自滇出發以來，僅領滇餉兩月。半年來，關於給養上後方毫無補充，以致衣不蔽體，食無宿糧，每月火食雜用，皆臨時東湊西挪」〔註61〕的軍隊，竟然一舉打倒了袁世凱，其原因何在？石陶鈞總結的非常好，「賴以支柱者，精神之興奮耳」，這個精神就是蔡鍔所謂的「勇毅」。

蔡鍔的恩師梁啟超傷感滿懷地回憶說：「可憐我們最敬愛的蔡公，帶著不滿五千人的饑疲之眾，和他們相持幾個月，……蔡公四個月裏頭，平均每日睡覺不到三點鐘，吃的飯是一半米一半沙硬吞，他在萬分艱難、萬分危險中，能夠令全軍將官兵卒個個都願意和他同生同死，他經過幾回以少擊眾後，敵人便不敢和他交鋒，只打算靠著人多困死他、餓死他。到後來，他的軍隊幾乎連半飽都得不著了，然而沒有一個人想著退卻，都說我們跟著蔡將軍為國家而戰，為人格而戰，蔡將軍死在哪裏，我們也都歡欣鼓舞地死在哪裏。哎，我真不知蔡公的精神生活高尚到什麼程度，能夠令他手下人人都感動到如此！」〔註62〕民國時期政治家曾琦稱蔡鍔：「實近世紀罕見之完人，才德具備，文武兼資，而又最重實行，異乎世之徒壯語者。綜其一生之性行，不啻為智、仁、勇三字下注解也。」〔註63〕

由此可見，護國戰爭之所以取得勝利，蔡鍔的勇毅精神確實發揮了決定性作用。蔡鍔在由他撰寫《護國岩銘》中，概況了其精神：「護國之要，惟鐵與血。精誠所至，金石為裂。嗟彼袁逆，炎隆耀赫。曾幾何時，光沉響絕。天

〔註59〕蔡端：《蔡鍔集》，文史資料出版社，1982 年，第 51 頁。
〔註60〕《護國文獻》，貴州人民出版社，1985 年，第 669～670 頁。
〔註61〕曾業英《蔡鍔集》（二），湖南人民出版社，2008 年，第 1444 頁。
〔註62〕《梁啟超全集》第十五集，中國人民大學出版社，2018 年，第 496 頁。
〔註63〕轉引自顧則徐《蔡鍔傳》，中國友誼出版社，2012 年，第 226 頁。

厭兇殘，人誅穢德。敘瀘之役，鬼泣神號。出奇制勝，士勇兵饒。鏖戰匝月，逆鋒大撓。河山永定，凱歌聲高。勒銘危石，以勵同袍。」〔註64〕

第六章　嚴　明

【題解】

　　嚴明，指紀律嚴明，賞罰分明。戴名世《史論》對軍紀嚴明的意義有很好的論述，其中說：「觀良將之用眾也，紀律必嚴，賞罰必信，號令必一，進止必齊，首尾必應，運用之妙，成乎一心，變化之機，莫可窺測，乃可以將百萬之眾，而條理不紊，臂指可使，兵雖多而愈整，法雖奇而實正。」〔註1〕曾國藩提出為將之道，要以明確法規、令行禁止、整齊嚴肅為首要原則，不能過分看重仁慈愛撫。胡林翼提出，「行軍之際，務須紀律嚴明，隊伍整齊，方為節制之師」，「非用霹靂手段，不能顯菩薩心腸」。本章曾胡列舉了很多古代軍事史中著名的實例來說明軍紀嚴明。蔡鍔指出，治軍之要，尤在賞罰嚴明。

6.1 〔註2〕古人用兵，先明功罪賞罰。（曾國藩）

【譯文】

　　古人用兵打仗，一定先要公布論功行賞，有罪必罰的原則。

【解讀】

　　賞信罰明，是中國古代兵家治軍的一貫傳統，歷代兵家無不重視賞罰在軍中的應用。具體來說，就是要實事求是，論功行賞，按罪處罰，賞罰及時等

〔註1〕戴名世：《史論》，《戴名世集》，中華書局，1986年，第405頁。

〔註2〕本節出自黎庶昌《曾國藩年譜·卷三》，咸豐四年四月初三條；又《曾文正公全集》第一部，吉林人民出版社，1995年，第104頁；又《清史稿·卷四百五·列傳一百九十二》。

等。這是統軍馭兵，激勵軍隊士氣的「軍中要柄」，是「持軍之急務」。如《孫臏兵法‧威王問》曰：「夫賞者，所以喜眾，令士忘死也。罰者，所以正亂，令民畏上也。」《尉繚子‧兵令下》曰：「賞如日月，信如四時，令如斧鉞，制如干將，士卒不用命者，未之有也。」《管子‧七法》曰：「賞罰明，則民不幸生。民不幸生，則勇士勸之。」《韓非子‧飾邪》曰：「賞刑明，則民盡死；民盡死，則兵強主尊。刑賞不察，則民無功而求得，有罪而幸免，則兵弱主卑。」《諸葛亮兵法‧賞罰第十》曰：「賞罰之政，謂賞善罰惡也。賞以興功，罰以禁奸。賞不可不平，罰不可不均。賞賜知其所施，則勇士知其所死；刑罰知其所加，則邪惡知其所畏。故賞不可虛施，罰不可妄加，賞虛施則勞臣怨，罰妄加則直士恨。」《將苑‧卷二‧屬士》曰：「小善必錄，小功必賞，則士無不勸矣。」《衛公兵法‧將務兵謀》曰：「善無微而不贊，惡無纖而不貶，斯乃勵眾勸功之要術。……賞罰不在重，在必行；不在數，在必當。……如能賞罰不欺，明於察聽，則千里之外，隱微之事，莫不陰變而為忠信。若賞罰直於耳目之前，其不聞見者，誰肯用命哉？故上無疑令，則下不二聽；動無疑事，則眾不二志。由是言之，則持軍之急務，莫大於賞罰矣。」關於對賞罰不踐行，視同兒戲的後果，《草廬經略‧將信》曰：「將者，三軍之所仰也。一語之出，萬人傾聽。倘有言不踐，云賞不賞，云罰不罰，期約有如兒戲，許可一語無所憑，則禁令徒嚴，科條徒密，人必將心非而巷議，曰此空談耳。其陳師而諭之也，賞格雖立，人不以為勸；刑章雖示，人不以為畏。令之而不行，禁之而不止。統馭雖多，總皆烏合，不可得而用。以其信不足以結人也。」

6.2 [註3] 救浮華者，莫如質。積玩（1）之後，振之以猛。（曾國藩）

【注釋】

（1）積玩：積久玩忽。

【譯文】

挽救浮華之習的最好辦法，就是教之以質樸。積久玩忽之後，需要用猛烈手段，以圖重新振作。

【解讀】

這句話出自道光二十三年曾國藩寫給賀長齡的信。當時曾國藩三十三

〔註3〕本節出自《曾國藩全集‧書信一》，嶽麓書社，1990年，第4頁。

歲，在翰林院為官近五年，正致力於宋明理學的研讀和儒門靜坐工夫的修煉。此時正是他年輕氣盛，意欲大展宏圖之際，對當時官場陋習等，表達了強烈不滿。他在信中說：「仕途積習，益尚虛文，奸弊所在，蹈之而不怪，知之而不言。彼此塗飾，聊以自保，泄泄成風，阿同駭異。」對此種種陋習，他每私發狂議，疾呼「痛懲而廓清之哉！」對積玩已久的弊端，他強調要用猛烈手段對付。在日後編練湘軍時，他雷厲風行，大刀闊斧，不怕得罪人，只圖盡快振衰起敝。

6.3 [註 4] **醫者之治瘠癰（1），甚者必剜其腐肉，而生其新肉。今日之劣弁羸兵，蓋亦當為簡汰，以剜其腐者，痛加訓練，以生其新者。不循此二道，則武備之弛，殆不知所底止。（曾國藩）**

【注釋】

（1）瘠癰（yōng）：潰爛毒瘡。

【譯文】

醫生治療嚴重的潰爛毒瘡，必須要剜除腐肉，使之生出新肉。今日軍中那些品行惡劣、身體羸弱之兵，應該予以淘汰，如同剜除腐肉一樣，然後必須嚴格訓練，以產生新生力量。通過不按照這兩種辦法，則武備的廢弛，不知要到什麼地步。

【解讀】

這段文字出自咸豐三年（1851）三月，曾國藩上《議汰兵疏》的奏議。他列舉了一系列「兵伍不精」的嚴峻現實，如兵伍「以千百械鬥為常」，「以勾結盜賊為業」，「吸食鴉片，聚開賭場，各省皆然」，「無事則游手恣睢，有事則雇無賴之人代充，見賊則望風奔潰，賊去則殺民以邀功」，以及虛額冒餉等問題。他稱這種種弊端，好比是人體所患之「瘠癰」，必須要剜除，使之生出新肉，讓肌體恢復健康。為此，他提出裁汰「劣弁羸兵」的奏摺。但當時清軍，無論是綠營兵，還是八旗兵，早已積重難返，無藥可救了。所以，拯救清王朝最終還得靠曾國藩、胡林翼、李鴻章等人後來編練的湘軍、淮軍。

〔註 4〕本節出自《曾國藩全集·奏稿一》，嶽麓書社，1987 年，第 21 頁。

6.4〔註5〕**太史公（1）所謂循吏（2）者，法立令行，能識大體而已。後世專尚慈惠，或以煦煦（3）為仁者當之，失循吏之義矣。為將之道，亦以法立令行、整齊嚴肅為先，不貴煦嫗（4）也。（曾國藩）**

【注釋】

（1）太史公：是西漢武帝時期設立的官職名稱，後一般代指司馬遷。

（2）循吏：指奉公守法的官吏。司馬遷先作《循吏列傳》。

（3）煦煦：和悅、惠愛的樣子。形容婦人之仁。

（4）煦嫗：撫育；愛撫。

【譯文】

太史公司馬遷所謂的「循吏」，是指那些明確法規、令行禁止，能夠識大體的一類官員。後世之人專門崇尚仁慈恩惠，把好行小恩小惠者當作循吏，實在有失循吏本義。為將之道，也是要以明確法規、令行禁止、整齊嚴肅為首要原則，不能過分看重仁慈愛撫。

【解讀】

這裡曾國藩批評那些把司馬遷所讚揚表彰的循吏，當作「煦煦仁者」的錯誤理解。他認為為將之道，應當是以令行禁止、整齊嚴肅為首要原則，不能過於仁慈。《增廣賢文》中有一句話叫「慈不掌兵」，亦即過於仁慈的人不適於掌兵、帶兵，其意與曾國藩的意思是一致的。但曾國藩也說過「帶兵之道，用恩莫如用仁」（本書8.1），而且蔡鍔所輯的《曾胡治兵語錄》第八章就是「仁愛」，似乎彼此是矛盾的。

中國傳統兵法受儒家思想影響，對將帥的要求幾乎都有「仁」一項，如孫武「智、信、仁、勇、嚴」的五德說，申包胥「智、仁、勇」三德論，司馬穰苴「仁、義、智、勇、信」五德論，《六韜》「勇、智、仁、信、忠」的五材說，王符「智、仁、敬、信、勇、嚴」的六德論，杜牧「仁、義、忠、信、智、勇、嚴、明」的八德論，朱元璋「智、勇、忠、仁、信」的五事論。由此可見，「仁」是對將帥的一項基本要求。但《孫子兵法·地形篇》又提出：「視卒如愛子，故可與之俱死。厚而不能使，愛而不能令，亂而不能治，譬如驕子，不可用也。」就是說，對待士兵如同自己的愛子，就可以帶領他們去拼死。但如果厚待而不能指使，愛護而不能命令，違法亂紀而不能處理，那就像嬌生慣

〔註5〕本節出自《曾國藩全集·日記一》，嶽麓書社，1987年，第371頁。

養的孩子一樣，是不能用來打仗的。

「仁慈」「仁愛」應當是將帥必備的一項德行。否則，刻薄寡恩是絕不可能得到士卒的信賴和支持的。但「仁慈」「仁愛」必須有明確的限度，既不能做毫無原則的爛好人，也不能過分的溺愛。此節，曾國藩反對過分「煦嫗」，就是強調不能仁慈過度，以致心慈手軟、姑息遷就、當嚴不嚴，軍紀廢弛，乃至「不能使」、「不能令」、「不能治」，這樣的將領當然指揮不好軍隊，因此所謂「慈不掌兵」是就這個意義來說的。強調的重點是，兵無令不行，將無威則亂，並不是反對「仁慈」和「仁愛」。

6.5〔註6〕立法不難，行法為難。凡立一法，總須實實行之，且常常行之。（曾國藩）

【譯文】

立法不難，難的是執行。每制定一項法令，總要實實在在地施行，並且要持之以恆地執行下去。

【解讀】

有令不行、有法不依、執法不嚴，都是在法的執行上出現的問題，這些問題的後果，使得法令的嚴肅性大打折扣，勢必造成對法令的不重視、不在乎，即使是再好的法令也終為廢紙一張。

6.6〔註7〕九弟臨別，深言御下宜嚴，治事宜速。余亦深知馭軍馭吏，皆莫先於嚴，特恐明不傍燭，則嚴不中禮耳。（曾國藩）

【譯文】

九弟國荃臨走時，鄭重地跟我說，管理部下要從嚴，辦事要迅速。我也深知駕馭軍隊和官吏，沒有比嚴格要求更重要的了，只是擔心自己不能明察秋毫，把握不好嚴格的禮度。

【解讀】

弟弟曾國荃在曾國藩的大營住了幾日，發現了曾國藩對部下約束不嚴，辦事遲緩一些問題，故在臨走前特別囑咐哥哥。曾國藩在日記中，稱自己對

〔註6〕本節出自《曾國藩全集·書信二》，嶽麓書社，1991年，第1299頁。
〔註7〕本節出自《曾國藩全集·日記》，嶽麓書社，1987年，第670頁。

這些問題又何嘗不知，只是有所擔心而已。曾國藩是個非常謹慎的人，他擔心自己對事情不能明察秋毫，而貿然嚴刑峻法，是「嚴不中禮」，或「嚴而不明」，其結果必不服眾，只會導致眾叛親離。因此，他追求的是既「嚴」且「明」。在不完全事實瞭解的情況下，寧可網開一面。

6.7 〔註8〕呂蒙誅取鎧之人(1)，魏絳戮亂行之僕(2)。古人處此，豈以為名？非是無以警眾耳。(曾國藩)

【注釋】

（1）呂蒙誅取鎧之人：典出《三國志·呂蒙傳》：「蒙入據城，盡得羽及將士家屬，皆撫慰，約令軍中不得干歷人家，有所求取。蒙麾下士，是汝南人，取民家一笠，以覆官鎧，官鎧雖公，蒙猶以為犯軍令，不可以鄉里故而廢法，遂垂涕斬之。於是軍中震栗，道不拾遺。」羅貫中《三國志通俗演義·呂子明智取荊州》，贊曰：「一笠覆官鎧，猶然遭重刑。荊州萬民心，從此俱安寧。」

（2）魏絳戮亂行之僕：典出《左傳·襄公三年》：「晉侯之弟揚干亂行於曲梁，魏絳戮其僕。」公元前 570 年，晉悼公會盟諸侯，悼公的弟弟揚干擾亂隊列，魏絳殺了替揚干駕車的人。柳宗元著有《戮僕》一文，對魏絳的做法進行了批評。柳宗元認為，駕車僕人不過是奉命而行，沖亂軍隊行列的責任在公子揚干。由於公子位高，魏降不能治他的罪，就把他的僕人殺了。這樣亂執法，為後人樹立了很壞的樣板。

【譯文】

三國時呂蒙殺了拿民間斗笠蓋鎧甲的士兵，春秋時魏絳殺了亂了行列的王公的僕人。古人這麼做，豈是為沽名釣譽，是因為不這樣就無法警示眾人。

【解讀】

這裡，曾國藩舉了古人兩個嚴明執法的例子，後一個例子被唐代文學家柳宗元批評為亂執法。柳宗元的觀點極具現代法治意識，若以今日法律意識來衡量，兩個事例顯然都不符合現代法治精神。但從其時代背景來看，畢竟

〔註 8〕本節出自《曾國藩全集·書信一》，嶽麓書社，1990 年，第 183 頁。

其出發點都是主張嚴格執行軍法，對百姓秋毫無犯，仍然具有積極意義。因此，曾國藩藉此說明嚴明執法，警示眾人之重要。

6.8 〔註 9〕近年馭將失之寬厚，又與諸將相距過遠，危險之際，弊端百出。然後知古人所云，作事威克厥愛，雖少必濟，反是乃敗道耳。（曾國藩）

【注釋】

（1）威克厥愛：威嚴超過仁愛。

【譯文】

近年來，我對待部下的管理過於寬厚，又與諸位將領相距很遠，危難之際，弊端百出。這時才明白古人所說，做事威嚴超過仁愛，人數雖少也能成功。反之，則是敗亡之道。

【解讀】

曾國藩在這裡反省自己統兵馭將過於寬厚仁慈的問題。治軍中，如何把握「威嚴」與「仁愛」的關係，始終是兵法關注的問題。中國古代兵書《百戰奇法》（又稱《百戰奇略》），有《愛戰》和《威戰》各一篇。《愛戰》講將帥愛兵的重要性，《威戰》講治兵從嚴的重要性，兩者從不同角度探討了治軍問題。《愛戰》曰：「凡與敵戰，士卒寧進死，而不肯退生者，皆將恩惠使然也。三軍知在上之人愛我如子之至，則我之愛上也如父之極。故陷危亡之地，而無不願死以報上之德。法曰：『視民如愛子，故可與之俱死。』」《愛戰》篇認為，作戰中，士卒寧願冒死前進，而不後退求生，都是將帥平時實施恩惠的結果。《威戰》曰：「凡與敵戰，士卒前進而不敢退後，是畏我而不畏敵也。若敢退而不敢進者，是畏敵而不畏我也。將使士卒赴湯蹈火而不違者，是威嚴使然也。法曰：『威克厥愛，允濟。』」《威戰》篇認為，士卒敢於赴湯蹈火地去殺敵，是將帥執法如山、紀律嚴明的結果；而士卒畏敵不前，則是治軍不嚴的表現。《尚書·虞夏書·胤征》曰：「威克厥愛，允濟；愛克厥威，允罔功。」意思是說，威嚴勝過仁愛，就會成功；仁愛勝過威嚴，就會失敗。《愛戰》和《威戰》並不矛盾，而是相輔相成，相互補充的，關鍵是如何把握好兩者的關係。正因為「威嚴」與「仁愛」同等重要，後來治軍強調要「克愛克

〔註 9〕本節出自《曾國藩全集·書信五》，嶽麓書社，1992 年，第 3707 頁。

威」，即能愛能威，做到恩威並施，恩威得當，以使士卒心悅誠服。

6.9〔註10〕**自來帶兵之將，未有不專殺立威者。如魏絳戮僕（1），穰苴斬莊賈（2），孫武致法於美人（3），彭越之誅後至者（4），皆是也。（胡林翼）**

【注釋】

（1）魏絳戮僕：見本章 6.7 注釋。

（2）穰苴斬莊賈：《史記・卷六十四・司馬穰苴列傳第四》記載，春秋時，齊景公任田穰苴掌兵權，穰苴由平民掌兵權，擔心不能服眾，請求景公派寵臣莊賈去作監軍。景公答應後，穰苴與莊賈約定，次日正午在兵營大門口集合，但第二天，莊賈與送行的親友一起喝酒，傍晚才到，結果被穰苴以軍法處置，將莊賈斬首示眾。

（3）孫武致法於美人：《史記・孫子吳起列傳》記載，孫武帶著《兵法》去見吳王闔閭。吳王故意考驗孫武，挑選了 180 名宮女接受孫武訓練，並由兩名愛妃任隊長。開始時，儘管孫武三令五申表明軍令如山，但宮女們對孫武的號令根本不予理會，兩名擔任隊長的愛妃更是大笑不止，於是孫武將二人斬首，即便吳王阻止，孫武亦不理會。眾宮女立即變得嚴肅起來，對軍令絕對依從。

（4）彭越之誅後至者：《史記・魏豹彭越列傳》記載，秦末陳勝、項梁揭竿而起，彭越被鄉里推舉起兵。約定次日清晨某時集結起義，結果次日人群零零星星前來，最後一個人直到中午才到，彭越說：「大家公推我當首領，必須建立紀律。今天聚集起兵，大家都遲到，無法依照軍法處斬這麼多人，只好斬最後一個到的。」於是將最後到的那個人當場斬首，眾人都大為震驚，由此建立了軍威。

【譯文】

自古以來帶兵的將領，沒有不藉著專殺以立威的。如魏絳殺僕人，司馬穰苴殺莊賈，孫武殺違紀的吳王的美姬，彭越殺遲到者，都是如此。

【解讀】

胡林翼此處列舉了四個古人帶兵，以專殺以立威的事例，藉此強調軍隊紀律嚴明的重要。雖然還沒有發現胡林翼專殺立威的事例，但他治軍從嚴的

〔註10〕本節出自《胡林翼集》（二），嶽麓書社，1999 年，第 126 頁。

事蹟還是有很多。治軍首先要有法可依，有章可循，胡林翼在成為湖北巡撫之後，為自己所轄湘軍制訂了一系列軍紀軍規，如《楚軍章程》《鄂軍章程》《楚營制》《行營之制》等。他強調：「軍旅之事，必須經制嚴明，方有條理。」〔註11〕「行軍之際，務須紀律嚴明，……如查有擾害百姓者，即當按以軍法。」〔註12〕「如有藉端滋擾需索，即行指名享明，軍法從事。」〔註13〕對臨陣脫逃的士卒，或仗責，或發配，或擬斬，規定的非常具體。

鮑超是湘軍的頭號主力，但平時對部下約束不嚴，其「霆字營」是湘軍軍紀較差的部隊，擅用民夫、騷擾百姓的事情時有發生。遭到胡林翼申斥，要求他「一一縷晰，查禁復知，毋稍循縱，……若必仍前苦民，致滋抗累，則百戰之功，亦無以償過矣。」胡林翼要求鮑超嚴肅處理，並告誡他如果仍像從前一樣「苦民」，即使是百戰之功，也償還不了過失。鮑超手下副將段福，是一名勇將，曾獲封賜予戰功卓著勇士的「巴圖魯」稱號，但卻違反軍紀，「迭次離營，潛宿民房，並帶同勇丁清唱縱樂，殊不足以表率士卒，申嚴軍紀。」〔註14〕胡林翼對此事按軍紀進行了處理，段福被降職，以示懲戒。

6.10〔註15〕**世變日移，人心日趨於偽，優容實以釀禍，姑息非以明恩。居今日而為政，非用霹靂手段，不能顯菩薩心腸。害馬既去，伏尨(1)不驚，則法立知恩。吾輩任事，只盡吾義分之所能為，以求衷諸理之至是，不必故拂乎人情，而任勞任怨，究無容其瞻顧之思。（胡林翼）**

【注釋】

（1）伏尨（máng）：馴服的狗。尨，狗。

【譯文】

世道一天天變化，人心日益虛偽，一味寬容很容易釀成災禍，姑息縱容絕非恩德。當今處理政務，不用雷厲風行的鐵腕手段，就不能展現仁慈心腸。只有除掉害群之馬，馴服的狗才不會驚叫，因此，只有法令的威嚴確立，恩

〔註11〕汪士鐸：《胡文忠公撫鄂記》，嶽麓書社，1988 年，第 60 頁。
〔註12〕汪士鐸：《胡文忠公撫鄂記》，嶽麓書社，1988 年，第 907 頁。
〔註13〕汪士鐸：《胡文忠公撫鄂記》，嶽麓書社，1988 年，第 61 頁。
〔註14〕《胡林翼集》（一），嶽麓書社，1999 年，第 715 頁。
〔註15〕本節出自《胡林翼集》（二），嶽麓書社，1999 年，第 255～256 頁。「尨」字，《胡林翼集》作「厖」，古通「尨」。

德才會被感受到。我輩做事，只求在自己的道義職責範圍內，盡力而為，以求最大限度合情合理，而不必故意違背人情。一旦任勞任怨，也就容不得瞻前顧後的想法。

【解讀】

「用霹靂手段，顯菩薩心腸」是胡林翼的一句名言。他認為，針對世道日益變壞，人心日益偽詐的狀況，必須採用果決的手段，雷霆萬鈞的力量，來抑制邪惡的蔓延。所謂「霹靂手段」就是「亂世用重典」「快刀斬亂麻」。胡林翼說：「害馬務在必去，世亂方生，我輩無安良法，惟有除暴。」〔註16〕又說：「治亂民如治亂絲，亂者必斬，不可姑息。」〔註17〕他認為，只有以殺止殺，以暴制暴，才能制止暴亂，救百姓於水火。這一點，曾國藩完全贊同胡林翼的觀點。他告誡弟弟曾國荃：「克城以多殺為妥，不可假仁慈而誤大事。」〔註18〕「既已帶兵，自以殺賊為志，何必以多殺人為悔？……既謀誅滅，斷無以多殺為悔之理。」〔註19〕又告誡部下彭玉麟：「鄙意克城打仗，總以能多殺賊為貴，遠如九江、安慶之役，近如金柱關之捷，誅戮最多，賊中至今膽寒，去歲春夏間，所克地方未慎殺戮，當時頗切隱憂。來書深恨未能痛剿，實與鄙見相符。」〔註20〕在他們看來，用霹靂手段懲治敵人，就是對良善百姓顯菩薩心腸。另外，曾國藩強調不能藉故仁慈而誤大事。儒家講仁愛，放到軍事上來，不能當作軍事手段，否則迂腐地認為不能殺人，那只能繳械投降了。仁愛是就用兵之人的心性而言，即不能以窮兵黷武、荼毒生靈為樂。

蔣介石非常認同胡林翼所謂「非用霹靂手段，不能顯菩薩心腸」的說法，認為治亂用重，事非得已。他說：

> 憶胡林翼有言：「不以霹靂手段，難顯善薩心腸」，蓋「治亂用重」，事非得已。四川歷年紛亂，不治已久，今而後如何澄清吏治，整飭官規，除貪暴而懲習頑，亟應以至公之心，行嚴明之政，政府當局與社會領袖應共同以整飭紀綱明罰守法為更始之首務，則弭亂

〔註16〕《胡林翼集》（二），嶽麓書社，1999年，第674～675頁。

〔註17〕《胡林翼集》（二），嶽麓書社，1999年，第948頁。

〔註18〕《曾國藩全集·家書一》，嶽麓書社，1985年，第726頁。

〔註19〕《曾國藩全集·家書一》，嶽麓書社，1985年，第737頁。

〔註20〕《曾國藩全集·書信五》，嶽麓書社，1992年，第3745頁。

於無形，除弊以興利者大矣。〔註21〕

又說：

> 大家要曉得，要治亂世只是這一個嚴字。沒有寬的。我們這一次交給你們一個軍法官的權，也就是要你們能嚴屬辦事。胡林翼說得好：「居今日而為政，非用霹靂手段，不能顯菩薩心腸。」只要我們大公無私，一切憑國利民福的標的，來嚴屬處斷，一定不會做錯事，不會殺錯人的。所以第一件就是要嚴，對上要嚴，對己要嚴，對部下也要嚴，立身要嚴，從政要嚴，治事也要嚴，怎樣才可以嚴呢？我說要嚴，就是要對自己先嚴起來。若是我們自律不嚴，或者操守不廉正或是用人不公道，那無論你是怎麼聰明的人，也無論你有怎麼辦法都是不行。所以我們最重要的就是要嚴，「先嚴以律己，然後嚴以治人」。〔註22〕

6.11〔註23〕號令未出，不准勇者獨進。號令既出，不准怯者獨止。如此則功罪明而心志一矣。（胡林翼）（蔣介石眉批：號令）

【譯文】

號令還未發出，不允許勇敢者先行進攻。號令既已發出，也決不允許膽怯者畏縮不前。這樣，功罪分明，大家就能齊心協力了。

【解讀】

膽怯者畏縮不前，自然要受懲罰，但勇者冒進，不因其勇敢而獎勵，反因其冒進而受懲罰。蔣介石眉批「號令」二字，便是此處關鍵。「號令」就是軍令，就是紀律。《孫子兵法·軍爭》曰：「夫鼓金旌旗者，所以一人之耳目也；人既專一，則勇者不得獨進，怯者不得獨退，此用眾之法也。」鑼鼓、旌旗就是發號施令的工具，它的作用是統一士卒的耳目，號令未發，不許勇者進；號令已發，不許怯者退。士卒的耳目達到統一，全軍就會嚴整劃一，從而攻則勇，退而不亂。《十一家注孫子》曰：「軍法曰：『當進不進，當退不退者，

〔註21〕《總統蔣公思想言論總集·卷十三演講》，中國國民黨中央委員會黨史委員會，1984 年，第 203 頁。

〔註22〕《總統蔣公思想言論總集·卷十一演講》，中國國民黨中央委員會黨史委員會，1984 年，第 247 頁。

〔註23〕本節出自《胡林翼集》（二），嶽麓書社，1999 年，第 375 頁。

斬之。』吳起與秦人戰，戰未合，有一夫不勝其勇，前獲雙首而返，吳起斬之。軍吏進諫曰：『此材士也，不可斬。』吳起曰：『信材士，非令也。』乃斬之。」軍吏勸說，這是人才，不可殺。但吳起回答說，軍令不分誰是人才。又云：「張預曰：『士卒專心一意，惟在於金鼓旌旗之號令。當進則進，當退則退，一有違者，必戮。故曰：令不進而進，與令不退而退，厥罪惟均。』」如果獎勵不當進而冒進者，或當退而不退者，勢必造成進退不一，指揮失靈。因此，貴在「號令」統一，進則同進，退則同退。如此，則全軍心志齊一，一切行動聽指揮。

6.12〔註24〕兵，陰事也，以收斂固嗇（1）為主。戰，勇氣也，以節宣（2）提倡為主。故治軍貴執法謹嚴，能訓能練，禁煙禁賭，戒逸樂，戒懶散。（胡林翼）

【注釋】

（1）嗇：愛惜、節儉之意。

（2）節宣：指裁制以調適之，使氣不散漫，不壅閉。

【譯文】

用兵是陰事，因陰氣主殺，要以收斂少殺、吝惜生命為主。打仗靠的是勇氣，要以鼓舞和保持士氣為主。因此，治軍貴在執法謹言，訓練有素，禁止吸毒和賭博，戒安逸享樂，戒懶惰散漫。

【解讀】

「兵，陰事也，以收斂固嗇為主。戰，勇氣也，以節宣提倡為主。」胡林翼在其他地方，對這段話又有進一步的解說：「夫戰，勇氣也。當以節宣、蓄養、提振為先；又陰事也，當以固塞、堅忍、蟄伏為事，尤必以智計為先。」〔註25〕以上，胡林翼實際上說了兩件事，一是講「治軍」，一是講「用兵」。「治軍」之要在收斂、蟄伏；「用兵」之要在提振、張揚。兩者在著力方向上是相反的。民國費怒春對此節內容有很好的解讀，謹摘錄如下：

> 治軍與用兵，雖同為軍事，而究有特別殊異之點。蓋治軍為軍事之靜的作用，以收斂固嗇為主，用兵為軍事之動的作用，以節宣

〔註24〕本節出自《胡林翼集》（二），嶽麓書社，1999年，第566頁。
〔註25〕《胡林翼集》（二），嶽麓書社，1999年，第201頁。

提倡為主。治軍在整齊莊肅,法令森嚴;用兵,則千變萬化,情狀
各殊。所謂兵形象水,因理制流,又所謂無窮如天地,不竭若江河
者也。故治兵要有堅忍偉大之人格;用兵要有應變特殊之智慧。治
軍不易,用兵更難。古今將領,有長於治軍者,有長於用兵者,能
治軍而能用兵者,殊不數數觀也。本節所談,為治軍方法,故曰:
執法謹嚴,能訓能練,禁煙禁賭,戒逸樂,戒懶散。〔註26〕

6.13 〔註27〕治將亂之國,用重典。治久亂之地,宜予以生路。(胡林翼)

【譯文】

治理將要發生動亂的國家,應當嚴刑峻法。治理長期混亂的國家,應當
給予一條生路。

【解讀】

《周禮·秋官司寇》曰:「刑亂國用重典」,即懲罰亂國要用重法。這是
亂世用重典的出處。胡林翼依據自己從政經驗,將這一傳統從政理念進一步
細化了。國將亂之際,人心浮動,各方勢力蠢蠢欲動,社會秩序即將崩潰,此
時嚴厲打擊破壞者,使欲傚仿者不敢輕舉妄動,使一般百姓不至被裹挾跟隨,
尚可穩住社會秩序。但如果是久亂之國,就不一樣了。國家久亂,必然社會
動盪,民生凋敝,許多作奸犯科者是為生活所迫,被逼無奈的結果。所以此
種情況下,應當給予這些人一條生路,使其改過自新,以待社會秩序慢慢恢
復,百姓安居樂業,違法作亂現象自然減少。反之,此時若嚴刑峻法,加之謀
生無路,百姓只能鋌而走險,社會愈加動盪不安。因此,胡林翼對亂世用重典
之說的具體化解讀極具見地。《左傳·昭公二十年》引孔子的話說:「政寬則民
慢,慢則糾之以猛。猛則民殘,殘則施之以寬。寬以濟猛,猛以濟寬,政是以
和。」為政一味寬,或一味猛,都有失偏頗,寬猛相濟,方是為政之道。

6.14 〔註28〕行軍之際,務須紀律嚴明,隊伍整齊,方為節制之師。如查
有騷擾百姓,立即按以軍法。呂蒙行師(1),不能以一笠寬其鄉人,嚴明

〔註26〕費怒春注:《〈增補曾胡治兵語錄〉注釋》,青年書店,民國二十九年,第134
頁。
〔註27〕本節出自《胡林翼集》(二),嶽麓書社,1999年,第659頁。
〔註28〕本節出自《胡林翼集》(二),嶽麓書社,1999年,第957~958頁。

之謂也。條侯治兵（2），不能以先驅犯其壘壁，整齊之謂也。（胡林翼）

【注釋】

（1）呂蒙行師：事即呂蒙誅取鎧之人。（參見 6.17）

（2）條侯治兵：條侯，西漢周亞夫的封號。有版本誤為「絳侯」。絳侯為周亞夫其父周勃封號。此事發生在條侯周亞夫身上。典出《史記·絳侯周勃世家》：「文帝之後六年，匈奴大入邊。乃以宗正劉禮為將軍，軍霸上；祝茲侯徐厲為將軍，軍棘門；以河內守亞夫為將軍，軍細柳：以備胡。上自勞軍。至霸上及棘門軍，直馳入，將以下騎送迎。已而之細柳軍，軍士吏被甲，銳兵刃，彀弓弩，持滿。天子先驅至，不得入。先驅曰：『天子且至！』軍門都尉曰：『將軍令曰，軍中聞將軍令，不聞天子之詔。』居無何，上至，又不得入。於是上乃使使持節詔將軍：『吾欲入勞軍。』亞夫乃傳言開壁門。壁門士吏謂從屬車騎曰：『將軍約，軍中不得驅馳。』於是天子乃按轡徐行。至營，將軍亞夫持兵揖曰：『介冑之士不拜，請以軍禮見。』天子為動，改容式車。使人稱謝：『皇帝敬勞將軍。』成禮而去，既出軍門，群臣皆驚。文帝曰：『嗟乎，此真將軍矣！曩者霸上、棘門軍，若兒戲耳，其將固可襲而虜也。至於亞夫，可得而犯邪？』稱善者久之。月餘，三軍皆罷，乃拜亞夫為中尉。」大意是說，漢文帝親自去軍營犒賞三軍，車駕到了周亞夫的寨前，卻被士兵攔住，說軍中只聽命將軍命令，不聽皇帝詔令。文帝隨從只好拿著符節去中軍大帳通報，才得以進入，但被告知，軍中不能驅馬馳騁，文帝只好牽馬慢行。到了營中，周亞夫說，冑甲之身不能行跪拜禮，請求用軍禮拜見。文帝感歎說，這是真正的將軍，誰敢侵犯啊！

【譯文】

行軍的時候，務必紀律嚴明，隊伍整齊，才是有節度法制的軍隊。如果發現有人騷擾百姓，立即按軍法處置。三國時呂蒙行軍，不因為一頂斗笠的小事，而就寬免他的同鄉。條侯周亞夫治兵，也不因為是皇帝先驅人馬，就允許他進入軍營，是要保持隊伍的整齊。

【解讀】

胡林翼講到治軍的兩個要點：一是要紀律嚴明，一是要隊伍整齊。紀律

嚴明，秋毫無犯，才會得到百姓的擁護。曾國藩對行軍對百姓的騷擾，每每沉痛告誡說：帶兵之道，以禁止騷擾為第一義。「近年從事戎行，每駐紮之處，周歷城鄉。所見無不毀之屋，無不伐之樹；無不破之富家，無不欺之窮民。大抵受害於賊者十之七八，受害於兵者亦有二三。目擊心傷，喟然私歎！行軍之害民，一至此乎？」（曾國藩：《求闕齋日記類鈔・軍謀》）又說：「一曰禁騷擾以安民：所惡乎賊匪者，以其淫擄焚殺，擾民害民也。所貴乎官兵者，以其救民安民也。若官兵擾害百姓，則與賊匪無殊矣。故帶兵之道，以禁止騷擾為第一義。百姓最怕者，惟強擄民夫，強佔民房二事。擄夫則行者辛苦，居者愁思；占房則器物毀壞，家口流離。為營官者，先禁此二事，更於淫搶壓買等事一一禁止，則造福無窮矣。」〔註29〕故此，紀律嚴明一直是古往今來兵家治軍要點的重中之重。隊伍整齊，主要訓練的是士卒之間的配合。隊列能走好，才談得上實際作戰中分散小組之間的相互配合。尤其冷兵器時代，陣法的變換，彼此配合非常重要。胡林翼舉了兩個例子，「呂蒙行師」是紀律嚴明的例子，「條侯治兵」是隊伍整齊的例子。

　　古兵法有云，「國容不入軍，軍容不入國」，即朝廷的禮節禮制不在軍隊裏實行，軍隊的禮節禮制不在朝廷內實行。「條侯」周亞夫的做法，恰是遵循「國容不入軍」古訓的表現。《司馬法・天子之義》曰：「古者，國容不入軍，軍容不入國。軍容入國，則民德廢；國容入軍，則民德弱。故在國言文而語溫，在朝恭以遜，修己以待人，不召不至，不問不言，難進易退；在軍抗而立，在行遂而果，介者不拜，兵車不式，城不上趨，危事不齒。故禮與法表裏也，文與武左右也。」其意是說，古時候，朝廷的禮儀法度不用在軍隊中，軍隊的禮儀法度，不用在朝廷內。如果把軍隊的禮儀法度用在朝廷內，民眾的禮儀風氣就會被廢弛，把朝廷的禮儀法度用在軍隊中，軍隊的尚武精神就會被削弱。因為在朝廷上說話要溫文爾雅，在朝見君主時態度要恭敬謙遜，國君不召不來，不問不說，朝見時禮節隆重，辭退時禮節簡單。在軍隊中要昂首直立，在戰陣中要行動果斷，穿著鎧甲不跪拜，在兵車上不行禮，在城上不急走，遇危險不懼怕。所以禮和法是相互為用的，文和武是不可偏廢的。因此，治國尚禮，治軍尚法。二者有著根本的差別，不可亂用。治理國家需要禮儀教化，治理軍隊需要用嚴明的軍紀軍規，做到賞罰分明。

〔註29〕《曾國藩全集・詩文》，嶽麓書社，1986年，第437頁。

6.15〔註30〕立法宜嚴，用法宜寬，顯以示之紀律，隱以激其忠良。庶幾畏威懷德，可成節制之師。若先寬後嚴，竊恐始習疲玩，終生怨尤，軍政必難整飭。（胡林翼）

【譯文】

制定法令宜從嚴，執行法令要從寬，明著是要顯示紀律，暗著從寬處理，是要激發士兵的忠誠善良。這樣士兵就會畏懼法令，感懷恩德，從而造就出一支有節度法制的軍隊。反之，若先寬後嚴，恐怕士兵開始時習慣於懶散疲沓，後來嚴格時，就會心生怨恨。這樣，軍政必將難以管理整頓。

【解讀】

此節是從「立法」與「用法」的角度來闡發恩威並施的方法應用。《孫子兵法·行軍篇》曰：「卒未親附而罰之，則不服，不服則難用也。卒已親附而罰不行，則不可用也。故令之以文，齊之以武，是謂必取。」士卒還未親近依附之前就懲罰，他們會不服，不服就很難使用。因此，杜牧注曰：「恩信未恰，不可以刑法齊之。」士卒已經依附，而懲罰難以執行，這樣的軍隊也不能用。曹操注曰：「恩信已恰，若無刑罰，則驕惰難用也。」因此，要用「文」的手段管理他們，用「武」的手段約束他們，就能成為必勝之軍。孫子所謂「文」的手段，就是用懷柔的辦法；所謂「武」的手段，就是用軍紀軍法的辦法，此即剛柔並濟，恩威並施。《行軍篇》又云：「令素行以教其民，則民服；令不素行以教其民，則民不服。」平時能嚴格貫徹命令，管教士卒，士卒就會養成服從的習慣；平時不能嚴格貫徹命令，管教士卒，士卒就會養成不服從的習慣。胡林翼所謂「先寬後嚴」，就是平時不能嚴格貫徹命令，已經養成了不服從的習慣，而後欲嚴格管教，其結果只能是招致士卒的怨恨。

■蔡鍔按：治軍之要，尤在賞罰嚴明。煦煦為仁，足以隳軍紀而誤國事，此盡人所皆知者。近年軍隊風氣紀綱大弛，賞罰之寬嚴，每不中程（1）。或姑息以圖見好，或故為苛罰以示威。以愛憎為喜怒，憑喜怒以決賞罰。於是賞不知感，罰不知畏。此中消息，由於人心之澆薄者居其半，而由於措施之乖方（2）者亦居其半。當此沓泄成風、委頓疲玩之餘，非振之以猛，不足以挽回頹風。與其失之寬，不如失之嚴。法立然

〔註30〕本節出自《胡林翼集》（二），嶽麓書社，1999年，第335頁。

後知恩，威立然後知感。以菩薩心腸，行霹靂手段，此其時矣。是望諸勇健者毅然行之，而無稍餒，則軍事其有彣（3）乎。

【注釋】

（1）中（zhòng）程：合乎要求、規格。

（2）乖方：違背法度；失當。

（3）彣（zhì）：通「解」。解決

【譯文】

蔡鍔按：治軍的關鍵，在於賞罰嚴明。婦人之仁的所謂仁慈，足以敗壞軍紀，耽誤國事。這是盡人皆知的道理。近年來，軍隊風氣日益敗壞，綱紀廢弛，賞罰的寬嚴尺度不一，每每達不到要求。或是姑息以討好士兵，或是故意重罰以顯示威風。以一己之愛憎為喜怒，根據喜怒來決定賞罰。於是，得賞的不知感恩，受罰的不知畏懼。造成這種情況的原因，一半是由於世風日下，人心澆薄；另一半則是由於我們的措施失當。在這種疲沓鬆懈、萎靡不振的風氣下，不以雷厲風行的鐵腕手段，難以挽回這頹敗風氣。與其失之寬，還不如失之嚴。法令確立後，人們才知道什麼是恩；有了威嚴，人們才知道感恩。以菩薩般的仁慈心腸，來行霹靂般的嚴厲手段，現在正是時候。希望各位勇健者毅然起而行之，毫不氣餒，則軍事就可以有解決辦法了。

【解讀】

蔡鍔指出，治軍的關鍵，在於賞罰嚴明。他認為，當時軍隊風氣敗壞、綱紀廢弛的原因，在於濫用賞罰，導致「賞不知感，罰不知畏」。他針對當時軍隊所面臨的嚴峻現實，提出「與其失之寬，還不如失之嚴」的較為嚴厲的管理手段，以挽回軍隊的頹敗之風。認為胡林翼所提出的「以菩薩心腸，行霹雷手段」的理念，正當其時。

「嚴明」不僅在於賞罰嚴明，還在軍紀嚴明。蔡鍔治軍非常重視軍紀，他說：「烏合之眾決不敵節制之師。所以能為節制師者，明紀律也。」〔註31〕在廣西仁陸軍小學總辦期間，他就制訂了一系列嚴格的校規校紀，違反的學生要受到諸如禁閉、禁足（週日不得外出）、留校察看、開除等處罰。李宗仁因報到時遲到十分鐘，被取消了入學資格，不得不第二年重新報考。李宗仁說：「陸小的校風是極為嚴肅篤實的，全校上下可說絕無狎妓、賭博情事發

〔註31〕曾業英編：《蔡鍔集》（二），湖南人民出版社，2008年，第991頁。

生，學生日常言談行動，都表現的極有紀律。」〔註32〕後來，蔡鍔接任龍州講武堂總辦。由於前任總辦主持無方，「醜態怪狀，罄竹難書」「學兵營聚眾毆官，圍堵殺人之事，層見迭出」。蔡鍔就任後，嚴申軍紀，採取果決手段，撤換官長，裁汰士兵，不久使講武堂發生根本性的改變。

　　蔡鍔在任雲南都督期間，令參謀部匯考中外律例，制訂頒布了《簡明軍律》四十七條，分為「叛亂」「擅權」「辱職」「抗命」「暴亂脅迫」「侮辱」「逃逸」「損壞軍用物品」「掠奪」「關於俘虜之罪」及「違令」等十一章。並制訂頒布了《軍隊手牒》，強調軍人「宜忠國家，宜敦信義，宜重儉樸，宜守紀律，宜尚武勇」。規定自頒布之日起，一律實行。同時，南京臨時政府陸軍部頒布的嚴禁私自勸募軍餉的命令，一併執行。

〔註32〕《李宗仁回憶錄》，香港：南粵出版社，1986 年，第 32 頁。

第七章　公　明

【題解】

　　公明即公正明達。此章是前一章「嚴明」的延續。「嚴明」重在「嚴」，著重軍紀之嚴；「公明」重在「公」，著重公正公平。一味求嚴，嚴刑峻法，只會刻薄寡恩，必須公正無私，明達事理。曾國藩提出，位居高位的人，應當以知人、曉事為職責。「名」「利」是世人都追求的東西，往往都想自己獨佔，而排斥他人，在此有與人分享的精神就是「曉事」。他還指出，天下沒有一成不變的君子，也沒有一成不變的小人。今天能知人，能曉事，就是君子，明天不知人，不曉事，就是小人。此即所謂「知人」。胡林翼強調，國家的爵位、官職，不可隨便給予，慎重賞賜，才能使軍心振奮。他提出：「是非不明，節義不講，此天下所以亂也。」（本書 7.13）蔡鍔要求軍中將領，在用人方面，要堅持在用人上任人唯賢，循名核實。

7.1〔註1〕大君(1)以生殺予奪之權授之將帥，猶東家之銀錢貨物授之店中眾夥。若保舉太濫，視大君之名器(2)不甚愛惜，猶之賤售浪費，視東家之貨財不甚愛惜也。介之推曰：「竊人之財猶謂之盜，況貪天之功以為己功乎！」餘則略改之曰：「竊人之財猶謂之盜，況假大君之名器，以市一己之私恩乎！」余忝居高位，惟此事不能力挽頹風，深為愧慚。（曾國藩）

─────────────
〔註1〕本節出自《曾國藩全集·日記二》，嶽麓書社，1988年，第881頁。

【注釋】

（1）大君：天子。

（2）名器：指代表等級的爵位、官職。

【譯文】

天子將生殺予奪的大權授予將帥，猶如東家把銀錢貨物交給店裏的夥計們。如果我們向朝廷保舉人才太濫，對朝廷的官爵不珍惜，好比不珍惜東家的財貨賤售浪費一樣。介之推說：「竊人錢財，尚且稱為盜賊，況且將貪天之功視為自己的功勞。」我則略為修改為：「竊人錢財，尚且稱為盜賊，況且借天子的官爵，以售自己的恩德，收買人心呢？」我身居高位，唯有此事不能挽救頹敗的風氣，深感慚愧。

【解讀】

清代官員保舉制度始於順治年間，一直沿襲下來，伴隨清政權始終。保舉制是對科舉制以文選拔人才的一種補充，用人標準強調德、才、能、廉。而且也制定了較為嚴格的保舉條件，追究保舉人的連帶責任，以防止徇私和濫舉等行為。但現實中，親緣、地緣、師生、賄賂等各種人際關係關係，仍大量滲透其間，干擾著保舉制度的公正性與公平性。保舉的本意是為國家求賢，但一些保舉人仍以薦舉人才為幌子安插私人，培植起自己的朋黨勢力。清朝後期，保舉日益泛濫，吏治日益敗壞。

保舉是曾國藩治軍中激勵人才的重要措施。他非常注重人才的培養，強調要「拔擢有真」，但後來由於戰事吃緊，為獎勵戰功，激勵將士，其保舉也越來越多，以致有過濫的現象。保舉成為聯絡親情、友情、鄉情，幫助將士仕途通達的主要手段。他非常注重為將士謀得實缺，經他舉薦的部下有五十餘人成為三品以上高官，使得這一時期湖南軍政人才輩出。戰事結束後，他又採取了一些措施來遏止多保和濫保。此節內容就是曾國藩對當時保舉問題的反省：如何保證使保舉公正、公平，使保舉不會公器私用，為國家選拔出真正的人才？

7.2 〔註2〕**竊觀古今大亂之世，必先變亂是非，而後政治顛倒，災害從之。屈原之所以憤激沉身而不悔者，亦以當日是非淆亂為至痛。故曰：**

〔註2〕本節出自《曾國藩全集‧書信一》，嶽麓書社，1990 年，第 742 頁。

「蘭芷變而不芳，荃蕙化而為茅。」(1) 又曰：「固時俗之從流，又孰能無變化。」(2) 傷是非之日移日淆，而幾不能自主也。後世如漢、晉、唐、宋之末造，亦由朝廷之是非先紊，而後小人得志，君子有皇皇無依之象。推而至於一省之中，一軍之內，亦必其是非不揆 (3) 於正，而後其政績少有可觀。賞罰之任，視乎權位，有得行，有不得行。至於維持是非之公，則吾輩皆有不可辭之責。顧亭林 (4) 先生所謂「匹夫與有責焉」者也。（曾國藩）

【注釋】

（1）蘭芷變而不芳，荃蕙化而為茅：蘭芷，蘭草與白芷，皆香草。荃蕙，荃與蕙，皆香草名。句意為，蘭與芷都變得不再芬芳，荃與蕙都化為了茅草。語出屈原《離騷》：「蘭芷變而不芳兮，荃蕙化而為茅。」

（2）固時俗之從流，又孰能無變化：時俗本來就隨波逐流，誰又能不發生變化？語出屈原《離騷》：「固時俗之流從兮，又孰能無變化？」

（3）不揆：不符合準則。揆：準則。

（4）顧亭林：即顧炎武（1613～1682）。明末清初著名的思想家、史學家、語言學家。本名繼坤，改名絳，字忠清。明亡後，由於慕文天祥學生王炎午為人，改名炎武，字寧人，又因為一度僑居南京鍾山下，所以有時自號蔣山傭，學者尊為亭林先生。

【譯文】

據我觀察，古今大亂之世，一定是先混淆是非標準，然後是政治顛倒，各種災害隨之而來。屈原之所以激憤投江而不悔，也是因為對當時的是非淆亂，深感痛心。因此他說：「蘭與芷都變得不再芬芳，荃與蕙都化為了茅草。」又說：「時俗本來就隨波逐流，誰又能不發生變化？」屈原傷痛是非的日益淆亂，以致幾乎無法把控自己。後世如漢、晉、唐、宋的末世，也是由於朝廷先在大是大非問題上混淆不堪，而後小人得志，君子惶惶不安，無所依歸。推及到一省之中，一軍之內，也一定是是非不正，價值觀顛倒，然後是政績少有可觀之處。關於賞罰之事，往往看其權力地位，有的行得通，有的行不通。至於維持是非的公正標準，則我輩都有不可推卸的責任，正如顧亭林先生所說：「天下興亡，匹夫有責。」

【解讀】

天下大亂之際，一定首先是價值觀混亂，是非混淆，黑白不分。咸豐十一年四月二十一日，曾國藩在寫給胡林翼的信中表達了與此節相似的看法。他說：「大抵亂世之所以彌亂者，第一在黑白混淆；第二在君子愈讓，小人愈妄。」〔註3〕結合曾國藩兩處的論述，可見其並不是像有些人分析的，說曾國藩「更多地是在發牢騷」〔註4〕。實際上，這是曾國藩對歷史發展的深刻認知和切身體驗。胡林翼也在響應曾國藩的說法，他說：「是非不明，節義不講，此天下所以亂也。」（本書 7.13）又說：「方今天下之亂，不在強敵，而在人心。不患愚民之難治，而在士大夫之好利忘義而莫之懲。」（本書 3.14）

面對亂世的頹敗之風，曾國藩認為包括自己在內的士大夫們，有不可推卸的責任。他說：「方今天下大亂，人懷苟且之心。……吾輩當立準繩，自為守之，並約同志共守之，無使吾心之賊，破吾心之牆子。」（本書 3.7）此外他勸在家鄉的弟弟當此亂世之際，建造房屋要節儉，不要過於奢華。他說：「當此大亂之世，興造過於壯麗，殊非所宜，恐劫數未滿，或有他慮。」〔註5〕他堅信拯救社會風俗，自乎一二人之心之所向，士大夫尤為責任重大。

7.3〔註6〕大抵蒞事以「明」字為第一要義。「明」有二：曰高明，曰精明。同一境，而登山者獨見其遠，乘城者獨覺其曠，此高明之說也。同一物，而臆度者不如權衡之審，目巧者不如尺度之精，此精明之說也。凡高明者，欲降心抑志，以遷趨於平實，頗不易易。若能事事求精，輕重長短，一絲不差，則漸實矣。能實，則漸平矣。（曾國藩）

【譯文】

大致而言，做事以「明」字為第一要義。「明」有兩種：一是高明，一是精明。同一情境，山上的人看見其遼遠，城樓上的人看見其空曠，這是高明之說。同一物品，僅憑主觀臆測，一定不如秤稱的準確。眼力再好也不如尺子量的精確，這是精明之說。大凡高明的人，想要降低其心志欲求，使之歸於平實，不是能容易做到的事情。如果能做到事事精益求精，對事物的輕重

〔註3〕《曾國藩全集·書信三》，嶽麓書社，1992年，第2068頁。
〔註4〕《唐浩明點評梁啟超輯曾國藩嘉言鈔》，嶽麓書社，2007年，第37頁。
〔註5〕《曾國藩全集·家書一》，嶽麓書社，1985年，第592頁。
〔註6〕本節出自《曾國藩全集·書信一》，嶽麓書社，1990年，第761頁。

長短瞭解的絲毫不差，也就逐漸達到實了，而後由實漸至於平。

【解讀】

　　曾國藩在這裡強調做事以「明」字為第一要義。「明」就是明瞭、通曉、懂得的意思。但曾國藩按自己的解讀，將「明」分為「高明」與「精明」兩種情況，他的闡述與現在通常的用法多有不同。在他的解讀中，「高明」偏於好高騖遠，浮華不實；「精明」是指對事物的瞭解要達到精細，絲毫不差的程度，是求實的表現。因此，他所推崇的是「精明」，由「精明」而達於平實。

7.4〔註7〕凡利之所在，當與人共分之。名之所在，當與人共享之。（曾國藩）

【譯文】

　　凡是有利益的事情，應當與別人共同分享。名譽所在之處，也應當與別人分享。

【解讀】

　　「名」和「利」是世人都追求的東西，往往都想自己獨佔，而排斥他人。但曾國藩此處提出，對這兩者都要有與人分享的精神。他諄諄告誡愛將鮑超，要「功不獨居，過不推諉。常常記此二字，則長履大任，福祚無量」。（本書10.3）好處不要自己全占，壞處不要諉過他人。正是曾國藩懂得在名利上處處與人分享，充分發揮了對湘軍將士的激勵作用，隨著湘軍的成長壯大，人人都能有所提升和收穫，共享湘軍發展所帶來的機會，從而又極大地提高了湘軍的戰鬥力。

7.5〔註8〕居高位，以知人、曉事二者為職。知人誠不易學，曉事則可以閱履磨勉得之。曉事則無論同己、異己，均可徐徐開悟，以冀和衷。不曉事，則挾私固謬，秉公亦謬。小人固謬，君子亦謬。鄉愿(1)固謬，狂狷(2)亦謬。重以不知人，則終古相背而馳，決非和協(3)之理。故恒言皆以分別君子、小人為要，而鄙論則謂天下無一成不變之君子，亦

〔註7〕本節出自《曾國藩全集‧書信四》，嶽麓書社，1994 年，第 2723 頁。
〔註8〕本節出自《曾國藩全集‧書信七》，嶽麓書社，1994 年，第 4587 頁。

無一成不變之小人。今日能知人，能曉事，則為君子，明日不知人，不曉事，則為小人。寅刻公正光明，則為君子，卯刻偏私晻曖（4），則為小人。故群毀群譽之所在，下走（5）常穆然（6）深念，不能附和。（曾國藩）（蔣介石眉批：知人曉事）

【注釋】

（1）鄉愿：指那些貌似忠厚，實際沒有一點道德原則，是只知與流俗合污的偽善者，是孔子最厭惡的一類人。其特點是，言行不一，當面一套，背後一套，四方討好，八面玲瓏。典出《論語·陽貨》：「子曰：『鄉原，德之賊也。』」《中論·考偽》曰：「鄉愿亦無殺人之罪也，而仲尼惡之，何也？以其亂德也。」《圍爐夜話》曰：「孔子何以惡鄉愿，只為他似忠似廉，無非假面孔。」

（2）狂狷：指志向高遠的人與拘謹自守的人。典出《論語·子路》：「子曰；『不得中行而與之，必也狂狷乎！狂者進取，狷者有所不為也。』」意思是說，如果找不到「中行」的人為友，就與狂狷者交往。狂者敢做敢為，勇於進取；狷者清高自守，有所不為。所以，在孔子那裡，「狂」和「狷」是兩種不同性情的人。

（3）和協：和睦相處；同心協力。

（4）晻曖（ǎn ài）：昏暗貌。

（5）下走：走卒，供奔走役使的人。自謙之詞。

（6）穆然：靜思貌。和敬貌。

【譯文】

位居高位的人，應當以知人、曉事為職責。知人確實不容易學，曉事則可以通過閱歷和勤勉學到。一旦通曉事理，則無論是同道，還是異己，都可以慢慢開導，教以醒悟，以求和衷共濟。若是不曉事理，則挾私心固然會荒謬，秉公辦事依然會錯。小人固然荒謬，君子也會荒謬。鄉愿之人固然荒謬，狂狷之士也會荒謬。不曉事，再加以不知人，則只會與別人永遠背道而馳，絕不會形成和睦相處，同心協力的局面。因此，人們常說，區分君子和小人非常重要，而我則認為，天下沒有一成不變的君子，也沒有一成不變的小人。今天能知人，能曉事，就是君子，明天不知人，不曉事，就是小人。此時公正光明，就是君子，彼時偏私陰暗，就是小人。所以，每當眾口一詞詆毀或讚譽

某人時，我經常默想深思，不隨聲附和。

【解讀】

　　曾國藩提出，位居高位的人，應當以知人、曉事為職責。而且，他還認為，能否知人、曉事是判斷君子和小人的標準。《尚書》曰：知人則哲，惟帝難之。意思是，能瞭解人，識別人，才算明智，這一點就連帝堯也難做到。可見知人之不易。胡林翼也屢屢強調知人的重要性：「天下事總在認得人，能認得人，則萬事皆理；不知人，則萬事無成。」〔註9〕老子也說「知人者智」。因此，如何知人，自古以來都是歷代哲人非常重視的課題。早在《呂氏春秋·論人》中，就系統地提出了「八關六驗」和「六戚四隱」等鑒別人才的基本標準和方法。其中「八關」是：「則觀其所禮，貴則觀其所進，富則觀其所養，聽則觀其所行，止則觀其所好，習則觀其所言，窮則觀其所不受，賤則觀其所不為」。「六驗」是：「喜之以驗其守，樂之以驗其僻，怒之以驗其節，懼之以驗其特，哀之以驗其人，苦之以驗其志」。除此之外，還要參考「六戚四隱」對被考察人的評價。所謂「六戚」是指：父、母、兄、弟、妻、子。「四隱」是指：朋友、舊識、鄉親、鄰居。這「六戚四隱」是對被考察對象最熟悉的人。因而，綜合其評價，就會對被考察者得出較為全面而公正的認識。後來三國時期的劉劭寫出了著名的《人物志》一書，提出通過觀察人的語言、聲音、相貌、氣味等方面，來探討一個人應該擔任什麼樣的職務，適合做什麼事情。

　　曾國藩善於知人的說法，得到了當時人們的普遍認同。郭嵩燾說他，「尤以知人名天下，一見能辨其才之高下與其人賢否」〔註10〕。薛福成說他，「知人之鑒，超軼古今」〔註11〕。吳汝綸說他，「知人之鑒，並世無倫」〔註12〕。左宗棠輓聯稱，「知人之明，謀國之忠，自愧不如元輔」〔註13〕。由於曾國藩知人的名聲太大，所以有人認為他精通麻衣相法，甚至把古相書《冰鑒》的著作權偽託於他的名下。其實，《冰鑒》這部書早就有人指出並非曾國藩所作，乃是別人偽託曾氏之名。黃濬《花隨人聖庵摭憶》記載：「文正衡人，頗

〔註 9〕《胡林翼集》（二），嶽麓書社，1999 年，第 983 頁。
〔註10〕轉引自何貽焜：《曾國藩評傳》，嶽麓書社，2016 年，第 363 頁。
〔註11〕轉引自何貽焜：《曾國藩評傳》，嶽麓書社，2016 年，第 355 頁。
〔註12〕轉引自何貽焜：《曾國藩評傳》，嶽麓書社，2016 年，第 358 頁。
〔註13〕轉引自何貽焜：《曾國藩評傳》，嶽麓書社，2016 年，第 365 頁。

有特長，然間亦有以意測者，不近吻合。近人乃有以古相書《冰鑑》，傅以文正名，號為遺著，不知此書道光間吳荷屋已為鋟板，叔章蓋嘗藏之。此則末流之失，徒供撫掌而已。」〔註14〕曾國荃的侄子蔣星德也說：「世傳曾國藩精於麻衣相法，這話是靠不住的，但因為他能觀人於微，並且積久而有經驗，所以他能有超越的知人之名了。」〔註15〕

所謂「曉事」，即通曉人情事理。曾國藩認為「知人」的本領不容易學到，但「曉事」則可以通過閱歷和勤勉學到，這就是《紅樓夢》上所說的「世事洞明皆學問，人情練達即文章」。世間萬物都有自己的規則和方法，人情世故也總有其自在之道，對它們的瞭解，僅僅靠書本知識是不夠的，必須在現實生活中，與周圍的一切人和事，不斷地接觸和事上的不斷磨練，隨著自身的認知和體悟的不斷累積，自然就會通曉人情事理，擁有一定的人生智慧。《菜根譚》說：「處世要方圓自在，待人要寬嚴得宜。」「處治世宜方，處亂世宜圓，處叔季之世當方圓並用；待善人宜寬，待惡人宜嚴，待庸眾之人當寬嚴互存。」其所謂「處世」與「待人」之方，便是在通曉人情事理之後，提出的為人處世的方法。

7.6〔註16〕**營哨官之權過輕，則不得各行其志。危險之際，愛而從之者或有一二，畏而從之者則無其事也。此中消息，應默察之而默挽之，總攬則不無偏蔽，分寄則多所維繫。（曾國藩）**

【譯文】

營哨官的權力過輕，則不能很好地開展工作。危難之際，因敬愛其人而追隨的或許有一兩個人，因畏懼軍法而跟隨的則不會有。這中間的問題，我們應當暗自觀察，並想辦法挽救。大權獨攬則不免產生偏私之弊，將權力分散給營哨官，牽掛維繫的人就多了。

【解讀】

當時清朝的軍隊編制是，五人為伍，設伍長；二伍為什，設什長；二什為隊，設隊長；五隊為哨，設哨長；十哨為總，設千總；五總為營，設營總。營、哨官是清朝軍隊編制中的中下級軍官。曾國藩認識到，當時營哨官

〔註14〕黃濬：《花隨人聖庵摭憶》，中華書局，2008年，第958頁。
〔註15〕蔣星德：《曾國藩全傳》，中國文史出版，2004年，第27頁。
〔註16〕本節出自《曾國藩全集·書信一》，嶽麓書社，1990年，第529頁。

的權力過輕，在危難之際，很難有因畏懼軍法而跟隨的。自己獨攬權力，在權力的運用上難免會有偏私之弊，因此，曾國藩強調要懂得將權力與別人分享。這樣，不僅增加營哨官的懾服部下的影響力，也增強了營哨官關心部隊的責任感。

7.7 [註17] 舉人不能不破格，破格則須循名核實。否則，人即無言，而我心先愧矣。（胡林翼）

【譯文】

舉薦人才，不能不採用破格的辦法，但破格必須核查詳實，使之名副其實。否則，別人即使沒說什麼，我自己心裏先有愧了。

【解讀】

湘軍在其快速發展過程中，有一個非常成功的做法，就是破格提拔。但曾國藩是一個做事非常謹慎的人，起初並不敢大包大攬地舉薦人才，最後是胡林翼在信中的多次充滿豪俠之氣的話語，打動了曾國藩。他告誡曾國藩不要學諸葛亮的謹慎。他說：「思擬再四，竟須放膽放手乃可有濟，非加募四萬人不為功。……此時惟有破格請將，放膽添兵。……辦此等事，非強拉人不為功，莫過於慈和也。」第二天，胡林翼又寫信相勸：「昨夜沉思，總是放膽放手，大踏步乃可救人。……少荃、小泉可奏江寧、江蘇實缺，即是江北籌餉之本。……餉事不怕無錢，只怕無人。丈毋專取丞相謹慎為也。」[註18] 胡林翼告訴曾國藩，要想取得成功必須「破格請將，放膽添兵」，並推薦李鴻章、李瀚章弟兄。曾國藩在聽取胡林翼的建議後，兩人開始認真籌劃人事布局，大力破格提拔人才。在他的舉薦下，沈葆楨由道員直升為江西巡撫；左宗棠由幕僚飛昇為浙江巡撫；李鴻章也由幕僚成為江蘇巡撫。曾國藩對部下的提攜舉薦，可謂不遺餘力。經他舉薦的部下，有 26 人成為總督、巡撫、尚書之類的高官，有 52 人成為三品以上官員。此外，道員、知府、知州、知縣之類的地方官，更是舉不勝舉。正是由於大批高級人才的破格提拔，擔任各地的封疆大吏，使得湘軍勢力飛速發展，為最終打敗太平天國奠定了重要基礎。

[註17] 本節出自《胡林翼集》（二），嶽麓書社，1999 年，第 300 頁。
[註18] 《胡林翼集》（二），嶽麓書社，1999 年，第 533～535 頁。

7.8〔註19〕**世事無真是非，特有假好惡。然世之循私（1）以任事者，試返而自問，異日又豈能獲私利之報於所徇私利之人哉！盍亦返其本矣。（胡林翼）**

【注釋】

（1）循（xùn）私：曲從私情。指為了私情放棄原則，做不合法的事。

【譯文】

世上的事沒有真正的是非，只有虛假的好惡。然而，世上那些徇私舞弊的人，可以試著捫心自問，將來你又怎麼可能從獲得私利之人那裡獲得回報嗎！所以，何不返其本，回到「公」字上來。

【解讀】

「世事無真是非，特有假好惡」。胡林翼此語是針對敗壞的社會風氣而言，指人們已經沒有了真正的是非觀念，只剩下虛假的好惡。喜好一個人，未必是真喜好，可能是由於私利的緣故。人們的好惡都在建立在利益基礎上。利益在，自然會有人諂媚、獻殷勤。沒了利益，對別人沒有利用價值了，便人走茶涼，遭人輕視。所以，私利是靠不住的，既然明白這一點，就應該返回到事情的根本，即回到「公」字上來。

7.9〔註20〕**天下惟左右習近（1）不可不慎。左右習近無正人，即良友直言亦不能進。（胡林翼）**

【注釋】

（1）習近：猶接近。

【譯文】

世上唯有自己左右最接近的人，其選擇不可不慎重。如果身邊沒有正直的人，那麼即使是良友的直言也聽不到了。

【解讀】

做官的人，掌握權力的人，對自己身邊的人的選擇，尤其要慎重。身邊

〔註19〕本節出自《胡林翼集》（二），嶽麓書社，1999年，第311頁。其中「任事」，《胡林翼集》為「枉事」。

〔註20〕本節出自《胡林翼集》（二），嶽麓書社，1999年，第654頁。其中「習近」，《胡林翼集》為「近習」。

的人好比是管家，若無正直之人，即使是好友直言也被阻隔，無法聽到了。

7.10〔註21〕**朝廷爵賞，非我所敢專，尤非我所敢吝，然必積勞乃可得賞。稍有濫予，不僅不能激勵人才，實足以敗壞風俗。薦賢不受賞，隱德必及子孫。（胡林翼）**

【譯文】

朝廷的爵祿和賞賜，我從不敢專擅，更不敢吝惜，但必須是屢建戰功的人才能得賞。如果稍有濫賞，不僅不能激勵人才，反而足以敗壞風俗。舉薦賢才，雖然自己得不到賞賜，但其所積累的德行必將澤及子孫。

【解讀】

有朝廷的爵祿和賞賜，本該是高興的事，但一旦處理不好，封賞過濫，反而適得其反。《荀子・君子》曰：「刑罰不怒罪，爵賞不逾德。」意為，刑罰不超過罪行，爵祿和賞賜不超過德行。他指出，刑罰與罪行相當就有威信，和罪行不相當就會受到輕慢；爵祿、賞賜和德才相稱就會受到尊重，和德才不相稱就會被輕賤。因此，行善的人受到鼓勵，作惡的人得到阻止。反之，亂世的情形則是，刑罰超過罪行，爵祿和賞賜超過德行，按照宗族來論罪，根據世系來舉用賢人。荀子說，這樣一來，即使想沒有禍亂，能辦到嗎？《草廬經略・軍賞》曰：「有功不賞，雖賞不速、不溢、不公、不信，均將之所忌也。然而尤貴不濫，濫則得者不以為榮，貪者輒圖僥倖。……故勳勞宜賞，不吝千金；無功妄施，分毫不與。」這裡講到，有功不賞，或賞而不及時、不夠多、不公平、不守信，都應該是將領所忌諱的。但尤其重要的是獎賞不可太濫。否則得獎的不以為榮，貪婪的都企圖僥倖得獎。所以結論是，該獎的不惜千金，不該獎的一分一毫不給。蔡鍔說：「拔擢者，所以勵士氣，登人才，顧必受者無幸得之心，而不受者無不平之念，則其效始宏。」〔註22〕拔擢人才，必須公正公平才能發揮鼓舞士氣的作用，使得到提拔的人沒有僥倖之心，未被提拔的人也沒有憤憤不平之念，這樣拔擢人才的目的才得以實現。

〔註21〕本節出自《胡林翼集》（二），嶽麓書社，1999年，第964、322頁。其中「敢吝」，《胡林翼集》為「可吝」。「薦賢不受賞，隱德必及子孫」，原文為「薦賢不必受賞，隱德必及子孫」。

〔註22〕曾業英編：《蔡鍔集》（二），湖南人民出版社，2008年，第1186頁。

此外，胡林翼還提到，舉薦賢才是件功德無量的事，即使舉薦者自己沒有得到賞賜，其累積的德行也將惠及自己的子孫。

7.11 〔註23〕國家名器，不可濫予。慎重出之，而後軍心思奮，可與圖後效而速成功。（胡林翼）

【譯文】

國家的爵位、官職，不可隨便給予。慎重賞賜，才能使軍心振奮，可為未來帶來良好效果，迅速取得成功。

【解讀】

此節是上一節內容的延續。賞罰一事，貴在得當，貴在公平、公正，如此方可激勵軍心，鼓舞將士，取得勝利。

7.12 〔註24〕天下惟不明白人多疑人，明白人不疑人也。（胡林翼）

【譯文】

天下人只有糊塗人愛懷疑人，明白人不懷疑人。

【解讀】

何為「明白人」？其實，就是曾國藩所說的知人、曉事之人，就是世事洞明、人情練達之人。如此之明白人，自然會用人不疑，疑人不用，此外還有什麼需要疑人之處？不明白人，既不知人，又不曉事，當然是對這不放心，對那不放心，所謂庸人自擾耳。

7.13 〔註25〕是非不明，節義不講，此天下所以亂也。（增補胡林翼）

【譯文】

是非不明，節義不講，這就是天下大亂的原因。

【解讀】

「是非不明」，即價值觀紊亂，而後政治顛倒。「節義不講」，即節操與義

〔註23〕本節出自《胡林翼集》（二），嶽麓書社，1999 年，第 483 頁。
〔註24〕本節出自《胡林翼集》（二），嶽麓書社，1999 年，第 752 頁。
〔註25〕本節出自《胡林翼集》（二），嶽麓書社，1999 年，第 639 頁。

行無人遵循，則風俗敗壞。《管子・君臣上》曰：「是以上之人務德，而下之人守節義。」「是非不明」，即上之人不務德；「節義不講」，即下之人不守節義。如此，天下豈有不亂之理！

7.14〔註26〕知天之長，而吾所歷者短，則遇憂患橫逆之來，當少忍以待其定。知地之大，而吾所居者小，則遇榮利爭奪之境，當退讓以守其雌。知學問之多，而吾所見者寡，則不敢以一得自喜，而當思擇善而約守之。知事變之多，而吾所辦者少，則不敢以功名自矜，而當思舉賢而共圖之。夫如是，則自私自滿之見，可漸漸蠲除（1）矣。（增補曾國藩）

【注釋】

（1）蠲除（juān）：清除。

【譯文】

知道天之長久，而我所經歷之短暫，則遭遇憂患逆境之時，便應當稍加忍耐，以待事態安定。知道地之廣大，而我所居者之渺小，則遇到榮譽名利爭奪之境，便應當隱忍退讓，知其雄，守其雌。知道世間學問之多，而我所見者少，則不敢因自己懂得一點而沾沾自喜，而應該考慮擇善固執，以簡約自守。知道世事變化極多，而我所做的事極少，則不敢以自己的一點功名而自誇，而是應當思考多舉薦賢才共同謀劃。如果這樣，則自私自滿的想法，就會逐漸消除殆盡。

【解讀】

這是曾國藩晚年深思熟慮後，在日記中留下的一段文字。這段文字體現了他對生命的深刻體悟。他以「天之長久」「地之廣大」「學問之多」「事變之多」，來分別對應「吾所歷者短」「吾所居者小」「吾所見者寡」「吾所辦者少」，以時空及世事之無限，對應我之有限和渺小。那麼，以我之有限如何面對世界之無限呢？這歷來是一個難題。

《莊子・養生主》曰：「吾生也有涯，而知也無涯。以有涯隨無涯，殆已；已而為知者，殆而已矣！」大意為：人們的生命是有限的，而知識卻是無限的，以有限的生命去追求無限的知識，勢必體乏神傷。既然如此，還在不停地追求知識，那可真是十分危險的了！因此，莊子主張「知其不可奈何而安

之若命」，但孔子卻說「知其不可而為之」。孔子體現的是一種不屈不撓的進取精神和使命感，當然極具用世意義，而莊子的生命態度卻也有其重要的人生意義，兩者構成互補的人生態度。

曾國藩是儒家聖賢人格的榜樣。他對人應該如何在無限與有限之間自處，可以說充分吸收了儒家與道家思想的智慧。在無限的世界面前，有限的人並不是也不該無所作為。曾國藩一方面吸收了道家的隱忍和謙退意識，如「不敢以一得自喜」「不敢以功名自矜」「當少忍」「當退讓」等；另一方面，作為儒家士大夫，他又有強烈的儒家用世的擔當精神。知道自己是有限的，有時是無能為力的，就要獨善其身，擇善固執，堅忍待變，如其所說，「當思擇善而約守之」「當思舉賢而共圖之」。

■蔡鍔按：文正公謂居高位以知人曉事為職，且以能知人曉事與否，判別其為君子為小人。雖屬有感而發，持論至為正當，並非憤激之談。用人之當否，視乎知人之明昧。辦事之才不才，視乎曉事之透不透。不知人則不能用人，不曉事何能辦事？君子、小人之別，以能否利人濟物為斷。苟所用之人不能稱職，所辦之事措置乖方（1），以致貽誤大局，縱曰其心無他，究難為之寬恕者也。

昔賢於用人一端，內舉不避親，外舉不避仇（2）。其宅心之正大，足以矜式（3）百世。曾公之薦左中堂（4），而劾李次青（5），不以恩怨而廢舉劾，名臣胸襟，自足千古。

近世名器名位之濫極矣。倖進（6）之途，紛歧雜出。昔之用人講資格，固足以屈抑人才，今之不講資格，尤未足以激揚清濁。賞不必功，惠不必勞，舉不必才，劾不必劣。或今賢而昨劣，或今辱而昨榮。揚之則舉之九天之上，抑之則置之九淵之下。得之者不為喜，失之者不為歉（7）。所稱為操縱人才，策勵士氣之具，其效力竟以全失。欲圖挽回補救，其權操之自上，非吾儕所得與聞。惟吾人職居將校，在一小部分內，於用人一端，亦非絕無幾希之權力。既有此權，則應於用人惟賢，循名核實之義，特加之意，能於一小部分有所裨補，亦為心安理得。

【注釋】

（1）乖方：違背法度；失當。

（2）內舉不避親，外舉不避仇：舉薦人才，對內不迴避自己的親人，對外不迴避自己的仇人。典出《呂氏春秋・孟春紀・去私》：「晉平公問於祁黃羊曰：『南陽無令，其誰可而為之？』祁黃羊對曰：『解狐可。』平公曰：『解狐非子之仇邪？』對曰：『君問可，非問臣之仇也。』平公曰：『善。』遂用之。國人稱善焉。居有間，平公又問祁黃羊曰：『國無尉，其誰可而為之？』對曰：『午可。』平公曰：『午非子之子邪？』對曰：『君問可，非問臣之子也。』平公曰：『善。』又遂用之。國人稱善焉。孔子聞之曰：『善哉！祁黃羊之論也，外舉不避仇，內舉不避子。祁黃羊可謂公矣。』」又典出《韓非子・外儲說左下》，內容與《呂氏春秋》不同，但表達的涵義是一致的。其言曰：「中牟無令，晉平公問趙武曰：『中牟，吾國之股肱，邯鄲之肩髀，寡人慾得其良令也，誰使而可？』武曰：『邢伯子可。』公曰：『非子之仇也？』曰：『私仇不入公門。』公又問曰：『中府之令，誰使而可？』曰：『臣子可。』故曰：『外舉不避仇，內舉不避子。』趙武所薦四十六人於其君，及武死，各就賓位，其無私德若此也。」

（3）矜式：敬重和取法、猶示範。

（4）左中堂：指左宗棠。

（5）李次青：指李元度。

（6）倖進：倖，同幸。以僥倖而進升。

（7）歉：慚愧。

【譯文】

蔡鍔按：曾文正公認為，身居高位的人應該以知人、曉事為職責，而且以能否知人、曉事，作為判斷君子或小人的標準。這雖然是有感而發，但其持論卻非常精當，並非憤激之詞。用人是否得當，取決於知人明不明，辦事是否有才幹，通曉事理透不透。不知人則不能用人，不通曉事理又如何能辦事？君子與小人的分別，就在於能否利人濟物。如果所用之人不稱職，所辦之事處置失當，以致貽誤大局，即使是並無私心雜念，終究難以寬恕。

過去賢者在用人問題上，內舉不避親，外舉不避仇。其居心之正大光明，足以垂範百世。曾公之舉薦左宗棠，彈劾李元度，不以個人的恩怨情感來影響舉薦與彈劾，一代名臣的胸襟，自當流芳千古。

近世以來，爵位、官職的賞賜實在是泛濫到極點了。升遷的途徑，非常雜亂。過去用人講資格，固然會壓抑人才，現在不講資格，也沒能做到激濁揚清。賞賜不必有功，恩惠不必有勞，舉薦不必人才，彈劾不必卑劣。或今天賢良而昨天卑劣，或今天屈辱而昨天榮譽。褒揚一個人則舉到九天之上，貶抑一個人則打入九淵之下。這樣一來，得到獎賞的並不覺得歡喜，得不到的也不覺得慚愧。本來加官進爵是操縱人才、鼓舞士氣的重要手段，其效果竟然完全喪失。要想挽回補救這種現實，由於權力在上頭，不是我等所能過問的。但是我們身居軍中將領，在一定範圍內，在用人方面，並不是沒有一點權力。既然有一點權力，就要堅持在用人上任人唯賢，循名核實。哪怕是能在一小部分上有所補救，也可以心安理得一些。

【解讀】

蔡鍔非常認同曾國藩的「知人曉事」之說。他說：「不知人則不能用人，不曉事何能辦事？」在用人問題上，他特意舉了曾國藩兩個「不以恩怨而廢舉劾」的事例。一是舉薦左宗棠，二是彈劾李元度。

曾國藩長左宗棠一歲，曾國藩在科舉的道路上，開始頗不順遂，先後考了七次，直到二十三歲才中秀才，但其後卻非常順利，第二年中舉人，四年後中進士。左宗棠早在十五歲就考中了秀才，但在獲舉人功名後，卻一直沒能考取進士。至此，兩人的仕途之路，便有了天差地別。曾國藩在丁憂回家辦團練時，已是二品大員，左宗棠卻還是布衣。左宗棠極富才幹，但為人卻很傲慢，加之科舉不順的情結，對曾國藩屢屢譏諷，以怨報德，兩人因此而絕交。但當左宗棠因自己的傲慢無禮，惹來殺身之禍時，曾國藩卻極力通過各種關係為左宗棠解脫，並在回覆咸豐帝的信中舉薦他擔任「藩桌」級別的高官。

李元度是曾國藩最早的幕僚，也是曾國藩最忠實、最信得過的助手。曾國藩一生經歷過三次重大危險，分別是在靖港、湖口和祁門，並在靖港和湖口兩度自殺，都是由李元度親自或安排人救下了曾國藩。兩人關係親如父子兄弟。一次與太平軍的重要戰役中，曾國藩知李元度並非出色將才，起初不想派他，但李元度立功心切，堅決要求前往，曾國藩對其囑咐再三，約法五章，才放其前去守城，並告誡他只須堅守，不要主動出擊。但李元度此時自視甚高，以名將自居，根本不把曾國藩的話放心上，派兵四處出擊，結果導致大敗。而李元度不僅沒有與城共存亡，反而逃走不歸，為自己開脫，百般

辯解，推卸責任。曾國藩非常憤怒，三上奏摺嚴參李元度，導致李元度丟官回鄉。

這兩件事，一是不以個人的怨恨而不舉薦；二是不以個人恩德而不彈劾。說明曾國藩無論是舉薦，還是彈劾，完全出自公心。

爵位、官職的封賞，本來是「操縱人才，策勵士氣」的重要工具，但結果卻是，得到獎賞的並不覺得歡喜，得不到的也不覺得慚愧。之所以造成這樣的後果，就在於不能一出於公心，任人唯賢，而是任人唯私。蔡鍔指出：「惟於公私之界分得清，認得明，使之劃然兩途，不相混擾，則善矣。」（第十章蔡鍔按語）這便是此章主題「公明」的主旨。